姚 安/著

博物馆实践百问

科学出版社

北京

内 容 简 介

本书以博物馆建设、征集、典藏、陈列、研究和宣传为主要对象，从新时代博物馆如何建设与发展的角度，解答了博物馆构思筹划、立项审批、空间设计、制作展览、建立馆藏、智慧博物馆、运营保障、宣传推广、引进展览及外展的 100 余个核心问题，系统汇集了博物馆建设、运营、发展的重要规范性信息，希望对博物馆从业者、爱好者及筹建新馆的同仁有所帮助。

本书可供博物馆、文化遗产等相关领域的科研院所工作人员以及高校文博专业师生参考、阅读。

图书在版编目（CIP）数据

博物馆实践百问 / 姚安著. —北京：科学出版社，2021.9
ISBN 978-7-03-069303-7

Ⅰ.①博… Ⅱ.①姚… Ⅲ.①博物馆 - 基本知识 Ⅳ.①G26

中国版本图书馆 CIP 数据核字（2021）第 132739 号

责任编辑：闫向东 闫广宇 / 责任校对：王晓茜
责任印制：肖 兴 / 封面设计：合和工作室·蒋艳

科 学 出 版 社 出版
北京东黄城根北街 16 号
邮政编码：100717
http://www.sciencep.com

中国科学院印刷厂 印刷
科学出版社发行 各地新华书店经销
*

2021 年 9 月第 一 版 开本：720×1000 1/16
2021 年 9 月第一次印刷 印张：21
字数：420 000
定价：88.00 元
（如有印装质量问题，我社负责调换）

自序

我一直从事文物工作，大学一毕业就到文物库房实践，八年间积累了许多难得的动手经验。当上文物部门负责人后，熟悉了文物工作的各个环节，也开始做一些基础研究工作，如编写图册、撰写论文、编修志书、举办展览等。那时年轻，不知疲倦，不怕困难，工作常常废寝忘食。因为热爱古建、文物，身边聚集了许多同道，我们一起讨论各类问题，共同解决工作难题，其中几位成了我的终生挚友，给予了我许多指导与帮助。我对他们充满感情，他们也让我受益终生。

文物部门要为古建修缮提供依据。因为工作需要，我常常对古建维修发表看法，后来便干脆直接从事古建修缮工作，做了几年主任工程师。这对我日后从事博物馆建设工作帮助颇大。2005年，我到首都博物馆工作，正赶上新馆基建与展陈策划并行推进，从建筑方案、安全系统、多媒体环境，到展陈的定位规划、大纲编撰、社教宣传，再到引进国际博物馆建设与运营的方法，内容颇多，工作繁忙。此间，我在征集藏品、策划展览等方面，积累了丰富的经验，有了一些心得，对博物馆的建设和运营也有了更深的体会与理解。由此开始，我先后参与建设了大大小小20多座各类博物馆。

博物馆是保护和传承人类文明成果的殿堂，连接了过去、现在和未来；博物馆是展现国家、民族文化力量的平台，促进了世界文明的交流与互鉴；博物馆是人类终身学习的场所，关系到大众学习和群众教育服务，应始终保持"止于至善"的精神，遵循专业、规范的方法。

现代意义的博物馆从17世纪走来，在不同的时间、空间及文明之间，发挥了巨大的文化教育力量，是其他社会机构无法替代的。中国博物馆事业虽起步较晚，但发展蓬勃，各类博物馆云集：历史类博物馆、自然类博物馆、艺术类博物馆、民俗类博物馆……它们是华夏历史的保存者与记录者，是民族奋斗的见证者和参与者。改革开放40年以来，中国的博物馆事业发生了翻天覆地的变化。据统计，截至2018年底，全国博物馆总数达5354家，比2017年增加了218家。2018年全国博物馆举办展览2.6万个，教育活动近26万次，观众达11.26亿人次，分别比2017年增长了30%、30%和16%。2013—2018年的6年间，我国举办文物进出境展览近 500 个。"博物馆热"成为热搜新宠,"博物馆+"成为跨界合作的新领地。博物馆已成为文化、思想、技术交流碰撞的新空间,人民美好生活的关键词①,展示国家形象、促进世界文明交流互鉴、增进相互理解认同的"国家客厅"。

在新时代,科技发展引发的一系列变革,也推动了博物馆功能的拓展。除了传统的收藏、研究、展示功能,博物馆在知识生产、公众服务、教育传播等领域扮演了越来越重要的角色,它蕴含的潜在社会价值,也正被人们不断开发与认识。

本书以博物馆建设、征集、典藏、陈列、研究和宣传为主要对象,从新时代博物馆如何建设与发展的角度,系统汇集了博物馆建设、运营、发展的重要规范性信息,详细解答了博物馆构思筹划、立项审批、空间设计、制作展览、馆藏建设、智慧博物馆、运营保障、宣传推广、引进展览及外展等方面的 100 余个重要问题,希望对博物馆从业者、爱好者及筹建新馆的同仁有所助益。

与时俱进的博物馆建设

博物馆是一种空间的艺术,也是一种时间的艺术。博物馆里那些精彩的藏品,不是历史的碎片,而是让历史丰盈起来的血肉。因为它们,我们才得以探求世界演变的规律,窥见人类历史的温度,感受伟人气血盈盈的语言和思想。技术的发展、时代的变迁,为博物馆建设提供了诸多便利,也提出了很多新要求。在我看来,重点在于统筹 6 对主要矛盾。

第一,凸显时代需求与学理建设的统一。进入 21 世纪,中国博物馆的发展极为迅速,促进了知识的普及,老百姓在博物馆里寻求新知识成为时尚。人们开始思考文化的意义,发挥自己的创意,创造个性的未来。新时代,习近平总书记对博物馆建设作了一系列重要指示批示,坚持以人民为中心的工作导向,推进博物馆的改革发展。博物馆人应发挥博物馆在传承优秀传统文化、树立文学与艺术典范、探索宇宙奥秘和生命意义等方面的作用,促进中华优秀传统文化创造性转化、创新性发展,加强文明交流互鉴,促进社会和谐发展。与此同时,还应加强

---

① 国家文物局博物馆与社会文物司:《国家文物局关于政协十三届全国委员会第二次会议第 3965 号(文化宣传类 336 号)提案答复的函》(文物博函〔2019〕890 号),2019 年 8 月 27 日,http://www.ncha.gov.cn/art/2019/11/26/art_2237_43035.html。

研究，推进博物馆学理建设，防止"大而无当"的博物馆工程。在藏品征集保护、展览策划设计、教育活动互动等方面，遵循学理规范，朝"公益性"与"教育性"的专业理想不断迈进。

第二，追求价值性和知识性的统一。博物馆藏品因为承载着历史、艺术、科学等信息，所以具有文物价值，也因此蕴含丰富的知识。文物的价值体现在知识传播的过程中，博物馆的作用就是通过收藏、研究、展示文物，把文物的价值性和知识性相统一，而做好这一点其实并不容易。《关于加强文物保护利用改革的若干意见》提出，要"创新文物价值传播推广体系。将文物保护利用常识纳入中小学教育体系和干部教育体系，完善中小学生利用博物馆学习长效机制"。我们看到，越来越多的博物馆利用多媒体、数字化的手段，创新传播方式，取得了良好的教育效果。但同时也存在着部分博物馆因过度使用多媒体手段，造成场馆内嘈杂喧嚣、娱乐气氛浓重、妨碍知识有效传播的现象。本书针对重点展品的数字化解读方式、展览在主题演绎与信息组团中需要注意的问题，做了系统阐述。

第三，注重传统和现代的统一。中国博物馆植根于深厚的中国传统文化，受益于当下国家的繁荣发展。近年来，中国博物馆事业取得了巨大成就，引起了国际博物馆界的高度关注和普遍赞誉。当代博物馆融入了更多科研、交流和教育目标，职能定位从单纯的收藏、展示，扩展为体验、交流，因而更强调博物馆与自然环境、城市环境的融合。为了契合现代博物馆的发展趋势，本书专门论述了智慧博物馆建设方面的问题，包括为什么说智慧博物馆是未来的趋势、智慧博物馆建设包括哪些方面、智慧博物馆能为观众提供哪些服务、智慧博物馆中的大数据应用有哪些等，意在对发展智慧博物馆、打造博物馆网络矩阵起到抛砖引玉的作用。

第四，强调理论和实践的统一。实践是检验真理的唯一标准。博物馆工作的相关理论必须与博物馆工作实践相结合、相统一，把教科书与新时代博物馆这本"书"融为一体，以理论指导和促进实践，以实践检验和发展理论。本书在博物馆构思筹划、立项审批、空间设计、制作展览、馆藏建设等方面均贯彻了理论和实践相统一的原则，针对我们到底需要办什么样的博物馆、博物馆应该如何选址、为什么说博物馆前期调研很重要等问题，作了详细论述。

第五，体现统一性和多样性的统一。为了保证博物馆的工作秩序和社会效益，博物馆建设和文物保护利用要符合统一的国家标准规范。《国家文物事业发展"十三五"规划》出台了馆藏文物日常养护技术标准和管理规范，制定了博物馆库房标准，实施馆藏文物保存条件达标和标准化库房建设工程。在文物收藏较为集中的博物馆，统一建设了文物保存环境监测平台、环境调控系统和专有装置。另外，博物馆是连通当地自然环境、文化景观和社区生活的纽带，因此博物馆建设应关注地方历史文化发展的特点，关注当地社区民众的状况，着力体现特色定位，防止"千馆一面"。

第六，呈现主导性和主体性的统一。在新时代，博物馆的内涵和外延更为丰富，博物馆的存在状态、存在形式发生了不少变化，而带有更大的包容性、主导性、多样性、互动性特征。博物馆的主导性作用和公众的主体性地位贯穿于博物馆公共文化服务的全过程，促进了博物馆从"以物为中心"向"以人为中心"的转变。本书在制作展览、运营保障等章节，充分考虑这一转变，关照观众对展览的精神需求和场馆的服务体验，阐述开放服务体系中可能面临的诸多问题。

博物馆建设的指导思想

虽然博物馆建设面对的问题千差万别，要处理的关系千头万绪，然而只要把握住核心，抓住重点，亦能事半功倍。

第一，要服务大局。博物馆工作应着眼党和国家事业发展全局，依托独特优势，找准定位，提升服务品质，扩大供给渠道，不断满足人民日益增长的美好生活需要。2018年10月8日，中共中央办公厅、国务院办公厅印发的《关于加强文物保护利用改革的若干意见》指出，文物博物馆单位要强化基本公共文化服务功能，盘活用好国有文物资源。《国家文物事业发展"十三五"规划》强调，要优化博物馆建设布局、完善博物馆管理机制、提升博物馆教育质量和加强博物馆藏品管理。进一步完善博物馆藏品管理、陈列展览、科学研究、公共服务和社会教育机制，健全博物馆藏品和展览备案制度，建立博物馆综合评价体系，推进博物馆理事会制度建设。2020年，主体多元、结构优化、特色鲜明、富有活力的博物馆体系已基本形成，全国博物馆公共文化服务人群覆盖率达到每25万人拥有1家博物馆，观众人数达到8亿人次/年。博物馆逐渐成为现代人生活不可或缺的一部分。

第二，要突出特色。博物馆是城市历史的缩影，是城市记忆的载体，是城市的鲜明符号。当代博物馆越来越多地融入城市生活，成为市民公共活动的客厅，也是思想文化碰撞和交流最重要的城市公共空间。当前，博物馆建筑呈现出多元化与复合化的发展趋势，重视氛围营造和空间体验，强调博物馆与自然环境、城市环境的融合。一个好的当代博物馆建筑应当体现地域、文化与时代的和谐统一，体现建筑与展陈的高度融合，兼顾布展的主题与需求，统筹考虑布展的构思，促进观众与展品及空间的交流与互动。2017年4月19日，习近平总书记到广西壮族自治区考察调研，在参观合浦汉代文化博物馆时，总书记肯定了围绕古代海上丝绸之路展出的文物有特色。他指出，博物馆建设不要"千馆一面"，不要追求形式上的大而全，展出的内容要突出特色①。

第三，要做好文化传播。"讲好中国故事，传播好中国声音"是新形势下博物馆这一以保护和传承中华优秀文化为己任的文化机构的发展目标和努力方向。做好文化传播，首先要加强研究力量，充分挖掘馆藏文物背后的故事；其次要切实从以"物"为本转向以"人"为本，将学术成果用生动形象的展示手段、贴近群众生活的方式呈现出来，架起"物"与"人"沟通的桥梁；还要提高博物馆文化传播能力，这不仅有助于增强民族凝聚力和民族自信心，更有助于推动中国文化"走出去"，把跨越时空、超越国度、富有永恒魅力、具有当代价值的文化精神弘扬起来，把继承优秀传统文化又弘扬时代精神、立足本国又面向世界的当代中国文化创新成果传播出去，用博物馆语言向世界讲好中国故事、传递中国文化、展现中国魅力。

第四，要重视人才建设。发展是第一要务，创新是第一动力，人才是第一资源。人才是博物馆事业发展最重要、最直接的生产力。博物馆工作总体目标的实现，各项工作任务的完成，都离不开高素质的人才队伍。从博物馆的角度看，加强人才建设，包括以下几方面的工作。

1. 深化文物博物馆事业单位人事制度改革，健全以业绩为依据、以能力为导向的文物博物馆人才评价、选拔和激励机制。

2. 推进文物博物馆专业培训在内容和方式上与文物博物馆重大项目、重点工程、重点工作相衔接，将文物博物馆科研基地建设、人才培养、技术标准、知识产权纳入重大文物保护项目的绩效考核指标。

3. 积极引进创新团队、青年人才、社会人才、海外人才参与国家重大文物保护科技项目和重点文物保护工程。

4. 完善人才引进政策，健全人才服务体系，建立高级人才跟踪培养服务制度。

5. 健全文物部门与高等院校、科研院所合作共建、联合培养文物博物馆人才的工作机制。

6. 完善文物博物馆工作者继续教育制度。

---

① 人民网文化频道：《在合浦汉代文化博物馆，习总书记看了哪些珍宝？》，2017年4月24日，http://culture.people.com.cn/n1/2017/0424/c87423-29232605.html。

博物馆人任重道远

过去的几十年里，我国博物馆事业迅猛发展，社会贡献突出。展望未来，博物馆势必要更好地发挥"文化中枢"的作用。作为博物馆的从业者，直接从事博物馆诸方面的工作，应具备以下五方面的品质。

第一，要有强烈的使命感、责任感。博物馆事业的意义深远，功在当代，利在千秋。对国家而言，博物馆能增强文化影响力，协助构建国家形象，促进文明交流；对社会而言，博物馆能服务城市发展、乡村振兴和产业转型升级；于公众来讲，博物馆可以凝聚文化认同，提升公民道德素养，维护社会和谐，满足人民群众对美好生活的多层次、多元化的需要，助力引领人民群众高质量的生活。

第二，要有发自内心的博物情怀，对文化怀有敬畏之心，对博物馆事业永葆热忱。不同于其他社会机构，博物馆诠释了一个国家或者一个地区的文化发展水平。它既是传承和弘扬文化的窗口，又是文化交流的平台；既是公众文化互动的空间，又是青少年教育的基地；既是展示文化的中心，又是思想碰撞的场域，甚至是当地的地标性建筑。这份工作意义非凡，博物馆人应满怀自信与自豪，用浓浓的博物情怀，为博物馆事业的发展贡献自己的力量。

第三，要发展创新思维，用新理念、新方法、新技术，促进观众互联，拓展教育触角。这种创造性转化和创新性发展，不仅包括新科技、新媒体的探索与实践，还应包括理念的变革与创新。首先，要加强理念创新，建立服务经济社会发展的长效机制，加强资源的开放共享和互联互通，推动博物馆与教育、科技、传播、创意等领域的跨界融合，调动社会力量广泛参与博物馆建设。其次，要加强制度创新，建立功能明确、治理完善、运行高效、监管有力的博物馆管理体制和运行机制，扩大博物馆自主权，切实增强博物馆发展动力和创新活力。最后，要加强科技创新，推进博物馆信息化建设，构建智慧博物馆体系，实现公共文化服务均等化、普惠化和便捷化，加强文物保护科技研发、成果转化、人才孵化和国际合作，全面提升博物馆的科技创新水平。

第四，要放眼全球，胸怀世界。博物馆人应拥有更广阔的国际视野，站在构建人类命运共同体、建设美好世界的高度，继承和弘扬各国人民创造的优秀文明成果，推动不同民族、不同国家、不同文明之间的交流互鉴。通过积极引进国外展览和推动出境展览等方式，增进文明交流，传播先进文化。此外，还应主动借鉴国外博物馆发展的优秀成果和宝贵经验，不断完善自身工作。

第五，要严格程序，规范流程，依法合规推进工作。博物馆工作，无论是立项、建设、设计，还是运营管理、展览策划与实施、藏品保护和研究、社会教育，都需严格遵守法规程序和业务规范，以保证博物馆建设的高质量和博物馆发展的健康永续。本书在馆藏建设章节，论述了藏品保护管理的主要标准规范，针对怎样构建藏品体系、藏品定名及分类、征集藏品过程中的信息采集等问题进行了解读。在立项审批章节，对博物馆建设立项审批流程、博物馆建设及运行工作所涉及的法律规定等问题作了回答。

博物馆的筹备和建设，只有建立在科学、客观、规范的基础上，符合社会发展规律和需要，真正从人的角度出发，才会实现博物馆良性的、可持续发展的美好愿景。希望中国博物馆事业蓬勃发展、日新月异，为中华民族的崛起、繁荣、稳定，做出贡献。

目录

构思筹划 / 1

第1问　我们到底需要办什么样的博物馆 / 3
第2问　我的博物馆属于哪种类型 / 9
第3问　博物馆应该如何选址 / 14
第4问　要筹建一个博物馆，前期到底需要什么人参与 / 17
第5问　是否需要考虑筹办博物馆理事会 / 21
第6问　为什么说博物馆前期调研很重要 / 24
第7问　新建博物馆如何考虑与地域文化的关系 / 27

立项审批 / 29

第1问　设立博物馆应当具备哪些条件 / 31
第2问　博物馆建设项目有什么特殊要求 / 33
第3问　博物馆建设筹备阶段的必要工作有哪些 / 37
第4问　博物馆建设立项审批流程有哪些 / 38
第5问　关于博物馆建设（展陈建设）项目可行性研究报告应如何撰写 / 42
第6问　博物馆建设及运行工作涉及的法律规定有哪些 / 43
第7问　博物馆建设中各个项目预算编制应关注哪些问题 / 44
第8问　如何认识博物馆筹建期档案收集与管理的重要性 / 47

空间设计 / 51

第1问　博物馆建筑空间设计需要注意哪些问题 / 53
第2问　建筑设计之初对交通流线的考虑 / 58
第3问　博物馆各功能空间构成比例怎样才是合理的 / 61
第4问　在建筑的美与实用之间该如何取舍 / 62
第5问　博物馆藏品库房的特殊建筑设计要求有哪些 / 68

第6问　博物馆如何设计儿童教育空间 / 73

第7问　博物馆建筑对特殊人群的设计考虑有哪些 / 78

制作展览 / 85

第1问　新建馆的展陈规划应该如何做 / 87

第2问　新建馆的基本陈列的工作要点有哪些 / 90

第3问　新建馆的临时展览如何创新 / 94

第4问　博物馆展厅的空间条件不好怎么办展览 / 97

第5问　博物馆的文物藏品不足怎么办展览 / 99

第6问　馆内专业人员不足，展览如何策划 / 101

第7问　展览在主题演绎与信息架构中有什么需要注意的地方 / 104

第8问　展览文字编写上的常见问题有哪些 / 107

第9问　展览形式设计需要避免哪些误区 / 109

第10问　如何看待展览中的辅助展品 / 111

第11问　展览灯光设计需要注意哪些问题 / 112

第12问　展陈建设项目招投标工作需要注意哪些问题 / 115

第13问　展陈项目招投标流程有哪些 / 119

第14问　展览实施中容易被忽略的问题有哪些 / 120

第15问　从临展走向巡展事先要考虑的问题有哪些 / 122

第16问　如何认识流动博物馆 / 124

第17问　展览图录的制作要点有哪些 / 127

馆藏建设 / 133

第1问　新建馆解决藏品不足的常见办法有哪些 / 135

第2问　新建馆可以从哪几个方面拓宽对藏品的认识 / 138

第3问　新建馆的馆藏策略与展览的关系怎么处理 / 141

第4问　新建馆应怎样构建藏品体系 / 144

第5问　藏品保管的几个常见问题 / 147

第6问　藏品的定名及分类 / 149

第7问　藏品数据库开发包括哪些项目 / 152

第8问　藏品研究与诠释的常见角度有哪些 / 155

第9问　藏品用于展览的几个问题 / 157

第 10 问　藏品征集应与博物馆定位相一致 / 159

第 11 问　录音与口述史采集的重要性有哪些 / 160

第 12 问　为何开展视觉资料的采集 / 163

第 13 问　为什么要重视征集藏品过程中的信息采集 / 165

第 14 问　我们的库房需要向公众开放吗 / 166

第 15 问　征集藏品中需要注意的法律问题有哪些 / 169

智慧博物馆 / 173

第 1 问　为什么说智慧博物馆是未来的趋势 / 176

第 2 问　智慧博物馆建设包括哪些方面 / 177

第 3 问　智慧博物馆能为观众提供哪些服务 / 182

第 4 问　藏品数字化技术应用有哪些方式 / 183

第 5 问　博物馆官方网站的必备功能有哪些 / 185

第 6 问　如何规划展厅数字化管理 / 189

第 7 问　关于博物馆文化传播的 APP 开发 / 191

第 8 问　藏品数字化工作应注意哪些问题 / 195

第 9 问　如何搭建网上博物馆 / 197

第 10 问　在线预约系统开发应注意哪些问题 / 198

第 11 问　智能讲解开发有哪些优势 / 200

第 12 问　智慧博物馆中的票务系统有哪些特点 / 201

第 13 问　智慧博物馆中的大数据应用有哪些 / 203

第 14 问　对重点展品的数字化解读方式有哪些 / 204

第 15 问　如何实现观众的实时定位 / 206

第 16 问　智慧博物馆如何实现对参观人数的监控及预警 / 208

第 17 问　智慧博物馆如何实现远程教学 / 211

运营保障 / 215

第 1 问　开放服务体系的内容主要有哪些 / 217

第 2 问　如何做好新馆的视觉识别系统 / 224

第 3 问　如何做好博物馆的观众流线设计 / 228

第 4 问　一线接待人员如何做好开放接待服务 / 230

第 5 问　如何做好讲解服务 / 233

第 6 问　如何做好志愿者的管理工作 / 237

第 7 问　如何做好突发事件应急预案的编制工作 / 249

第 8 问　如何做好大型临时展览的接待方案 / 252

第 9 问　如何有效地利用公共服务空间 / 255

第 10 问　博物馆物业招标需要注意的要点有哪些 / 258

第 11 问　博物馆文创产品的设计和销售有何讲究 / 261

第 12 问　"互联网+"时代背景下博物馆如何建立个性化接待服务 / 264

第 13 问　新馆筹建中的图书馆应该是什么角色 / 266

第 14 问　怎样看待博物馆的商业经营 / 268

第 15 问　新建馆如何筹办好"博物馆之友"组织 / 270

第 16 问　实验室如何开放 / 273

宣传推广 / 277

第 1 问　博物馆品牌打造应注意什么 / 279

第 2 问　博物馆展览活动传播渠道有哪些 / 281

第 3 问　博物馆官网与微博、微信如何联合推动展览 / 284

第 4 问　展览社教活动的方案策划如何做 / 286

第 5 问　博物馆在新媒体传播方面可做哪些事 / 289

第 6 问　博物馆出版物应该如何做 / 291

第 7 问　博物馆专题片的制作需要如何把握 / 295

第 8 问　博物馆教育如何与学校教育相融合 / 297

引进展览及外展 / 301

第 1 问　怎样选择引进什么类型主题的展览 / 303

第 2 问　从哪些渠道可以引进国外展览 / 305

第 3 问　引进展览的主要流程有哪些 / 307

第 4 问　策划文物出境展览需要注意哪些问题 / 309

第 5 问　文物出境展览需要办理的手续与主要流程有哪些 / 311

后记 / 317

构思筹划

构思筹划是筹建一座博物馆的最重要的工作，也是建立一座博物馆的第一步，能否走好这一步，决定了新建博物馆的成败与否。具体而言，它是一座博物馆的灵魂，决定了博物馆未来发展的方向。筹建博物馆的决策者，要清晰地认识到需要建什么样的博物馆、博物馆肩负的使命是什么、博物馆拥有哪些优势、将为社会做出哪些贡献、可持续发展的方向及动力等问题。

在对博物馆具备基本认识的前提下，要充分考虑社会发展的实际情况，因为博物馆脱离社会无法生存。同时，要具有前瞻性，为博物馆发展创造有利先机。这就需要做好前期调研，包括国内外博物馆发展现状、优秀博物馆管理及业务模式、社会对博物馆的认识及需求、博物馆在社会中的地位和作用等。要认真、深入、广泛、科学、客观地做好相关调查，为筹建博物馆打下坚实的、良好的基础。

同时，在博物馆筹建阶段，选址也是一个十分重要的内容。这对于博物馆的生存与发展，能否成为一个国家、一个城市、一个地区的文化标识，具有重要的意义。博物馆的设立首先考虑的是能否成为大众参与互动非常便捷的平台，能否与社区建立紧密的联系；就如一座城市的生命力是生活在这个城市中的人一样，博物馆远离了观众，就如鱼离开了水。

博物馆的运营管理，特别是如何适应社会发展需要的问题，在博物馆筹建之初，也需要认真考虑。博物馆管理模式，随着对博物馆定位的重新认识，特别是与社会的接轨，以及博物馆未来可持续的发展，首先，在政策允许的前提下，一方面借鉴已有的成功经验，另一方面需要摸索新的途径，提高新的认识，找到比较符合实际发展需要的、切实可行的优选模式，以探索者的姿态，开拓博物馆未来发展之路。

而博物馆发展最有力的支撑是博物馆所具有的人力、物力资源，或者说是站在业内前沿的基础。因此，筹建博物馆必须建立在具有一定文物收藏，以及人才储备的基础上。博物馆在业内领先的比较重要的标识，目前还是以拥有文物收藏的数量、等级、价值为主要标准，实际它也是博物馆生存的重要法宝。而如何保护好、利用好这些珍贵的文物资源，则需要博物馆相关专业人员的努力，人才是保证博物馆事业发展的重要力量。

第1问 我们到底需要办什么样的博物馆

建立一座新的博物馆，首先要清楚博物馆行业发展的基本概况，即博物馆产生、发展的大致历程，这样可以比较准确地把握博物馆建设的基调。其次，对于博物馆的地位和作用要有清晰的认识，从而使博物馆建设符合博物馆的主要功能。再次，要充分考虑博物馆建设的相关制约因素，即要符合博物馆建设所具有的特性，这对博物馆可持续发展具有十分重要的意义。最后，要紧扣筹建博物馆最主要的问题，即建设一个新的博物馆所要依据的重要内容或方面，才能相对比较科学、客观，使博物馆走上良性发展之路。

一、博物馆的产生与发展

（一）博物馆滥觞

博物馆的萌芽，或者说"博物馆"一词，即"museum"，源自古希腊语，意为"缪斯神殿"。缪斯是古希腊神话中主司艺术与科学等领域的九位女神的总称。公元前3世纪左右，亚历山大大帝（Alexander the Great）的部将托勒密·索托（Ptolemy Soto），在埃及的亚历山大城，建立了一座专门收集文化珍品的缪斯神庙，这座神庙被认为是西方最早的博物馆。

（二）博物馆发展

现代意义的博物馆在17世纪后期出现。在18世纪，英国收藏家汉斯·斯隆（Hans Sloane）爵士逝世后，按照他的遗嘱，将遗留下来的近八万件藏品捐献给了英国王室。王室由此决定建立一座博物馆。1753年，大英博物馆建成，它是世界上第一个对公众开放的大型博物馆（图一）。

1899年12月16日，位于美国纽约的布鲁克林儿童博物馆正式对外开放，它是世界上第一座儿童博物馆。

中国人独立创办的第一座公共博物馆是南通博物苑，位于今江苏省南通市，于1905年由中国近代实业家、教育家张謇创办（图二）。

1989年9月发布的《国际博物馆协会章程》第二条规定："博物馆是为社会及其发展服务的非营利的永久机构，并向大众开放。它为研究、教育、欣赏之目

图一　大英博物馆
（图片来源：齐玫，2008年拍摄）

图二　南通博物苑南馆
（图片来源：南通博物苑官网，http://www.ntmuseum.com/colunm1/col1/1910.html）

的征集、保护、研究、传播并展示人类及人类环境的见证物。"2007年8月，其定义中的"永久机构"改为"常设机构"，"人类及人类环境的见证物"改为"人类及人类环境的物质及非物质文化遗产"[①]。

今天，中国国家博物馆已经成为世界上单体建筑面积最大的博物馆，总建筑

---

① 中华人民共和国住房和城乡建设部发布：《博物馆建筑设计规范》（JGJ 66—2015），中国建筑工业出版社，2016年，第66页。

面积近20万平方米。2017年6月5日，英国《卫报》发布的新闻报道中指出，全球前20家人气指数最高的博物馆排名中，中国国家博物馆参观人数位居前列。

2015年1月14日，国务院第78次常务会议通过了《博物馆条例》，其中第一章总则第二条规定：博物馆"是指以教育、研究和欣赏为目的，收藏、保护并向公众展示人类活动和自然环境的见证物，经登记管理机关依法登记的非营利组织"[①]。

博物馆从诞生，到不断发展，至今日的繁荣，都与社会文明和文化发展有着密不可分的关系。

二、博物馆的地位和作用

博物馆筹建，要充分考虑博物馆所要承担的相关责任和义务，即博物馆的基本功能。博物馆首先代表了一个国家或者地区某个领域文化发展的水平，它是传承和弘扬文化的窗口，是文化交流的平台，是公众参与的空间，也是青少年教育的基地。今天，在一座城市中，博物馆是这座城市的文化中心，也是城市的地标性建筑。

（一）文明程度的标志

博物馆代表了所在国家、区域相关领域的文化发展水平，是文明发展是否成熟的标志之一。相关的主要信息包括博物馆的数量、建筑风格和氛围，馆藏品的数量、类型、价值，展览的空间、数量、水平，服务的范畴、方式、质量等。观众通过博物馆整体带来的文化熏陶及体验，感受其文化的魅力。中国社会飞速发展，文化繁荣，在博物馆发展领域得到充分展现，截至2018年底，博物馆数量达到5354家[②]。

（二）传承和弘扬文化的窗口

博物馆最大的责任就是传承与传播文化。通过博物馆收藏功能，将承载着文明印记的历代文物加以保护；通过博物馆展览将馆藏珍贵的文物呈献，将文物所

---

① 《博物馆条例》，中国法制出版社，2015年，第2页。
② 国家文物局博物馆与社会文物司：《国家文物局关于政协十三届全国委员会第二次会议第3965号（文化宣传类336号）提案答复的函》（文物博函〔2019〕890号），2019年8月27日，http://www.ncha.gov.cn/art/2019/11/26/art_2237_43035.html。

蕴含的文化内涵传播给大众；通过博物馆各种渠道的宣传，如展览、广告、书籍、画册、活动、讲座、新媒体等，传播和弘扬文化。

（三）文化交流的空间和平台

博物馆内外周边，可为各界人士提供文化交流的适宜场所和空间，博物馆内的接待大厅、展厅、礼堂、会议室，甚至库房等，都可作为相关文化活动的空间；博物馆外的广场，可以成为周边市民或游客休闲的场所，满足大众对文化的各种需求。博物馆作为文化机构，还可以举办一些特殊主题的文化活动，如各种民俗活动、文化活动的开幕式、文物鉴赏、文化沙龙等，使博物馆成为文化交流的中心。

（四）公众参与的空间

新博物馆学理念强调为人服务，博物馆中的项目，都要在可实现的范围内，提供相关技术和专业支撑。主要是通过展览，在展览空间设计互动环节，通过多种形式，特别是新媒体模式，激发观众的参观兴趣，吸引观众的注意力，拉近展览与观众的距离，让观众亲身参与和体验展览，留下深刻印象，受到触动、感动，把展览精神带回家。

（五）青少年教育的基地

中国的博物馆是青少年的教育基地。青少年是国家的未来，对青少年的爱国主义教育，是博物馆义不容辞的责任。博物馆教育应结合青少年的特点，将馆藏文物背后的故事解读出来，让青少年充分感悟到文物所蕴含的深厚的文化底蕴和魅力，爱国之情油然而生。如北京市教委规定，北京市学校要组织学生参加"四个一"活动，即参加天安门升旗仪式一次，走进中国国家博物馆、首都博物馆和中国人民抗日战争纪念馆各一次。博物馆与学校教育密切融合，充分发挥博物馆的教育职能。

三、博物馆的特性

博物馆建设的特殊性，是决定博物馆设计和建造的主要因素。主要包括所在地的地域特性，以及文化特性、社会环境、博物馆馆藏、陈列展览类型、经费支撑。

（一）地域特性

地域性主要涉及所在区域的自然条件，在博物馆建筑设计中，要考虑地域的特殊性，包括建筑样式、规模、材质等，使博物馆建筑适合当地的气候，保证建筑的耐久性、安全性、舒适度。

（二）文化特性

通过长期的物质生产、精神生产，不同地区都创造出具有地域特色的文化，博物馆应将其展现出来：以北京为例，古都文化、京味文化就是其特有文化。博物馆的最大特点就是其文化特色，这是博物馆的根本立足点。

（三）社会环境

社会环境包括政治、经济、文化以及所在区域人的因素等诸多方面。这些要素影响着博物馆建设的主导思想、设计理念和风格、建设规模、文化内涵、服务设施等。特别是经济发展的状况、文化的背景、人口的数量及层次等，直接关系到博物馆实践的具体内容。

（四）博物馆馆藏

博物馆建设的物质基础，也是博物馆行业水准的重要标尺之一就是馆藏品，它是博物馆生存的基本要素。馆藏品的数量决定了博物馆建设的规模，因为它涉及藏品库房、文物展示等主要博物馆空间的设计。具体到文物藏品的年代、范围和类别、质地、出土或传世、级别、价值等，亦影响着博物馆建设的具体技术环节及相关标准。

（五）陈列展览类型

博物馆主要功能是展览，从专业角度划分，可分为基本陈列、专题陈列，以及临时展览。一般博物馆业内对相对固定、展示时间较长的展览称为陈列，而对时间较短的临时性展示称为展览。陈列展览类型的范围、数量，决定了博物馆展厅面积的大小。

（六）经费支撑

博物馆建设需要经费的支撑，首先是有了经费才可筹建，其次是经费多少，直接影响建设的规模、档次、专业水平、发展潜力等。因此，在建设博物馆前，需要认真梳理博物馆整体设计方案，本着前瞻性、科学性、系统性、专业性的原则，客观地考虑、申请筹办经费，从而保证博物馆建设项目的最终落实。

四、博物馆立项的主要依据

博物馆筹建在综合考虑各种因素的前提下，从实际出发，主要根据政策导向、社会发展、公众需求、博物馆类型四大方面，确定博物馆建设的立项、实施及发展。

（一）政策导向

博物馆立项的决定因素就是政府导向，即政府是否支持。博物馆建设要符合国家政策、标准，2015年3月20日实施的《博物馆条例》第二章第十条规定，设立博物馆，应当具备下列条件。

1. 固定的馆址以及符合国家规定的展室、藏品保管场所；
2. 相应数量的藏品以及必要的研究资料，并能够形成陈列展览体系；
3. 与其规模和功能相适应的专业技术人员；
4. 必要的办馆资金和稳定的运行经费来源；
5. 确保观众人身安全的设施、制度及应急预案。

有了政策支持，项目申请、立项、批复、实施就会比较顺畅、有效。特别是经费的支持也会更加有力、宽松、到位。

（二）社会发展

博物馆发展与社会发展同步，当社会发展到一定程度，也就是物质相对丰富的时候，对文化的需求会与日俱增，对文化机构、产业的要求也会越来越高，博物馆需要承担起相关责任，建立博物馆是满足社会文化需求的必然选择。

（三）公众需求

公众对文化的需求是博物馆建设需要重点考虑的内容。博物馆在筹建前，需要通过广泛的社会调查，了解各个阶层对博物馆的希冀，即大众想要建什么样的博物馆，在此基础上，有针对性地设计博物馆，真正为广大公众服务，为其实现高质量的文化享受，实现文物与大众共享。

（四）博物馆类型

博物馆类型决定了博物馆建设的基本要素，包括建筑类型、大小、风格，以及空间的面积、使用，专业的要求、标准，管理的方式、水平，人员的数量、层次等。总之，博物馆所有硬件、软件的设计都会在一定程度上受博物馆类型的制约。

办什么样的博物馆，是需要在充分调查、研究的基础上，借鉴前人成熟的经验，理论联系实际，本着科学的态度、务实的精神、专业的修养，认真地工作，最终实现心中的博物馆的创办。

第2问 我的博物馆属于哪种类型

博物馆发展到今天，专业性更强，在博物馆类型上，国内外博物馆在具有基本专业功能和职责的情况下，根据藏品内涵、陈列展览内容等方面所呈现出的博物馆特性，来界定博物馆的类型。《博物馆建筑设计规范》总则中指出："按博物馆的藏品和基本陈列内容分类，博物馆可划分为历史类博物馆、艺术类博物馆、科学与技术类博物馆、综合类博物馆等四种类型。"[1] 这是一种博物馆分类的参考。随着社会的发展，博物馆要适应社会的需求，在博物馆类型上会呈现出多样化的发展趋势。除主要的综合类、专题类博物馆外，突出个性化、以人为本、智能型博物馆将成为博物馆发展的主流趋势。

一、综　合　类

综合类博物馆一般指地志类博物馆，即以展示其所在区域的自然、历史、文化等陈列展览为主的博物馆，主要包括国家级、省市级博物馆，如中国国家博物馆、首都博物馆、南京博物院、浙江省博物馆等。

首都博物馆作为北京地区的城市博物馆，收藏有北京地区出土的大部分文物，通过"古都北京·历史文化篇"基本陈列（图三），将北京古代直至中华人民共和国成立的历史文化加以展现。另外，包括一系列表现北京都城文化的专题陈列、临时展览等，比较全方位地展现了北京这座古都的文化底蕴和魅力。

---

[1] 中华人民共和国住房和城乡建设部发布：《博物馆建筑设计规范》（JGJ 66—2015），中国建筑工业出版社，2016年，第1页。

图三　首都博物馆"古都北京·历史文化篇"基本陈列展厅
（图片来源：齐玫，2008年拍摄）

二、专　题　类

专题类博物馆顾名思义，就是按照相关文化主题，比较集中地体现该主题内容的博物馆。从博物馆藏品属性及展览内容角度宏观地划分，包括历史、文化、艺术、科技等；细致地划分，包括军事、体育、文学、民族、农业、自然、动物、地质、邮电、天文、航空、医学、考古、建筑、钱币、石刻等，都可归入专题类博物馆。如故宫博物院（图四）、上海博物馆、中国美术馆、中国科学技术馆、中国人民革命军事博物馆、中国农业博物馆、中国丝绸博物馆、上海玻璃博物馆（图五）等。

图四　故宫博物院
（图片来源：故宫博物院官网，https://www.dpm.org.cn/Home.html）

图五　上海玻璃博物馆展厅效果图
（图片来源：上海玻璃博物馆原馆长、上海大学庄小蔚教授提供）

三、纪 念 类

纪念类博物馆是为纪念在社会发展过程中，重要的人物、事件等内容的博物馆。如中国人民抗日战争纪念馆（图六）、周恩来邓颖超纪念馆、上海鲁迅纪念馆、南昌八一起义纪念馆等。此类博物馆对于青少年爱国主义教育，树立正确的人生观，具有比较重要的意义。

图六　中国人民抗日战争纪念馆
（图片来源：中国人民抗日战争纪念馆官网，http://www.1937china.com/kzjng/）

四、遗 址 类

遗址类博物馆是在考古发掘的遗址上修建的博物馆。主要是为整体、原状保护及展示遗址和相关研究成果而设立的。如周口店北京人遗址博物馆、大葆台西汉墓博物馆、定陵博物馆、成都金沙遗址博物馆、秦始皇兵马俑博物馆（图七）等。此类博物馆因真实再现古代原貌，会对观众产生比较大的震撼和影响，给观众留下深刻印象。

图七　秦始皇兵马俑博物馆一号坑
（图片来源：齐玫，2008年拍摄）

五、生　态　类

生态博物馆的概念，最早于1971年由法国人乔治·亨利·里维埃提出。国际博协2010年出版的《博物馆学大辞典》中，将生态博物馆定义为：生态博物馆，是一个致力于社区发展的博物馆化的机构。它融合了对该社区所拥有的文化和自然遗产的保存、展现和诠释功能，并反映某特定区域内一种活态的和运转之中的（人文和自然）环境，同时从事与之相关的研究。

1998年中国与挪威两国政府联合在贵州省六枝特区梭嘎乡，建立了中国第一个生态博物馆，即梭嘎苗族生态博物馆。通俗地讲，生态博物馆就是在特定区域内，原生态展现人类生活，包括与之相关的自然、环境、文化、历史、建筑、景观等遗产。特别对保护、传承、发展和弘扬非物质文化遗产，具有重要的、积极的作用，是没有围墙的活体博物馆。

六、数　字　化

今天，社会发展已经进入到信息化时代，数字博物馆应运而生。博物馆内展览的展品以数字化方式呈现,通过数字技术,将艺术作品展现在观众面前,产生强烈的震撼力。如日本东京无边界数字艺术博物馆(图八)等。

图八　日本东京无边界数字艺术博物馆
(图片来源:新华网,《走进日本"无边界"数字艺术博物馆》,http://www.xinhuanet.com/shuhua/2018-06/13/c_1122976169.htm)

国内数字化博物馆模式,主要是通过互联网,将馆藏文物、展览等通过数字化技术与大众共享。人们可以在博物馆网站上,看到有关馆藏文物、展览、活动等信息,实现了博物馆无界限畅通平台。"让文物活起来"在网络时代得到绽放。特别是移动新媒体,通过手机、平板电脑、掌上电脑、移动视听设备等,使博物馆信息以更加便捷的方式,为大众所拥有和享受。

七、多　样　性

博物馆的发展、繁荣,使博物馆类型更为多样,即一个博物馆具有多种类型的因素,不能用一种类型涵盖。多样性不仅表现在博物馆藏品,以及陈列展览上,还包括博物馆建筑、整体架构形式、组织运作方式、人员构成等,会颠覆人们对传统博物馆概念的认识,呈现出博物馆无界限、开放式、灵活性、生动的互动交流。这实际是社会发展,人们的文化需求呈现出多样性的结果,博物馆要生存就要适应社会发展的需要,要满足不同观众的兴趣、爱好。例如重视社区博物馆、家庭博物馆的建设及发展,使博物馆深入到普通人的生活里,成为大众休闲娱乐生活的重要组成部分。在新技术应用方面,数字化博物馆不断发展,并朝着智慧博物馆的方向前进。而且,随着行业壁垒的不断打破,跨领域融合、优势互补、强强联合，已经成为博物馆发展的必然趋势。博物馆定义因社会发展、环境而改变，博物馆管理者、创业者的理念也应随之改变，这是大势所趋。

选择做什么类型的博物馆是专业的要求，而如何做好博物馆，则是行业的追求。

第3问 博物馆应该如何选址

博物馆选址十分重要，它不仅关系到博物馆建设能否顺利实施，还将影响到博物馆未来的发展，对博物馆建设而言是百年大计。博物馆选址需要全面考量，综合分析。主要因素包括要符合区域发展总体规划、与周边文化氛围和谐、能够满足博物馆专业基本功能、交通便捷、环境质量达标、有利于文物保护等。在《博物馆建筑设计规范》"选址"内容中指出，博物馆建筑基地的选择应符合下列规定。

1. 应符合城市规划和文化设施布局的要求；
2. 基地的自然条件、街区环境、人文环境应与博物馆的类型及其收藏、教育、研究的功能特征相适应；
3. 基地面积应满足博物馆的功能要求，并宜有适当发展余地；
4. 应交通便利，公用配套设施比较完备；
5. 应场地干燥、排水通畅、通风良好；
6. 与易燃易爆场所、噪声源、污染源的距离，应符合国家现行有关安全、卫生、环境保护标准的规定。

博物馆建筑基地不应选择在下列地段。

1. 易因自然或人为原因引起沉降、地震、滑坡或洪涝的地段；
2. 空气或土地已被或可能被严重污染的地段；
3. 有吸引啮齿动物、昆虫或其他有害动物的场所或建筑附近。

还要注意："在历史建筑、保护建筑、历史遗址上或其近旁新建、扩建或改建博物馆建筑，应遵守文物管理和城市规划管理的有关法律和规定。"[①]

在"条文说明"中指出："大多数博物馆建筑都会面临扩建问题，这是博物

---

① 中华人民共和国住房和城乡建设部发布：《博物馆建筑设计规范》（JGJ 66—2015），中国建筑工业出版社，2016年，第8页。

馆建筑的一个重要特征，因此建筑基地宜有适当发展余地。"①

一、符合所在区域发展的总体规划

每个城市、每个地区的发展都有一定的规划，即总体规划。城市的发展需要按照总体规划的要求，思考、布局、站位，强调整体的规划协调发展，形成城市管理的规范化、有序化、合理化，以及可持续发展的空间。

博物馆作为一个城市或地区文化发展的标志物，需要符合该区域文化发展的整体布局。因此，博物馆选址首先要遵循区域发展的总体规划，包括位置、占地空间和面积、周边环境等，不能与之脱节。

二、周边文化氛围符合博物馆特性

博物馆作为文化机构，特别是担负着体现文化中心的作用，其建设用地周边的文化背景和氛围十分重要，要符合博物馆文化的特性及所要承担的角色。周边文化氛围的烘托，包括社区人文环境的依托，都会对博物馆产生重要的影响，博物馆也将成为该区域文化发展、繁荣的重要推动力。博物馆与周边区域相互支撑、相互映衬、共同发展。

因为，文化氛围反映了区域社会文化的价值取向，包括人们的思维、爱好和兴趣等，博物馆选择具有文化氛围的区域进行建设，体现与相关区域的文化融合，形成可持续发展的良好空间。特别是涉及相关区域人的关系时，人与博物馆的互动会更加积极、有效，博物馆因此会受到更大的关注，产生更大的吸引力和凝聚力，最大限度地弘扬正能量，使文化的传播更广泛、更深入。博物馆真正成为区域文化的中心，具有引领、教育、分享等重要作用。

三、满足功能需求并具有发展空间

博物馆建设用地要充分满足博物馆专业的功能需求，基本功能主要涉及馆藏品的收藏与保护、陈列展览的实施与维护、观众的接待与服务、工作人员的办公场所等。特别是硬件设施设备需要的空间，内外人员活动、停留的空间，要本着

---

① 中华人民共和国住房和城乡建设部发布：《博物馆建筑设计规范》（JGJ 66—2015），中国建筑工业出版社，2016年，第68页。

科学、缜密、客观、人性化的角度加以考量。还要考虑随着博物馆发展的需要，可持续发展的空间，包括藏品库房、展厅、观众休闲娱乐的空间等。

四、与社区接近且交通便利

建设博物馆的目的是为人服务，脱离了人的主体，博物馆将失去存在的意义。因此，博物馆的位置应距离社区较近，便利观众来馆。而且，博物馆周边应具备比较发达的公共交通系统。

目前，有些城市新建的博物馆，位于城市的开发区，周边居民很少，也基本没有公共交通设施，主要靠出租车的运营，造成了博物馆门可罗雀的尴尬局面。产生如此问题的关键，就是博物馆建设没有把观众放到重要的位置，没有认识到观众才是博物馆立足的根本、动力和源泉，是博物馆发展的决定因素，博物馆为人服务的理念还没有真正树立。

而且，为人服务的理念不能仅停留在博物馆本身，在博物馆建设之初，就要考虑博物馆周边应该具有的满足公众需求的多种功能，包括交通、餐饮、商业、娱乐等，人们在博物馆得到文化享受的同时，也可以十分便捷地享受到周边休闲、娱乐以及生活的惬意。

五、具有公共配套设施，符合环境质量标准

博物馆建设用地，需要具有比较完善的公共配套设施。即基本的各类公共管线，以及道路交通、环卫设施、停车场等，保证博物馆建设能够正常运行。同时，周边环境要符合标准，即空气、水、土壤等质量达标，无污染、无噪音等，环境不会对博物馆产生不良影响，特别有利于保障人的健康，以及文物的安全。

六、考虑区域地理环境的影响

地理环境是引起区域地质灾害发生的根源。因此，博物馆建设用地，要避开容易产生地质灾害相关问题的区域，如地面沉降、塌陷、裂缝、崩塌、滑坡、水患等，从根本上杜绝此类自然灾害的发生会对博物馆产生的不利影响，确保人员、文物的安全。

七、文化遗产的保护

博物馆的重要职责就是对文化的传承、保护与传播，因此，在建设博物馆的过程中，首先需要关注的就是建设用地绝对不能影响文化遗产的保护，包括地上文物和地下文物的保护。特别是在文化保护区内，如果博物馆建设不符合相关要求，就不能兴建。文物是不可再生的宝贵的文化遗产，是人类文明的见证物，博物馆具有保护文化遗产的不可推卸的责任。

第4问　要筹建一个博物馆，前期到底需要什么人参与

一个博物馆的建设，首先要明确的是其定位、职责和义务、未来发展的方向等。从这些影响博物馆生存、发展的重要因素出发，博物馆前期运作，或者是博物馆策划方案等一系列筹备工作，就需要具有这方面的专业管理和技术，以及有经验的组织者、专家、学者、一线工作人员等的参与，从而在最大限度上保证博物馆建设的科学、合理、有效、专业地实施。从博物馆为人服务的宗旨出发，博物馆前期运作还需要听取大众的意见。而且，大型项目建设运作需要的一些特殊专业团队和人员，也要考虑在内，使博物馆筹建能够有效推进。

一、重要管理层人员

博物馆筹建涉及的内容非常广泛，需要多方面人员的参与，它是一个系统工程，这就需要强有力的组织者或者管理者能够统筹安排，从整体到每一个细节，从建筑形态、空间布局到建设周期和工作人员，将全部工作有序安排，落实到位，责任到人。相关的管理层涉及筹建、建设、展览设计、保管、安全、运营、服务、研究、宣传的方方面面，从上至下的每一个工作环节，如主管领导、分管领导、具体部门领导等，需要各负其责。因此，具有丰富经验的行政管理人员的参与，在组织上，可以在一定程度上保证博物馆筹建的有序、安全、有效进行，并最终实现工作目标。

二、专业技术人员

根据博物馆的定位、类型，需要承担的主要功能，决定博物馆筹建的专业、技术要求及特殊性。目前博物馆承担的功能，主要包括文物收藏与保护、陈列展览、宣传教育等，因此，筹建博物馆就需要这方面专业技术人员的参与。特别是一线工作人员以及新技术专业人员的参与。

（一）博物馆建设规划师和建筑工程师

博物馆筹建，首先是建筑本身的设计、建造，这是博物馆的最大硬件。涉及博物馆建筑主要功能的设计，包括总体布局、各功能区的设计等一系列专业技术工作。因此，博物馆筹备工作，首先需要这方面专家的参与，从而保证博物馆建筑符合收藏、教育、宣传的主要职能。

（二）文物（或展品）收藏与保护专家

博物馆藏品是其立足的重要支撑，博物馆建设，一方面要考虑文物藏品的征集。如果是自身已具备一定藏品优势的博物馆，在藏品征集上，就可以根据原馆藏品的缺项、弱项等，加以充实；而对于一个新建博物馆，在藏品征集上就需要花大力气，前期做好充分准备，包括时间和人员的保障，才能确保新建馆文物（展品）的到位，这是博物馆建设的最重要的物质基础。在藏品征集上，比较重要的是需要相关文物专家的参与，在文物类别、数量、鉴定等技术环节上把关，保证博物馆藏品的价值和重要作用。

另一方面，根据博物馆拥有的藏品情况，制定藏品库房及相关工作空间的基本要求，包括面积、类别、设备配置、技术标准和要求等，以及藏品保护中的文物修复工作等，都需要相关专家的参与、策划及指导。从而使博物馆在文物收藏及保护等方面，具有博物馆的专业水平，在行业中处于领先地位。

（三）陈列展览专家

博物馆的重要功能就是传播文化，而实现这一功能的主要手段就是陈列展览。因此，它是筹建博物馆中比较重要的工作。首先，需要确定博物馆陈列展览的主题、定位，主要包括陈列展览定位和观众定位。这就需要具有陈列展览丰富经验的专家，以及大学、研究所相关学者的参与，通过召开不同类型、层级专家和学者的讨论会，达成共识，为博物馆陈列展览明确方向。同时，需要博物馆策展人的积极参与，主要包括陈列展览的内容和形式设计人员，他们会根据陈列展览的主题及定位，策划、设计出比较符合博物馆专业特点和水平的陈列展览。

（四）一线工作人员

博物馆工作，大部分依靠长期忙碌在一线的工作人员的努力，他们是博物馆的中坚力量，保证着博物馆的正常运转。因此，筹建博物馆也应听取一线工作人员的意见，因为他们与实际工作最贴近，最了解相关工作的实操性，可发现实际工作中存在的问题，也包括观众的反馈，是最真实、最及时的博物馆工作成效的反映，可以弥补、修正、完善博物馆工作中存在的不足，发现问题、解决问题。为博物馆筹建，顺利实现理论到实践的过程，发挥重要的作用。

（五）新技术专家

博物馆发展到今天，新技术、新手段层出不穷，特别是新媒体技术的应用，为博物馆展览、宣传，使文物活起来，与观众积极互动，做出了突出的贡献。新技术的应用主要表现在数字化博物馆的建设，以及智慧博物馆的开拓。以往博物馆在这方面处于滞后状态，与社会发展存在一定距离。因此，博物馆筹建要充分考虑新技术人员的配置，以及相关设备设施的应用等，这就需要相关专家的参与，出谋划策，设计出符合博物馆发展实际需要的新技术应用规划与方案。

（六）安保专家

博物馆运营管理中最重要的就是安保工作，安全是保证博物馆正常运营的关键。因此，博物馆建设要征询安保方面专家的意见，在安保设备设施上，要充分满足博物馆安全运营的需要及专业标准；在人员配置上要合理、到位，包括人员的数量、培训内容、上岗标准、职责范围等；此外，安保方案和措施也要制定得全面、缜密。从而保证博物馆在文物保护、开放等方面的安全，做到万无一失。

（七）开放管理专家

博物馆筹建中的最后一环，就是对外开放，将博物馆展现在观众面前。一个博物馆的管理水平在很大程度上表现在开放管理上。观众就是上帝，只有服务好、接待好，才可以让观众满意。因此，筹备博物馆需要相关方面专家的参与，一方面全盘考虑相关服务设备设施以及功能区域的设置；另一方面，相关人员的配置，包括选择标准、服务内容、规范要求等。还要针对新馆运营制定周密的整体开放方案，为开放接待提前做好准备，做到有备无患。

（八）物业管理专家

博物馆筹建初期重点在建设，而开放后的物业管理，则日趋重要。它相当于博物馆的大管家，博物馆需要有序的管理。博物馆要正常运行，就需要不间断地对基础设备设施进行日常维护。因此，博物馆筹备之初就要考虑这方面的问题，需要请相关方面的专家把关，特别是有关技术人员的合理配置和使用，从而确保博物馆长期、常态运营的可行性。

（九）大众的参与

博物馆建设是适应社会发展需求而产生的，因此，了解社会需求，即大众对博物馆的期望，是应该做的一件重要的事。以往在征询大众意见上，博物馆处于被动状态，没有真正将其列入重要的议事日程。实际上，做好前期的观众调查，对博物馆可持续发展，使博物馆具有活力、吸引力，具有十分重要的作用。

大众参与的方式，一种是召开座谈会，邀请志愿者、粉丝和不同年龄段的观众参加。另外，为使调查范围更加广泛，可采取问卷调查的方式，通过网络渠道等，搜集大众的意见。

三、筹建方案等文案撰稿人

博物馆筹建还需要专业撰稿人，他们熟悉博物馆工作，同时又具备较高的文字撰写能力，熟悉相关文案体例、内容、标准，相关文案的撰写具有专业水平，能够为博物馆建设提供高质量的背景文字资料，使博物馆筹建工作顺利推进。

四、专业工程咨询公司

博物馆筹建在具体运作上，最好聘请专业的工程咨询公司。这样在博物馆工程建设上，就可以进行相关咨询，如在投资决策与实施上，包括博物馆工程建筑安装总造价、估算、设备设施配套等，提供专业咨询，这是博物馆投资和工程建设中十分重要的环节。

在选择专业工程咨询公司时，要慎重考量，主要包括公司的资质、营业范围、组织机构、人员配置、工作业绩等，要符合博物馆建设的专业及特殊要求。

博物馆筹建是一个庞大的系统工程，需要多方面、多层级人员的参与，因此，要考虑周全、到位，避免出现遗漏，造成博物馆建成后的遗憾。

第5问 是否需要考虑筹办博物馆理事会

在博物馆行政管理方面，欧美已经将理事会制度纳入博物馆管理的常态化运营机制。理事会主要负责资金的筹措、博物馆馆长的任命、大政方针的决策以及监督等，一般不直接参与博物馆日常工作的管理。

我国《博物馆条例》第三章第十七条中指出："博物馆应当完善法人治理结构，建立健全有关组织管理制度。"[①] 理事会制度对于完善博物馆法人治理结构，促进博物馆管理更加民主化、科学化具有积极的作用。

一、理事会人员构成

在国内，博物馆理事会通常由十几人组成。如湖南省博物馆理事会于2015年11月30日在长沙正式成立。首届理事会由15名理事组成，其中包括政府部门代表4名、湖南省博物馆代表3名、公众代表1名、行业专家代表2名，以及企事业单位代表5名。组成人员主要包括政府官员、文化机构负责人以及教授专家。理事会成员主要由社会精英组成。

从目前已组建理事会的博物馆的情况看，理事会主要是由政府机构、博物馆方面的代表，以及专业人士组成，缺少各界群众的参与。博物馆管理创新，尝试理事会制度，目的是推进博物馆管理更加透明、更加民主、更代表大众的意愿，因此，理事会成员的构成，还需要不断大胆探索、尝试，逐渐增加大众参与，充分体现社会意愿的最大化，使博物馆为人服务的理念更加彻底。

二、理事会的作用

理事会在欧美博物馆发展得已经比较成熟，但在中国还处于尝试阶段。

因为体制的不同，在具体运作实施中我国与欧美还存在差异；但是建立理事

---

① 《博物馆条例》，中国法制出版社，2015年，第6页。

会的初衷，都是为了促进博物馆事业的发展，使博物馆管理更加顺畅，充分体现为人服务的理念，为社会发展承担应尽的责任和义务，不辱使命。

因此，在博物馆建立理事会制度，势在必行，这是未来博物馆管理制度改革的发展方向。

第一，理事会制度在一定程度上，使博物馆行政管理能够征询不同领域人员的意见，突破了博物馆本身的局限，与社会发展关系更加密切，考虑事情的出发点更加全面、客观，相对代表更多人的意愿，在一定程度上体现出博物馆管理的民主化发展进程。例如湖南省博物馆理事会，作为博物馆决策与监督机构，负责博物馆的发展规划、财务预决算、章程修订、绩效考评等。建立了以政府为导向、不断树立法治规范、一定程度社会参与的博物馆管理体制。

第二，通过理事会制度在一定程度上有助于提升博物馆专业发展水平。例如，展览是博物馆与社会交流的主要窗口，代表了博物馆的专业水平，对社会和博物馆本身的影响比较大。以往展览选题，基本是行政领导决策，而通过专业策展人独立策展的选题较少。通过理事会的设立，不同理事的参与、建议，特别是专家教授的参与，会对展览选题产生一定的影响，在决策中起到一定的作用。因此，要充分发挥理事会的作用。

三、理事会的发展

理事会制度在中国博物馆界的出现，是中国改革发展的结果。它是管理方式的改变，会对博物馆事业的发展产生深远的影响，这是划时代的深刻变革，需要勇气、智慧和力量，在不断探索、发现的基础上，逐步找到发展的方向。

（一）决策能力

理事会的定位，决定了它所具有的权利，以及肩负的责任和义务。这一点非常重要。理事会应该成为博物馆事业发展的决策机构，发挥重要的作用。在目前理事会发展的尝试阶段，是以政府为主导的。因此，博物馆理事会要处理好与政府之间的关系。在重大事项决策中既符合国家的发展战略，又适于博物馆的发展。

（二）组织构成

理事会构成，从博物馆的特性考量，首先应重视文化领域的领军人物，因为这些人对行业具有独到的见解，代表专业的水平，具有凝聚力，有全局把控、引领的能力，善于发现问题、解决问题。特别应重视博物馆行业精英的吸纳。其次，相关领域的领军人物，也是理事会的中坚力量，博物馆发展，需要借力，即优势互补，跨领域合作。最后，理事会制度应该突出反映博物馆的公共属性，即从大众的意愿出发，为公众服务。因此，理事会成员，应该包括各界的代表。

（三）重视专业人士的参与

理事会作为博物馆高级管理层，决定了博物馆未来发展的方向，因此，需要博物馆专业具有丰富经验及专业水平的各部门、各层级专家的参与，这是理事会最重要的组成部分。理事会也需要相关领域专家的参与。专业标准、行业标准的制定，需要这些专家的贡献，博物馆事业发展也迫切需要行业标准的建立及完善，制度是保证事业发展的根本。

（四）体现民主精神

理事会制度是博物馆管理民主化进程的重要举措。博物馆为大众服务，让珍贵的文物与大众共享，需要各界群众的积极参与。如何表达、展现大众的心愿，需要理事会成员中各界代表的积极努力。保障公众的权利是博物馆工作努力的方向。同时，理事会要实现博物馆管理的透明化、公开化，这也是体现博物馆管理民主精神的重要准则。理事会成员均为非领薪人员，所做工作就是奉献。

（五）财力支持

理事会作为博物馆重要管理机构，决策管理层人员的任命，同时也应承担起博物馆经费的落实及运营。目前，博物馆运营经费主要由政府承担，随着理事会制度的不断成熟、完善，未来理事会筹款应该成为博物馆经费的重要来源。

（六）法制化保障

社会繁荣发展的重要基础，是法治的保障。博物馆发展，特别是理事会制度的完善，都需要法治的保障，依法治国、依法治理博物馆，是硬道理。有了法律的保障，理事会制度才会走上规范化、常态化的良性发展之路。明确的法律条文，对博物馆及理事会日常工作管理将起到重要的、有益的作用。欧美地区的博物馆，已经以法律的形式将理事会制度规范化。中国的博物馆理事会制度，也迫切需要以法律的形式来保障其未来的发展。

第6问 为什么说博物馆前期调研很重要

博物馆建设是一项重大工程，前期必须经过全面、深入、细致的调研工作，通过实地考察，掌握实际情况。搜集文献资料，进行分析研究，形成项目可行性报告，为博物馆建设奠定坚实的理论基础。

一、前期调研的作用

（一）了解现状及站位优先

前期调研最重要的目的是了解博物馆发展的现状和最新成果，包括博物馆学理念、博物馆的类型、建筑风格、陈列展览模式、文物收藏保护手段、宣传教育活动内容及方式等。通过前期调研，将对博物馆专业领域发展水平有一个清晰的认识。找准自己的定位，策划出不落后于时代、处于行业领先水平的博物馆。

（二）规避及降低风险

通过前期调研，主要是实地考察，特别是同行的交流与沟通，借鉴其他博物馆的经验，发现已经存在的问题，找到卓有成效的解决办法，达到规避及降低风险的目的。避免财务、人员、设备设施等的不必要的支出和浪费；发现文物征集、收藏、保护方面存在的管理、技术上的缺陷，展览内容与形式设计的脱节，服务接待缺乏规范管理的问题，安全隐患等。从而在最大限度上保证博物馆建设的科学、合理、有效、专业、规范及安全。

（三）明确目标和任务

博物馆建设需要明确自身的定位，根据现有的条件，包括馆藏品的数量、类别、品质，以及专业人员的构成、场馆的规模、建设资金的投入等，设计博物馆建设的目标和具体工作。从而有的放矢，降低成本，提高效率，不做无用功，在时间、财力、人员、技术等方面保证博物馆筹建运营的顺畅实施。

（四）确定观众定位

前期调研中非常重要的内容之一，就是使博物馆明确自身服务的对象，即观众的定位。同时，要了解大众的关注点、兴趣点。对观众的调查，主要涉及博物馆内外为观众服务的功能及空间的设计，陈列展览的主题、具体内容、展示方式的设计，特别是观众参与功能及空间的设计等。通过社会调查，充分了解大众对博物馆的要求，使博物馆建设在不背离社会主流趋势的前提下，更符合大众的需求。调研的方式可多种多样，要充分利用新媒体技术。具体调研应确定调查范围与人数，包括：社会背景、职业、年龄、学历、爱好、收入、价值观、意见类别、主要观点。

切实有效的社会调查，可以使博物馆摸清社会的脉搏，了解和理解大众的需求，使博物馆建设更加人性化。

（五）具有前瞻性及发展优势

博物馆建设不仅仅要着眼现在，还要展望未来。前期调研可以明确博物馆发展的方向，即未来发展的动力及优势，使博物馆具有可持续发展的能力和空间。实际上很多博物馆在刚刚建成后，就已经发现一些不足，需要之后的不断修改、完善，这些就是博物馆未来发展需要考虑的实际问题。如藏品及展品的不足、展览空间的不足及缺陷、设备设施的不足及缺陷、专业人员的不足及缺环、办公场所的不足、观众服务和互动空间的不足等，这些问题的产生有些是客观条件不足所致，有些是认识不到位。前期深入调研有助于避免这些问题。

（六）可行性报告的基础

前期调研的成果是形成博物馆可行性报告的基础，对于博物馆立项、实施具有决定性的作用。因此，前期调研十分重要。前期调研的结果是博物馆项目投资的主要依据；是编制设计任务书的主要依据；是建设工程设计、施工的主要依据；是采用设备设施，特别是新技术、新设备的主要依据等。通过前期调研形成的可行性研究报告，为项目可行性、经济和社会效益等提供了科学、客观的参考依据，为项目通过审批，打下坚实的基础。

可行性报告主要内容包括：项目概况、项目建设的必要性和可行性、项目的需求分析和功能定位、建设用地及建设条件、项目进度及招投标、投资估算与资金来源、组织机构与人力资源配置、建筑设计方案、博物馆工艺设计要求、消防及劳动安全卫生、效益评估（包括经济和社会效益）等。

二、前期调研的主要内容

博物馆前期调研的主要内容，需紧密结合博物馆类型、功能加以界定。需要本着实事求是、尊重科学、突出专业特点的态度，认真完成。对于新建博物馆调研的主要内容包括：博物馆发展和研究现状、文物征集方法及手段、展览策划实施、开馆运营措施。

（一）博物馆发展和研究现状

博物馆要想其筹建在理念及实践中能够处于领先水平，在行业发展中不落后，就需要前期的调研，把握好博物馆发展的总体方向，特别是在世界范围内博物馆事业处于什么水平，发展的趋势如何，以及最新的研究成果有哪些等。主要内容包括博物馆管理理念、方式和方法；专业技术标准及水平，如文物收藏与保护、展览策划及实施等。研究的成果、实践的经验是博物馆建设发展的雄厚基础及强劲动力。

（二）文物征集方法及手段

博物馆立足之本是馆藏品的有力支撑。对于新建博物馆，如何征集到与本馆定位相符合的文物及展品，是一件艰巨而重要的工作。要做好前期调研，做到心中有数。

相关工作需要政府的支持，在人员、财力上的保障，同时要了解文物及展品的征集程序。要制定规范的征集方案，保证文物及展品的顺利到位，不出纰漏，同时为今后文物及展品的利用，留下重要的背景资料。

征集文物及展品的步骤，首先要明确征集文物及展品的范围及类型，不仅是实物，还包括图表、照片、文献、音像等一系列有形和无形的文化遗产。

文物征集的相关专业标准文件，包括《文物征集范围》《重点文物征集目录》《文物征集内容要求》等，其中《文物征集内容要求》主要包括：名称、尺寸、年代、完残程度、出土地点、收藏单位、照片、材质、形式、价值、用途、说明（包括背景资料等）。

（三）展览策划实施

博物馆展览策划是筹建博物馆的重中之重，关系到博物馆的地位与声誉。博物馆前期调研，要重点组织相关专业人员，清晰了解博物馆展览最新动态、运作方式、成功案例等。

博物馆展览策划实施，主要包括以下内容：前期准备、确定展览主题及定位、资料准备、撰写展览大纲、展览大纲审定、完成展览形式设计、审定展览形式设计、文物及展品落实、展览形式设计招标、展览施工制作、展览布展、展览开幕等。

（四）开馆运营措施

博物馆开馆是筹建工作的最后一步，博物馆要面对社会、观众，接受检验。开馆运营是一件涉及博物馆多部门配合来完成的工作，要在时间、人员、场地等不同方面，设计连接到位。作为新建博物馆，在这方面没有经验，需要在前期调研中仔细了解，做到有备无患。

博物馆开馆，一般需要经过试运营和正式开馆两个步骤。要提前做好开馆运营整体方案，将涉及开馆的所有环节、细节，主要包括安保、服务接待、展览、设备设施运作等。最后，将博物馆比较圆满地呈现在大众面前。

第7问　新建博物馆如何考虑与地域文化的关系

任何一座博物馆，无论所处何地，其生命力都与其所在的地方社会息息相关。在新馆建设中，不乏以新博物馆带动城市新区建设的情况，但这也常常产生新的问题，比如新建博物馆远离城市核心区，导致其在地方社会网络中失位的问题。从20世纪20年代开始，中国的博物馆就被时人认为是"民众教育的工具"，具有建构乡土历史记忆的价值。随着近些年来博物馆社教导向的凸显，现代博物馆不只是对典藏的收集、保存和研究负责，而应将教育与知识传播作为公共服务的主要使命。在这种背景下，就需要更为关注博物馆的地域关照，以及对其所在社区或特定社群造成的影响。新建博物馆在筹建过程中应充分考虑与地域文化的衔接问题。

一、寻找在地方博物馆体系中的定位

基于馆藏与展示的差异化，全国各省市逐渐形成了社科历史类、自然科学类、革命纪念类、民俗类等专题博物馆。这种区域范围内的散点式主题分布，形成了地方博物馆体系对区域历史和乡土认同的关照模式。区域博物馆体系中的综合馆和专题馆的展览与馆藏，通过对文物遗产的多样性价值建构方式，形成了地域专题的多元呈现。新建设的博物馆无论是哪种类型，都应是所在区域现有博物馆体系的有机补充，与原有各博物馆形成差异性的互补，以共同构筑一座城市中博物馆多层级的价值体系。

二、关注地方历史文化发展的特点

新建地方博物馆在项目论证阶段就要充分考虑到与地方历史文化的结合性，寻找与地方文化产业发展相关联的视角。一方面，在建馆主题和导向上，既可以成为一个地方历史文化主题的阐释分支，也可以表现在对地方文化业态新趋势的呼应。在某种程度上，新建博物馆往往能够起到调整地方文化格局，引领地方文化建设的标杆作用。比如，在一个历史文化名城，一个新建专题博物馆的选题和定位惯常被作为地方文史体系上的一个细化扩展，以进一步完整其历史文化名城的符号体系。另一方面，这种新建馆的选题和定位也可以在原有地方文化常规阐释形式的窠臼中跳脱出来，适当引入当代艺术和跨学科领域的视觉艺术与地方传统融合，形成一种地方文化的"跳跃"，从而使新建馆进一步增加地方文化品牌的层次感和时代性。

三、关照社区民众的发展需求

任何一个博物馆都是立足于具体的城市、地点、社区，从这个意义上讲，每一个博物馆都是社区博物馆。以服务社区民众为重要主旨，展示和诠释城市记忆和城市生活，强调城市民众、社区居民在博物馆建设、运行中的主体性作用，是目前时代新馆建设的题中应有之义。新建馆的定位中，应结合所在区域特质，对社区内的自然与人文、物质与非物质文化遗产等文化资源进行充分展示，使社区通过博物馆实现内外互动，使博物馆真正成为一个社会大众对话与交流的平台。

新建博物馆的馆舍选址与建设，初步实现了建筑本体价值意义上的转向。但如何从建筑自身的地标化、景观化走向真正意义上的社会公共空间，则需要更充分的博物馆化，这就需要紧密结合地域需求，借由博物馆专业的实践，以陈列展览为载体，以社会教育和公众服务为指向，使之成为社会公共价值的孵化器。

立项审批

一个博物馆的建立首先需要在理论上，即认识上明确办馆的大政方针。之后就是具体的立项审批过程。博物馆筹建的顺利与否，这一环节至关重要。

首先是新建博物馆的立项，要具有立项的基础，即符合建立博物馆的必要条件。博物馆的发展要建立在科学、客观、符合社会发展需要的前提下。当然随着博物馆学的不断发展，博物馆的职能会出现新的变化、新的内容、新的面貌，会带给观众更大参与度的融合，这也是社会发展的必然趋势与结果。

在立项基本条件中，主要是作为新建博物馆本身所具有的优势和特点，以及它将为社会所奉献的重要作用和影响。特别是作为博物馆最重要的文化承载物和传承物的文物或藏品，它是博物馆的立身之本。有了丰富的藏品，博物馆才能够真正担当起文化传承与弘扬的使命和责任，成为名副其实的博物馆。

从博物馆发展的角度考量，博物馆在立项之初，就要充分考虑博物馆自身专业的特殊需要，在博物馆建筑空间设计中，首先要根据博物馆主要专业需求如展厅，藏品库房，观众服务的功能、空间、面积等来划分博物馆建筑空间。避免出现没有博物馆特性的设计。如果可以根据博物馆文化主题、展览主题设计建筑空间，将为博物馆整体和谐呈现、博物馆特性充分展现创造先机。这应该是博物馆设计的理想模式。

具体到立项审批中的一些重要工作，如撰写博物馆建设项目可行性研究报告，它是立项过程中最重要的文件，一方面它是甲方阐述博物馆建立必要性的主旨内容，另一方面它是审批方了解、理解、认可博物馆立项的依据，因此，要给予充分重视。

另外，涉及项目预算，也需要客观、务实、认真地对待。一方面有利于审批方的认可，另一方面为博物馆建设、发展创造比较有利的条件。既不可产生浪费，也不能制约发展的刚性需求，需要提出合理的要求。

立项审批能否顺利推进、落实、完成，需要筹办者在整体运作上有明确的认识，了解建立博物馆应当具备的条件，博物馆建设的特殊要求，需要完成的主要工作，以及博物馆立项审批的大致流程等，从而保证博物馆筹建整体工作的有序、顺利、完善。

第1问 设立博物馆应当具备哪些条件

按照我国对博物馆的定义，博物馆是指以教育、研究和欣赏为目的，收藏、保护并向公众展示人类活动和自然环境的见证物，经登记管理机关依法登记的非营利组织。现代博物馆的功能包含了收集、保存、修护、研究、展览、教育、娱乐七项，要实现这些功能，为公众和研究者提供相应服务就应具备一定的软硬件条件。

博物馆建筑规模分为特大型、大型、大中型、中型、小型。特大型馆建筑规模大于50000平方米，大型馆建筑规模为20001～50000平方米，大中型馆建筑规模为10001～20000平方米，中型馆建筑规模为5001～10000平方米，小型馆建筑规模小于5000平方米[①]。

依据《博物馆条例》第二章对于博物馆设立、变更、终止做出明确规定，博物馆馆舍建设应当坚持新建馆舍和改造现有建筑相结合，鼓励利用名人故居、工业遗产等作为博物馆馆舍。新建、改建馆舍应当提高藏品展陈和保管面积占总面积的比重。

第十一条 设立博物馆，应当制定章程。博物馆章程应当包括下列事项：

（一）博物馆名称、馆址；

（二）办馆宗旨及业务范围；

（三）组织管理制度，包括理事会或者其他形式决策机构的产生办法、人员构成、任期、议事规则等；

（四）藏品展示、保护、管理、处置的规则；

（五）资产管理和使用规则；

（六）章程修改程序；

（七）终止程序和终止后资产的处理；

（八）其他需要由章程规定的事项。

第十二条 国有博物馆的设立、变更、终止依照有关事业单位登记管理法律、行政法规的规定办理，并应当向馆址所在地省、自治区、直辖市人民政府文物主管部门备案。

---

① 中华人民共和国住房和城乡建设部发布：《博物馆建筑设计规范》（JGJ 66—2015），中国建筑工业出版社，2016年，第61页。

第十三条　藏品属于古生物化石的博物馆，其设立、变更、终止应当遵守有关古生物化石保护法律、行政法规的规定，并向馆址所在地省、自治区、直辖市人民政府文物主管部门备案。

第十四条　设立藏品不属于古生物化石的非国有博物馆的，应当向馆址所在地省、自治区、直辖市人民政府文物主管部门备案，并提交下列材料：

（一）博物馆章程草案；

（二）馆舍所有权或者使用权证明，展室和藏品保管场所的环境条件符合藏品展示、保护、管理需要的论证材料；

（三）藏品目录、藏品概述及藏品合法来源说明；

（四）出资证明或者验资报告；

（五）专业技术人员和管理人员的基本情况；

（六）陈列展览方案。

申请设立博物馆需要向主管部门提交博物馆设立申请书，包括：申请报告、博物馆基本情况、博物馆法定代表人基本情况、馆级负责人基本情况、博物馆机构人员基本情况、博物馆建筑基本情况、博物馆藏品基本情况、博物馆库房基本情况、博物馆展示与服务基本情况、博物馆经费基本情况、专家评审意见、申报单位上级主管单位初审意见等。

申请报告包括：博物馆设立的宗旨、必要性、可行性、任务等情况。

博物馆基本情况包括：名称、机构性质、人员数量、联系方式、法定代表人、上级主管单位、地址、建筑类型、藏品总数、经费来源、开馆日期、全年开放时间等。

博物馆法定代表人基本情况包括：姓名、性别、出生年月、民族、党派、职务、职称、专业特长、家庭住址、联系方式、工作简历等情况。

馆级负责人基本情况包括：姓名、性别、年龄、民族、党派、职称、专业特长等情况。

博物馆机构人员基本情况包括：人员数量、在编人数、招聘人数、大专以上文化程度、初级职称以上人数、管理人员数量、专业技术人员数量、内设机构等，并对机构设置、岗位设置、机构职能、人员配备等情况进行简要说明。

博物馆建筑基本情况包括：建筑产权、建筑类型、建成时间、建筑面积、占地面积、库房面积、展厅面积、公众服务区面积、文物保护技术区面积、办公区面积等，并对建筑工程设计方案是否经过所在地省级文物行政部门组织论证，博物馆的设计理念、建筑形态、功能区布局等情况进行简要说明。

博物馆藏品基本情况包括：藏品总数、鉴定情况、一级文物数量、二级文物数量、三级文物数量、一般文物数量，并对收藏文物的指导方针、征集方式、藏品来源、藏品特色、藏品保存现状等情况进行简要说明。

博物馆库房基本情况包括：博物馆库房本身情况（库房地址、库房面积、建筑类型）、库房设备（环境控制设备、环境检测设备、基本保管设备、信息化设备、安全消防设备）、库房功能分区（藏品库区、周转库区、设备贮藏室、藏品鉴赏室、保管员工作室、风淋更衣间）等内容。

博物馆展示与服务基本情况包括：展厅面积、公共服务区面积、全年开放时间、多功能厅、无障碍通道、服务台、盥洗室的情况，并对展示与服务的设想、做法、文化产业研发、建立减免费制度等情况进行简要说明。

博物馆经费基本情况包括：总投资、注册资金、经费来源、办展经费、运营经费等，并对建馆经费来源、运营经费来源、风险应急经费来源、经费保障措施等情况进行简要说明。

第2问　博物馆建设项目有什么特殊要求

博物馆的建设与其他建设项目不同，因博物馆的功能以展示、教育、收藏、交流为主，而展示和收藏是两大最主要业务功能，因此在博物馆建设之初就应注意工作的时序问题。展示和收藏的需求应在建筑设计时就介入工作，相关负责人与建筑设计师共同完成前期建筑设计工作。

博物馆建筑施工开始之后，展陈设计工作和展品征集工作应同步开展。基建需要配合展陈及藏品库房的需求做预埋预留。建筑设计必须考虑博物馆的实际使用需求。

一、藏　品　库　区

为了有利于文物保护，库房区不宜设在楼顶层，并需与其他系统区域严格分隔，仅留文物及工作人员进出专用通道，与外相通的汽车运输要隐藏、安全。为方便文物运输、布展，文物库还应有电梯与专用通道与展厅直接相连。

文物库房通常由库前区和藏品库组成。文物库房既要满足当前藏品管理的需要，又要适应今后发展的趋势。建筑设计要求安全可靠、坚固耐用、结构合理、工艺先进、方便实用。

根据国家文物局编印的《博物馆藏品保管工作手册》的要求，藏品库房建筑结构须符合防震、防雷、防火、防盗、防虫、防潮、防干、防光、防尘、防污染这"十防"基本要求。具体工艺技术设计要求如下。

（1）藏品库房要求按文物类别进行分隔，室内可根据各类别藏品的需要，用铝合金异型材搭建装配式活络隔断，配备必要的配套设施。库房建筑应考虑保温、隔热和密封，并能满足调控温湿度的要求。收藏对温湿度较为敏感的藏品，应在藏品库房的入口处设缓冲间，面积不小于20平方米。

（2）每间藏品库房应单独设金属门，门与地面的缝隙不大于5毫米。藏品库房的通风孔洞应加设防虫、防鼠装置。库房外墙不宜设窗。一般库房楼地坪负载为600千克/平方米。藏品的运输通道，不得出现台阶。

（3）温湿度要求：温度要求15～25℃，相对湿度要求45%～65%，具体要求须视文物类别的材质和各地特殊气候而定。根据需要，可装置若干调节系统，以便分类控制温湿度，或局部添加小型设备调节温湿度。设置空气调节设备的藏品库房，相对湿度不应大于70%，相对湿度日较差不得大于5%，气温日较差不得高于2～5℃，贯彻恒温恒湿的原则。温度与相对湿度应基本保持稳定。屋顶的排水系统应严防渗漏；藏品库房地下层室内和地面层有可靠的防潮措施。水池、喷泉不能紧贴藏品库房，以免增加湿度。

（4）光照要求：文物库房的照明要符合国家文物局发布的《博物馆照明设计规范》，采用人工照明，在非工作时间，应该是无光的，工作时亮灯。书画、竹木漆器等有机质文物库房的照明，须使用不带紫外线的防爆灯具。灯具应设置在两列橱柜中心线的位置上。

（5）库房内应避免上下水管（除消防水管道外）及其他管道通过。强弱电线路要求暗道铺设。电路控制设备应设在库房门外，总控制设备应在库房区外。

空气质量要求：库房区内的空气要配置防尘设施，净化程度达到国家规定的卫生标准。若大气环境中的烟雾灰尘或有害气体的日平均浓度超过限值，设置通风或空调的藏品库房应对新风采取过滤净化措施。

文物库房区应有专用的无障碍运输通道通向馆外，通道入口处设有文物装卸升降平台和文物起重车，以便馆内外文物的装卸和进出。

文物库房设出入总门，要求采用三防门（防火门、防盗门、防水门），电动和手动并用，并配有密码电子报警门锁。开启和使用时室内应有显示和记录。最好采用电脑指纹锁。各库房门要求采用轻质金属移门，或红外线感应门，便于文物车的平稳运行，出入可随时关闭。

库房建筑须符合《建筑设施防火规范》和《博物馆建筑设计规范》的要求。库房区内装备先进的防火、防盗、警视设备。库区各通道安装专用报警电话插座。

库房区的中心设置文物专用和载客垂直升降电梯,与展厅、文物保护修复中心和装卸区相连。电梯门的高度、宽度、长度的尺寸,须与库房橱柜尺寸相适应,便于搬运。

藏品库房走廊宽度一般要求为3米,以便文物通过。

保管设备：藏品保管视文物性质、特点,即按不同保护的要求和管理方式,分别用带隔板的柜、带抽屉的柜和箱、盒等形式保存文物。制作的材料要根据文物的质地需要而定,可分别采用金属和木材两种材料。所有橱柜的外形尺寸要求规范化,统一高度和厚度,宽度视文物的情况而定。

装卸区要求以同时停放两台文物运输车(长×宽×高=14米×2.2米×4米),在相对封闭的环境中进行装卸工作,装卸平台高度为1.2米。

二、展陈区、文化教育与公众服务区

文物专用通道、工作通道及陈列展览制作室、储存室等作为布置、调整陈列使用。领票、问询、讲解、寄物等观众服务项目须按功能位置设置,领票和寄物可以考虑建筑物外设置独立空间。卫生间按区域空间及实际需要设置。观众休息处可分多处安排,有自然采光。

三、业务、科研与管理区

图书资料室、专业人员研究工作室,要求远离嘈杂区域,保持环境清静。由于博物馆的学术研究与馆藏文物关系密切,要求库房与业务科研系统有专用的垂直通道。文物保护修复中心需要有良好的通风及空气净化设施,科研区的危险品库房,应安排在距藏品库及展厅较远的地方。行政管理区在保持相对独立的前提下,还应与展陈区有通道。防盗、消防控制中心应尽可能接近展陈区与库房区,以利于缩短设备管线,节约投资,便于管理及安全保卫,同时需要有良好的通风设施。

库房管理中心是博物馆科研的重要区域,通常包括以下功能。

(1)文物鉴定研究室

鉴赏室应设在文物库房总门外的邻近处,以便文物、标本的提取和归库。

（2）整理工作室

为满足藏品定级、分类、建档，以及展览筹备、图书编辑等经常性业务的需求，需在文物库房附近设置整理工作室。

（3）清洗干燥室

为了保持库房整洁，有些藏品在入库前必须经过清洗或干燥处理。清洗间设清洗池和沉淀池，干燥间采用红外线干燥。

（4）电脑检索室

为了加强藏品的科学管理，文物藏品将采用计算机管理，经过计算机检索文物档案，统计文物的进出、来源、类别、级别、存放地点、提用次数等。藏品检索要纳入博物馆网络信息系统，以便各部门都可以直接查询到所需的藏品资料。工艺技术要求同电脑室。

（5）档案室

档案室存放有关文物藏品总账、分类账及有关档案。

（6）数字采集室

数字采集室是供摄影、翻拍、3D制作等工作按数字化博物馆的要求进行整合的空间。为了保证新收藏品及时编目入库，提供学术研究所需的文物照片资料，应设置专门用于拍摄文物藏品的摄影室和暗房。摄影室要求装置用于拍摄书画的悬挂设备和轨道式专业照相灯具。暗房要求砌有冲洗池和工作台，装置通风设备。

（7）文物包装库

随着国内外文化交流的发展，出国展览和来馆展出的国内外展览增多，包装、拆箱任务繁重，故须设置一间专门的文物包装库。文物包装库应靠近文物库房区并配备必要的除尘、排风设备。

（8）专用设备库

存放文物且对其进行管理的各类专用设备。

四、设备及地下停车库

为充分利用建筑空间，大型机电设备用房基本安排在地下层，包括除自动扶梯及垂直电梯以外的整个机电设备系统。博物馆各类设备用房设置在地下室，同时按各楼层需求机动灵活地安排小型设备用房。地下停车系统采取地下停车区与人防设施相结合的方式。同时，停车场应设计采用自控机械化、电子管理停车系统。

第3问 博物馆建设筹备阶段的必要工作有哪些

在博物馆筹建之初，各项工作头绪纷杂，大项目下还会有若干子项目，需要各个专业团队通力协作才能顺利开展。

第一，需要完成博物馆的顶层设计，包括功能规划、主题定位、展览规划、空间规划等工作。对于新建博物馆项目来说，顶层设计是未来发展的蓝图，不仅要考虑当前的工作，还要为将来几十年的发展做好规划，所以是非常重要的事项。特别是博物馆的主题定位、功能规划、空间规划都决定了博物馆建筑设计的方向。对于老馆改造项目来说，博物馆的顶层设计则是在原有基础上的一次飞跃提升。随着社会发展、技术进步，博物馆也应紧跟时代发展，制定出能够适应未来发展的新蓝图。

第二，博物馆建筑设计要符合博物馆功能需要，包括展厅设计、藏品库房设计、公共空间等。中华人民共和国住房和城乡建设部于2015年6月30日颁布了《博物馆建筑设计规范 JGJ 66—2015》，同时废止了《博物馆建筑设计规范 JGJ 66—91》。在《博物馆建筑设计规范 JGJ 66—2015》中对设计使用年限、规划布局、配套的观众服务设施、总平面布置和展厅、藏品库房等都制定了详细的标准。

第三，需要梳理藏品和展品清单，藏品是博物馆展览的基础，博物馆管理者要根据博物馆的定位对藏品收集有长远规划。博物馆建设要根据馆藏情况来进行规划设计，特别是当前有许多博物馆在没有藏品基础的情况下就决定建设，这就对于藏品征集工作和展陈设计工作提出了更高的要求。

第四，撰写博物馆展览大纲，对于藏品丰富的博物馆，可以根据本馆的定位、展览规划和已有藏品的情况来撰写展览大纲。对于没有藏品的新馆来说，撰写博物馆展览大纲这一项工作尤为重要，因为展览大纲还将成为展品征集工作的重要线索和依据。

第五，博物馆建设资金筹措。博物馆项目建设需要明确资金来源，确定总投资额。

我国国有博物馆资金来源主要来自四个方面：一是国家预算分配的财政资金，二是博物馆有偿业务活动获得的资金，三是社会人士、团体、单位捐赠和赞助的资金，四是主管部门拨发的用于特定用途的各种专项资金。博物馆建设资金筹措还有一种新模式：PPP（Public-Private-Partnership）模式，是指政府与私人组织之间，为了提供某种公共物品和服务，以特许权协议为基础，彼此之间形成一种伙伴式的合作关系，并通过签署合同来明确双方的权利和义务，以确保合作的顺利完成，最终使合作各方达到比预期单独行动更为有利的结果。

第六，通过各项行政审批流程，获得上级主管部门批复。

第七，开展各项目招标工作。制定招标工作计划，根据项目需求编写招标文件。发布招标公告，责成招投标公司运作，按招投标规则选定中标公司。

第4问　博物馆建设立项审批流程有哪些

博物馆的建设与其他文化设施的建设项目审批流程大致相同，通常需要经过以下审批流程。

一、办理《建设项目选址意见书》

办理《建设项目选址意见书》的项目单位需向所在城市的市规划局提交以下资料。

- 选址申请：申请应说明本单位主要业务范围，所属主管部门，申请的理由，建设项目的名称，性质（住宅、行政办公、商业金融、文化娱乐、医疗卫生、工业厂房、市政公用设施等），建设规模，建设用地位置、面积，用地规划性质（住宅、行政办公、商业金融、文化娱乐、医疗卫生、工业厂房、市政公用设施）等
- 营业执照、法人资质、组织机构代码证、法人身份证等
- 项目可行性研究报告（工业项目）
- 环评报告（工业报告）
- 土地使用证（旧城区）

办理《建设项目选址意见书》后，项目单位应办理立项，制作1∶500地形图，制定测绘及平面规划方案，进行项目设计等。

二、办理《建设用地规划许可证》

办理《建设用地规划许可证》的项目单位需向所在城市的市规划局提交以下资料。

・定点申请（申请应该说明建设项目的名称，项目批准文件号及主要内容，项目的方案设计、结构、层次、建筑面积、投资概算，定点具体位置等内容）

・选址意见书（复印件）

・项目立项批复

・1∶500 地形图

・平面规划图

・方案审查报告

・项目方案图、效果图、量化图并附电子版

・注明联系人、联系电话

三、办理《建设工程规划许可证》

办理《建设用地规划许可证》后，项目单位需提交以下资料，办理《建设工程规划许可证》（副本）。

・修建申请（申请应说明《建设项目选址意见书》编号及办理时间，《建设用地规划许可证》，项目批准文件号，建设项目的设计单位，项目的规模、层次、结构、建筑面积、预算金额等主要内容）

・《建设项目选址意见书》（复印件）

・《建设用地规划许可证》（复印件）

・计委批复（复印件）

・总平面设计图

・施工图纸

・土地使用证复印件（验证原件）

・注明联系人、联系电话

四、招　投　标

办结《建设项目选址意见书》《建设用地规划许可证》《建设工程规划许可证》（副本）（以下简称"一书两证"）后，项目单位到市建设局招标办公室完善招投标手续。

五、办理施工许可证

根据《中华人民共和国建筑法》第七条，建筑工程开工前，建设单位应当按照国家有关规定向工程所在地县级以上人民政府建设行政主管部门申请领取施工许可证；但是，国务院建设行政主管部门确定的限额以下的小型工程除外。按照国务院规定的权限和程序批准开工报告的建筑工程，不再领取施工许可证。

建设单位申请领取施工许可证，应当具备下列条件，并提交相应的证明文件。

（一）依法应当办理用地批准手续的，已经办理该建筑工程用地批准手续。

（二）在城市、镇规划区的建筑工程，已经取得《建设工程规划许可证》。

（三）施工场地已经基本具备施工条件，需要征收房屋的，其进度符合施工要求。

（四）已经确定施工企业。按照规定应当招标的工程没有招标，应当公开招标的工程没有公开招标，或者肢解发包工程，以及将工程发包给不具备相应资质条件的企业的，所确定的施工企业无效。

（五）有满足施工需要的技术资料，施工图设计文件已按规定审查合格。

（六）有保证工程质量和安全的具体措施。施工企业编制的施工组织设计中有根据建筑工程特点制定的相应质量、安全技术措施。建立工程质量安全责任制并落实到人。专业性较强的工程项目编制了专项质量、安全施工组织设计，并按照规定办理了工程质量、安全监督手续。

（七）建设资金已经落实。建设单位应当提供建设资金已经落实承诺书。

（八）法律、行政法规规定的其他条件。

县级以上地方人民政府住房城乡建设主管部门不得违反法律法规规定增设办理施工许可证的其他条件。

依据 2018 年 9 月 28 日《住房城乡建设部关于修改〈建筑工程施工许可管理办法〉的决定》和《建筑工程施工许可管理办法》（2014 年 6 月 25 日住房和城乡建设部令第 18 号发布），办结"一书两证"并完善招投标手续后，项目单位需向市建设局工程科提交以下资料。

· 报建报告（项目单位）

· 工程项目立项批文（发改局）

· 建设项目选址意见书（规划局）

· 建设用地规划许可证（规划局）

- 建设工程规划许可证（规划局）
- 银行资信证明（开户银行）
- 工程建设项目报建表（建设局）
- 建设工程施工图纸设计文件审查合格书（设计单位）
- 防雷设计审查意见书（气象局）
- 建设工程中标通知书（施工、监理）
- 建设工程项目招标（发包）备案表（施工、监理）
- 建设工程承发包廉洁协议书（建设局）
- 建设工程项目法人质量责任书（建设局）
- 建设工程勘察、设计、施工、监理合同
- 建设工程项目开工（施工）审批表（建设局）
- 建筑工程安全条件备案表
- 建设工程质量监督书（建筑业管理局）
- 商品混凝土买卖合同（施工单位和生产单位合同）

以上报件齐全，经审查批准，核发《建设项目施工许可证》。

六、申请放线

办结《建设项目施工许可证》后，项目单位提供"一书两证"、《建设项目施工许可证》等到市规划局申请放线。

七、开工建设

持市规划局《放线通知书》到市规划局工程科申请开工。

八、申请验线

工程建至正负零。项目单位申请市规划局按核发的《放线通知书》的要求对道路红线、建筑红线等进行验收。

九、单项验收

主要是消防、防雷、规划、建设工程等各管理单位根据各行业的规定、标准、要求等进行单项验收。

十、办理《建设工程规划许可证》（正本）

验线合格后，到市规划局核发《建设工程规划许可证》（正本）。

十一、总体验收（消防、质检、规划、建设）

持项目用地批复、"一书两证"、立项批复等项目及工程资料，申请总体验收。总体验收由市建设局工程科组织，市（区）计划、国土、工商、建设、规划、消防、防雷、质检、电力、供水等专业部门参与，对建设项目的建设情况进行总体验收，核发《建设工程合格证》及建设工程质量等级证书。

十二、办理建设工程房屋产权登记手续

总体验收合格后，项目单位持验收报告、工程等级证书等到建设局房屋登记中心办理产权登记手续。

第5问　关于博物馆建设（展陈建设）项目可行性研究报告应如何撰写

每一个博物馆建设项目在立项之初都需要完成项目可行性研究报告。近几年，一些重要的大型展陈建设项目，特别是新建项目也需要完成项目可行性研究报告。那么，针对博物馆展陈项目的可行性研究报告该如何撰写呢？

一、从博物馆建设实际出发，实事求是

可行性研究报告的撰写关系到项目实施的成败，是经过充分的科学论证之后所做出的分析，因此实事求是和科学性是首要原则。只有通过深入的调查研究，结合项目实际情况，尊重客观事实，经多方论证之后最终形成科学的结论，为下一步工作提供重要指导。博物馆展陈建设项目的可行性研究报告，需要对博物馆定位、展览主题、区域特点、场馆规模、展品情况、旅游人口、投资情况、运营

模式做充分而详细的说明。

二、对博物馆及展陈建设内容论证充分，结论明确

可行性研究报告来源于客观实际，又关联着项目的具体实施，深刻的分析、充分的论证和明确的结论，是撰写可行性研究报告的重要前提。大型博物馆建设项目的论证，除了工程本身复杂的内容外，还关涉生态环境、文化传承等国计民生大事，其结论不能含糊，论证不容疏漏。必须做到资料翔实，事实准确，论据充分，观点鲜明，有说服力。

三、内容完整，语言准确

可行性研究报告是博物馆（展陈）项目申报的重要政策依据，因此，对于内容格式的规范和专业度有较高要求。内容通常包括：项目概况、项目建设的必要性和主要依据、项目规模、项目设计方案与建设周期、投资估算与资金来源、运营模式及效益预估、组织架构（人员配备）、风险与保障、结论。

第6问　博物馆建设及运行工作涉及的法律规定有哪些

有关博物馆的法律法规，主要是具有法律效力的经全国人大及常委会制定的法律和地方人大及常委会制定的规范；还包括与之相关的地方政府制定的规章。博物馆建设及运行工作涉及的法律规定主要有以下诸项。
- 《中华人民共和国宪法》
- 《中华人民共和国文物保护法》
- 《中华人民共和国文物保护法实施条例》
- 《公共文化体育设施条例》
- 《博物馆管理办法》
- 《博物馆藏品管理办法》
- 《文物藏品定级标准》
- 《文物出境展览管理规定》
- 《国有公益性收藏单位进口藏品免税暂行规定》

- 《中国文物、博物馆工作人员职业道德准则》
- 《全国博物馆评估办法（试行）》
- 《博物馆评估暂行标准》
- 《关于全国博物馆、纪念馆免费开放的通知》
- 《关于促进民办博物馆发展的意见》
- 《博物馆建筑设计规范》（JGJ 66—2015）
- 《博物馆安全保卫工作规定》
- 《博物馆条例》
- 《馆藏文物登录规范》（WW/T 0017—2013）
- 《文物展品标牌》（GBT 30234—2013）

第7问　博物馆建设中各个项目预算编制应关注哪些问题

博物馆建设大致分为基本建设和展览陈列两个阶段，基本建设一次性投入大，从前期的立项、科研、设计到后期招标资质、评标办法、施工、监理、结算、审计，都有完备的法律法规、标准和规范可依据。展览陈列是博物馆的核心业务，一直以来，展览陈列各阶段造价控制缺乏依据，难以进行有效的资金管理。2017年7月5日财政部发布了《陈列展览项目支出预算方案编制规范和预算编制标准试行办法》（以下简称《试行办法》），第一次在全国范围内明确了展览陈列的预算内容和相应的费用标准。

一、《试行办法》适用范围

《试行办法》主要适用于中央财政资金安排的博物馆、纪念馆、美术馆等场馆，布展时间内容相对固定、展示时间较长（一般五年以上）的常设陈列展览项目。不包括展品的征集、修复和运输，展品的后期维护费用。《试行办法》未做规定的内容或标准，部门可根据其他相关规定或实际情况编制预算。

二、预算构成和费用标准

《试行办法》规定预算编制内容包括展区范围内的基础装修费、展区空间内的陈列布展费、为保护展品不受损害而配置的专业灯光购置费、为实现展览陈列效果而产生的多媒体系统工程费,最后一项是为整个陈列展览项目管理和服务发生其他费用。费用标准分概念设计、深化设计和施工图设计两个阶段,概念设计阶段预算标准为不高于14000元/平方米,预算构成包括立项筹建到完成所需的全部费用;深化设计和施工图设计阶段要求基础装修费、陈列布展费、专业灯光购置费和多媒体系统工程费合计不高于13500元/平方米。

三、编制预算注意事项

按照陈列展览的施工流程,可将整个展览陈列工程分为四个单项工程,分别为基础装修工程、陈列布展工程、专业灯光工程和多媒体系统工程,单项工程之间既有先后顺序,又有合理交叉。展览陈列不同于基本建设,即便在深化设计及施工阶段,设计方案和施工图纸也不断调整、完善。编制好各单项工程预算的同时,还要做好动态调整,下面就常设展览谈谈预算编制应关注的主要问题。

(一)严格划分基本建设和陈列展览的施工界面

《试行办法》规定了各单项工程的预算标准,该标准原则上作为编制预算的上限,根据以往博物馆的实际花费,该费用标准在我国的展览陈列属于中等水平。以国内新建博物馆为例,按照建设时序通常是先基本建设后展览陈列,基本建设费用不足或漏报的装饰部分常常放在展览阶段施工,《试行办法》明确了不允许将属于基建投资的项目划给展览陈列,在展览陈列资金并不充足的情况下,从开始就应与基本建设划清施工界面,个别专业要明确到点。

基本建设和展览陈列都包含装饰和安装工程,《试行办法》指出:"基础装修费用主要指展区范围内的装修工程费用,包括装饰工程费及安装工程费。装饰工程主要指展区范围内的地面、墙面、天棚、门窗等内部装饰费用,安装工程费主要指展区范围内与展览陈列有关的水电安装、暖通、消防、安防和弱电智能化工程等费用。"该办法强调的是展区范围内的装饰及安装工程,因此公共区域、工作区域及办公区域的装修应属于基建装饰范围内,在展区范围内,安装专业是划分的重点,要保证展览陈列工程介入后能直接施工,如电气工程的分界点为展区的总配电箱,基建需将电缆布到展区内的总配电箱,总配电箱本体及之后的管线布置及照明灯具等归展览陈列施工。

（二）核实工程量

基础装修工程的预算编制，目前都采用跟基本建设装修相同的计价方法，根据《建设工程工程量清单计价规范》（GB 50500—2013）描述项目特征、计算工程量，按博物馆所在地的预算定额、取费标准、信息价或市场价计算综合单价，基础装修的工程量大多按平方米或延长米计算，需要依据设计图纸计算工程量，因此编制预算时，首先应审核图纸，通过现场测量，核实图纸工程量的准确性，确保图纸量和实际工程量一致。

（三）价格的确定

根据定价方式的不同，可将展览陈列工程中展品、设备的价格分为两种类型，一类是艺术类展品，另一类是非艺术类设备。

1. 艺术类展品的定价

在展览陈列建设过程中，陈列布展工程是造价控制的难点。辅助展品大多是非标产品，没有现成的标准可套用，绘画、雕塑更是展览中艺术气息最为浓厚的展品类型，不能简单地通过使用的人工、材料、机械定价。因此编制辅助展品制作费时，不仅要描述作品的类型、平面尺寸、主要用料和辅助用料、草图和相片，还要把创作人的姓名、职称、简历、行业声誉和业绩情况、作品的市场行情、拍卖价格作为备注；必要时组织行业专家对这些艺术品的价格进行论证，最终合理确定该部分艺术展品的价格。

2. 非艺术类设备的定价

非艺术类设备主要指展柜、展墙、展台、展架、展示说明牌、专业灯具及多媒体系统硬件费用使用的投影机、液晶电视、工控主机、触摸屏、音响设备等。《试行办法》在费用明细表中要求设备应描述项目特征及配置要求，如展柜应填写品牌、型号，是否恒温恒湿、是否定制。不同的品牌，价格差异较大，即使是同样的品牌，其技术参数的调整都可能导致价格翻番，因此，对设备价格的控制不仅要货比三家、价格谈判，更需要向厂家或供货商核实技术参数是否满足需要；供货时间是否能满足施工要求；对于更新速度较快的电子产品，应确认所选型号的产品是否还在生产。

3. 严控多媒体系统工程预算和造价占比

《试行办法》对多媒体系统工程预算设立了双控条件，预算标准不高于 3000 元/平方米，多媒体系统费用占总投资比原则上不应超过 20%，用控制预算费用的方法，遏制多媒体的过度使用。控制多媒体系统费用是陈列布展工程造价的重点。从设计伊始，根据展览的实际情况为多媒体预算费用设置警戒线，无论形式设计怎样调整，费用都不能超过警戒线，特别是多媒体系统的软件系统尽量使用成熟技术，减少开发费用。

博物馆展览陈列工程是以信息传播和艺术效果为核心的系统工程，即使最优秀的设计师或设计团队设计的方案，在具体的空间实施中都会有修改、调整，《试行办法》中也明确指出：预算执行中，在不突破预算总额的情况下，部门可根据实际情况按照相关规定调剂。各单项工程预算设定合理的调整幅度，每次设计图纸调整的同时，预算明细都相应调整，有增项就要有减项，总体保持在预算总额内。

第 8 问　如何认识博物馆筹建期档案收集与管理的重要性

博物馆的管理工作中，档案的合理保存和管理是必不可少的一项，而筹建期的博物馆档案工作尤为重要，它不仅留存了博物馆的历史沿革和发展过程，更肩负着文化与历史的恒久传承的重要职责。因此，它的重要性不容忽视。

一、博物馆筹建期档案的类型与特点

博物馆档案是对博物馆建设的记录和缩影，对博物馆的发展有着重要的指导价值和借鉴意义[1]。筹备阶段的博物馆与开放后的博物馆相比，其档案工作无论从内容、类别、管理方式上来说，都有很大不同。

第一，文件类别的差异。筹建期的博物馆文件资料类别多样、种类繁多，由于涉及与各共建单位的对接，尤其在工程建设期间，大量的图纸资料、施工参数信息、展陈建设阶段性成果、学术研究成果，基本多以纸质文件方式留存，这种现象是筹建期特有的。

---

[1] 郭晓丹：《浅析博物馆档案信息的建设与管理》，《黑河学刊》2018 年第 5 期。

第二，管理方式的差异。筹建期的博物馆往往没有专设档案管理机构，各部门的档案资料都各自留存，未形成系统化管理机制。需要用的时候，再临时去整理、归档，导致各业务人员只对自己参与的项目资料较为了解，其他事项一概不知。而正式开放的博物馆往往有专业的档案管理部门负责相应工作，并配有专员和管理制度，做到定期整理、归档。

以上两点筹建期档案特点，引发了档案管理工作一系列的问题，而这也正是目前博物馆筹建期存在的普遍问题，如何正确应对并加以解决，对博物馆的发展起着至关重要的作用。

二、筹建期档案管理的常见问题

（一）筹建期间制度机制不完善

筹建期间的博物馆，在单位整体制度建设、职能定位等方面处于摸索阶段，有些制度职责仍停留在书面，在实际执行中还存在落差，这就给相应的档案工作带来了困难，尤其是在前期项目过程中，各部门忙于机构的运转和业务的探索，档案管理工作往往容易被忽略，再加上没有专门的管理制度要求，无法形成及时归档、专业化管理的工作机制，造成档案工作疏于管理，肆意堆砌，甚至损坏丢失。

（二）过程文件较多，资料档案类型、内容庞杂

在博物馆长达几年的筹备期，由于业务工作的陆续开展，档案的积累会变得十分庞杂。其中大体可分为：请示批示文件、业务成果文件、存档文件三类，而其中业务成果文件，根据所涉及的不同专业、门类和部门，内容十分丰富，但对于未参与具体业务的档案管理人员来说，在对其进行档案的管理、归档时具有一定难度，在管理上带来困难。

（三）筹建期人员流动性大、管理不具备专业性

在博物馆建设期间，除了制度不健全、业务工作的不断扩展外，人员流动性也成为档案管理工作的一个重要问题，筹建期的人员类别多样，不仅有在编、聘用类，还有返聘、实习等多种渠道人员，其中大部分为项目人员，项目结束即结束任职，而此期间档案工作基本不设管理专员，多以兼职代管为主，也致使档案工作交接频繁。

三、合理高效进行定期的档案收集与管理的重要性

（一）筹建期档案资料见证了博物馆的发展历程

筹建期间档案资料是博物馆发展的原始资料，记载了博物馆发展的大事，展现了创建过程的全部过程，充分利用好这些原始记录，可以提高各部门的工作效率，保证工作质量。博物馆档案信息是博物馆科学研究的基础条件和开展人文教育的有效载体，其中很多档案再现了历史的真实面貌，做好这些档案的研究与宣传是公共传播文化的基础。

（二）档案的研究与宣传是向公众传播文化的基础

随着信息技术的快速发展，大数据、云端计算技术被广泛应用到各个领域，传统的博物馆藏品展览已无法满足当前社会的发展需求。因此，加强博物馆档案信息建设与管理，是博物馆发展的必然趋势，同时也是有效促进传统博物馆向数字博物馆转型的重要步骤。

（三）成果型档案资料肩负着文化传播的重要使命

在前面提到的筹备期三类档案文件中，业务成果文件凝结着无数专家学者的智慧和心血，具有重要的史料价值。如果在档案管理的工作过程中出现了重大失误，导致部分资料破损或丢失，将会造成我国历史文化传承的不可逆的遗憾。因此，正确管理博物馆筹建期档案的方法应该尽快地被考虑，并且运用到现实的管理工作中。

博物馆的前期筹建档案是直接形成的历史记录，也是再现历史真实面貌的原始文献。科学、高效、规范的管理机制可以提升一个单位的整体管理水平。

四、加强博物馆档案信息的建设与管理策略

（一）加强建设，完善管理制度

从博物馆档案管理的重要性可以看出，筹建阶段的制度建设尤其重要，要结合筹建期工作特点，制定相应的管理制度，并应与正式开放博物馆的管理制度有所区别。根据《中华人民共和国档案法》、《博物馆档案管理条例》和档案工作的

实际，严格制定相应的管理制度。要包括档案从形成、收集、运转、编目、立卷、检索、安全保管等一切基础性规章制度。

（二）注重人才培养，推行规范化的管理方式

设立专职的档案管理人员，定期参加和档案管理相关的培训，及时掌握国家制度、法规等业务知识。定期组织对员工的考核，实施组织优化，调动工作人员的积极性，并在实际档案信息建设与管理过程中，将每次的档案交接工作详细记录，使其可以在后续查阅中，搜索到根源，从而提升档案信息管理水平。

（三）积极推动数字化档案管理模式

在建立长期性、连续性档案管理规定的同时，充分结合网络信息时代特点，制定完善的电子档案查阅和管理信息系统，利用大数据对档案信息科学、规范的管理，逐步实现档案的数字化管理。

（四）有效开发和利用档案信息

博物馆档案信息的利用是档案工作的立身之本。要改变传统的档案管理模式，将信息有效、合理利用和规划，利用网络载体，将档案资料转化为研究资料，设立专门的编研部门，研究开发档案信息，在满足单位工作需要的同时，最大限度地开发、利用信息资源。

空间设计

博物馆空间是博物馆开展各项业务工作、实现自身社会功能的重要物质载体。博物馆的空间设计要从满足文物收藏、保护研究、展示利用、社会教育等各业务部门和行政管理部门的功能需要出发，给予相契合的形态、布局、体量，让博物馆这一文化的"容器"与其承载的"内容"和谐一体。

交通流线由建筑功能分区确定，博物馆对外开放区域与对内业务区域包含不同功能分区，根据公众的参观流程和工作人员业务流程合理布局，便于各功能间的联系，使观众、博物馆行政管理人员、专业研究人员，以及车辆、藏品的流线互不干扰，有序运行。

关于美观性与实用性的平衡历来是建筑设计经久不衰的话题，博物馆又是城市中重要的文化景观，甚至是一个国家和地区的文化符号代表。然而，衡量一座博物馆建筑是否成功的关键还要看所提供的内部空间是否符合运行时展陈、收藏等各功能的使用需求和未来变更扩充的可能。近年来，一些过于追求新颖造型、宏大规模的博物馆，由于忽视内部空间设计，出现展厅面积、层高不足，光环境不适于布展，预留库房面积不够等空间利用率不高的问题。这就需要博物馆专业人员在建设之初就参与指导建筑方案设计，不断平衡实用性、艺术性与文化性的关系，避免二次改建，节约建筑及运营成本。

作为公共文化空间，博物馆空间设计还要特别考虑儿童、残障人士等弱势群体的参观体验。针对儿童的行为特征，空间和设施的尺度、色彩、材质等要符合儿童的认知特点和参观行为，为儿童提供安全、方便，能够获得乐趣，启发思考的探索空间。博物馆无障碍设计在严格执行相关规范的基础上，遵循可识别、可到达、易操作、具有针对性和通用性、安全第一等原则，为残障人士提供便捷的参观流程，使他们顺利获取展览内容，充分发挥博物馆的教育功能。

第1问　博物馆建筑空间设计需要注意哪些问题

博物馆建筑是满足博物馆功能的空间实体，虽然历史类、艺术类、科技类、综合类博物馆因展示内容、规模、特点不同，在建筑组成上有所区别，但博物馆所共有的收藏、教育、研究职能决定它们具有相似的功能空间组成，存在着一些需要普遍关注的问题。

一、博物馆建筑空间构成

博物馆建筑空间可划分为公众区域、业务区域和行政区域。其中，公众区域包含陈列展览区、教育区与服务设施，业务区包括藏品库区、藏品技术区及业务与研究用房；行政区域包含行政管理区和附属用房。其中，公众区域因与公众联系最为密切，是博物馆建筑空间设计的重点。《博物馆建筑设计》一书将公共区域划分为核心空间、交通空间、陈列空间、服务空间四类，它们的空间设计在整体空间架构中扮演着不同的角色。

（一）核心空间

博物馆入口大厅、公共大厅、中庭都属于核心空间，是博物馆空间架构的中心，承担着交通枢纽、咨询服务、礼仪接待、主题展示等复合功能，因而在空间设计上应宽大开敞且具有明确的方向性，便于人流的集散疏导。同时，还要注意空间氛围的营造，在结构、材料、装饰与展品的选择上凸显博物馆的精神内涵。

（二）陈列空间

陈列空间一般分为常设展厅、临时展厅和室外展场，空间设计要遵循适宜展品展陈的原则，为展示内容提供恰当的空间背景。陈列空间的设计需注意以下几方面。

1. 空间尺度

陈列空间的尺度需要依据博物馆性质、类型、展品体量、展线布置及长度等因素综合确定，满足观展、通行、休息和抄录、临摹的需要。大小空间各有利弊，大空间尺度舒朗有气势，但要注意隔音、吸音，避免混响，灵活地使用隔墙进行空间组织。小空间尺度近人有温度，要多注意视线、流线的通透，缓解空间的压抑感。

2. 平面布局

各类博物馆需根据展览内容的不同，选择适宜的平面组合形式。历史类、自然史类博物馆侧重内容的系统性与顺序性；艺术类博物馆则需要较大的灵活性、可选择性；科技类博物馆更强调每个展项的自由选择。由此产生了不同的平面组合，如大厅式、串联式、并联式、放射式、混合式等。各展厅布局时应方便联系，同时相对独立，当个别展厅布展、撤展时不影响其他展厅的正常开放。

3. 装饰装修

陈列厅的装饰装修应秉承形式为内容服务的原则，减少不必要的造型及纹饰，为展品提供适宜的背景。装饰和色调选择要符合整体空间氛围，简洁、大方；照明设计光线柔和，根据展厅具体需要提供适宜的照明，避免炫光；展厅地面宜选用降噪、防滑材质；展墙宜用降噪、保暖材质；天花吊顶完成面距离结构楼板底板的间距应大于1.5米，空调出风口、回风口的具体位置、尺寸及材料，根据展陈布局和装饰设计的要求做调整；除特殊设计需要，墙、顶、地面采用无光泽的饰面。此外，建材应低碳、环保，降低维护成本。

（三）交通空间

走廊、电梯、楼梯都属于交通空间，承担着流线组织、连接引导作用。当代博物馆的交通空间，更多地集合了交通、展示、社交、景观等内容，呈现出功能复合化的发展趋势，例如纽约古根海姆美术馆中庭里的坡道就是交通空间与陈列空间结合的著名案例。在较长的走廊里，可以通过适当加宽，增设休息座椅、展品、引入室外景观等方式来弱化通道的单调性。台阶、楼梯注意设置休息平台，为观众提供可休息的交往空间。当希望强调一些功能区时，还可以运用交通空间的引导性，在电梯口、楼梯口附近设置文创商店、咨询台等，便于观众识别（图一）。

（四）服务空间

售票处、咨询台、寄存处、餐厅、文创商店、休息室等服务于观众的辅助空间都属于服务空间。服务空间可在博物馆门厅、进厅内部或附近设置，也可以独立于博物馆主体建筑，在观众入口附近单独设置。文创商店、餐厅、咖啡厅是博物馆参观体验的重要组成部分，国外有的博物馆将它们设置在博物馆出入口附近，选择具有良好观景视野，还可与观众互动的临街位置，方便非博物馆观众进入，为更多的人提供服务，增强了博物馆的活力和品牌影响力。

图一　梵高博物馆楼梯口处的咨询台和商店
（图片来源：http://www.vangohmuseum.n/）

二、空间布局与空间序列

博物馆建筑空间设计不仅要使各功能空间合理布局，还要重视多个空间的组织安排，这就是空间布局与空间序列。空间布局是为参观者的行动路线和展陈布置做出的系统规划。空间序列是按照观众参观博物馆的活动程序来组织的，赋予参观者起承转合的丰富体验。

（一）序列性与灵活性

从参观动线的角度，按照观众对路径选择的自由度从低到高排列，可将空间归纳为由线性布局向网络布局过渡的多种形态。线性布局的自由度最低，观众只能沿着单一的参观路线活动。例如，意大利的维罗纳古堡博物馆采用单向环绕式的布局，即流线的起点与终点相同（图二）。网络布局则最大化地减少了建筑对参观者的控制，观众可以在空间中自由探索。例如蓬皮杜国家艺术和文化中心，它的每一层都有 7500 平方米的敞开式大展厅（图三）。更多的博物馆采取线性与网络相结合的布局形式，从全局上预设好固定的流线，在局部上提供可选择的路径，兼顾了空间的序列性与灵活性。例如上海博物馆，展厅环绕中庭布局，参观完一两个展厅后都要回到主序列上的核心空间，再进入其他展厅参观，起到了引导与分流的作用[1]（图四）。

---

[1] 中国建筑工业出版社、中国建筑学会总主编：《建筑设计资料集 第 4 分册 教科・文化・宗教・博览・观演》，中国建筑工业出版社，2017 年，第 352 页。

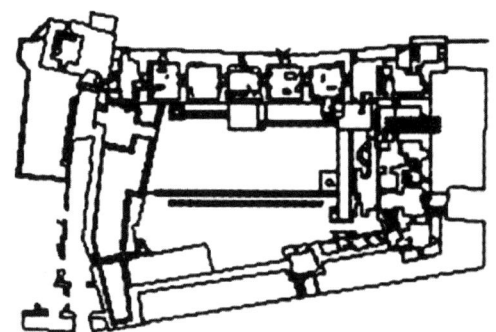

图二 意大利维罗纳古堡博物馆平面图

（图片来源：〔法〕曼纽尔·戈特朗编，常文心、鄢格译《博物馆建筑与空间设计》，辽宁科学技术出版社，2014年）

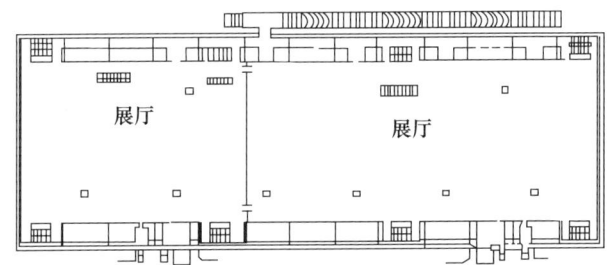

图三 法国巴黎蓬皮杜国家艺术和文化中心标准层平面图

（图片来源：建筑设计资料集编委会《建筑设计资料集4》，中国建筑工业出版社，2017年，第334页）

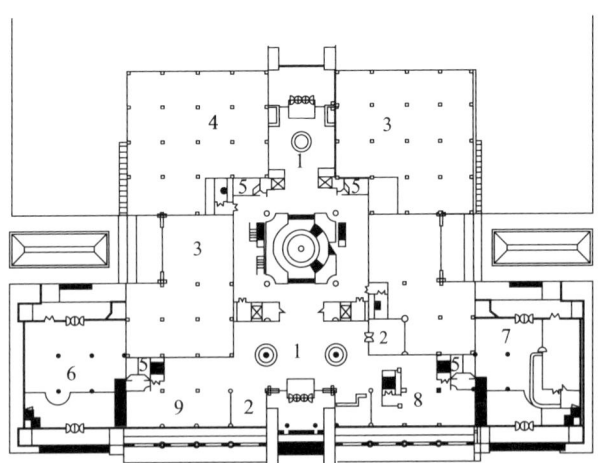

图四 上海博物馆一层平面图

1.门厅 2.接待 3.展厅 4.临时展厅 5.厕所 6.画廊 7.餐厅 8.商店 9.书店

（图片来源：建筑设计资料集编委会《建筑设计资料集4》，中国建筑工业出版社，2017年，第352页）

博物馆空间布局要考虑参观序列性与灵活性之间的平衡。比如，考虑哪里作为向心性的聚集空间，创造更多相遇的机会，实现博物馆的社交功能；哪里采用离心式的核心空间，使观众短暂相遇，引导通往其他展厅；哪里发挥建筑的定序作用，强制引导观众进行探索；哪里赋予观众自由的权利，成为博物馆空间的"漫游"者。这是在建筑设计之初，建筑师与博物馆人需要深入交流、共同解决的难题。

（二）利用空间叙事

博物馆不仅是一个承载知识的容器，还是传播知识的媒介。与文学领域中的叙事类似，空间叙事是把博物馆的故事即展陈大纲在三维空间里立体化的呈现，这就将博物馆建筑本身视作内容的讲述者，利用空间设计让观众在参观过程中获取信息。空间叙事有助于观众更好地理解博物馆的主题，也有利于将建筑形式与博物馆内容统一起来。

奔驰博物馆就是在建筑空间设计中运用叙事逻辑的代表案例（图五）。博物馆采用了独特的双螺旋参观路线，分别讲述"传奇"与"典藏"两组内容。"传奇之路"按历史顺序回顾奔驰120年的发展历程，"典藏之旅"通过5个主题展示经典车型与品牌文化。观众由电梯自顶层向下参观，两条路线会在每层汇合，这样观众可以随时变更自己的参观路线。博物馆展陈中常用的历史逻辑和专题逻辑在双螺旋的建筑结构中达到了时间序列和空间序列的统一，共同完成了博物馆故事的叙述。

图五　奔驰博物馆建筑剖面图
1."传奇之路"历史展示区　2."典藏之旅"汽车/卡车收藏区　3.升降梯　4.中庭大厅　5.过道　6.入口

第2问 建筑设计之初对交通流线的考虑

一、流线设置的基本原则

从开放性的角度划分，博物馆公众区域面向普通观众，属于对外开放部分；业务区域和行政区域供研究人员、内部管理人员使用，属于对内作业部分。对外开放部分由大厅、陈列厅、文创商店、书店、休息室、餐厅、报告厅等组成，应当布置在博物馆的前沿区域，具有较高的识别性和便捷的对外交通。对内作业部分包括办公区、藏品库房和技术用房，宜布局在博物馆内部次要区域，二者在交通流线设计中应遵循分工明确、互不干扰的原则，以满足不同人群的使用需求。

二、外部人流、车流、货流

公众参观流线的主入口常设置于城市主干道一侧，便于观众到达。入口要注意人车分流，人流入口可以为团体及预约参观人群增设入馆通道，减轻人流压力。停车场要临近观众入口，且不对建筑正立面造成遮挡。主入口前应预留广场集散空间，既便于交通组织，又为公众提供了具有"城市客厅"性质的公共文化空间。专业人员、管理人员的人流、车流和运输藏品的货流由内部入口进入，且分开设置，尽量避免流线间的干扰。入口位置应选择在博物馆外相对次要的道路上，并设有相应的安全监控措施。

三、内部建筑功能与交通流线

交通流线根据建筑功能分区确定，合理的功能分区便于各功能间的联系，且互不干扰，有序运行。

（一）大厅、进厅与服务设施

大厅是博物馆的序厅，它既是公众认知博物馆主题的窗口，也是举办文化活动的礼仪空间，还是组织人流集散的交通枢纽。这里要同时处理水平与垂直方向的人流，需要有清晰的导向标识帮助观众定位，避免人流交叉。大厅内醒目位置常设置咨询台，供观众领取资料、询问展讯。售票处、寄存处、文创商店、休息区、餐厅、书店、报告厅等功能空间一般在大厅内或大厅附近单独设置，便于观众能够直接进入。报告厅还可另设对外入口，方便独立开放。设计初期，可以根据大厅在平日、节庆纪念日时的不同使用状态，赋予大厅多样的展示功能，塑造因时而异的主题氛围。进厅是组织观众进入展厅的交通枢纽和进入展厅前的序厅空间，在中、小型博物馆中，可以与大厅合二为一。进厅的空间设计应尽量简洁、宽敞、方便观众进出。

（二）陈列展览区

陈列展览区包括基本陈列区、临时展区、专题展区、室外展场等，是博物馆对外开放部分的主体，其流线既要密切联系公共区域的其他空间，又要方便到达藏品库和办公区。基本陈列区的流线要平衡参观的系统性、顺序性和灵活性，避免迂回。临时展区由于展览内容经常更换，展厅可设置独立的出入口，便于单独开放、布展、撤展。各个展厅都应设有入口、出口和疏散出口。为便于组织观众、展品运输，陈列展厅不宜设置在4层以上。

（三）业务区域

1. 技术用房

技术用房是对藏品进行处理的房间，如藏品鉴定、编登、消毒、摄影、修复、装裱、标本制作等。技术用房应接近藏品库区设置，以方便运输。为保证藏品安全，使用化学试剂的熏蒸室、实验室要与藏品库保持一定距离，但不宜距离太远。

2. 藏品库区

藏品库区由藏品库房、缓冲间、装卸间、暂存库房、鉴赏室、储藏室、管理办公室等部分组成，各功能分区的布局要兼顾安全性和便利性。如珍品库、一般库房设置在藏品库房的总门内，总门外是供专业人士参观的开放库和其他功能区。为方便藏品库区与技术用房、展厅、研究室及管理办公用房之间的联系，要为藏品库区设置专门的载货电梯。还要注意安保设施的安装与使用，与交通流线不发生冲突。

3. 图书资料室、研究室、行政管理用房

图书资料室一般供馆内专业研究人员使用，部分博物馆图书资料室可供一般观众、馆外研究人员使用。图书资料室可设置在展览陈列区，也可以在临近研究室、报告厅、行政办公用房附近单独设置。研究室供馆内外专业研究人员使用，与藏品库、图书资料室、技术用房、报告厅都要有方便的联系。行政管理用房与内部作业、对外开放部分都要联系畅通，其入口与观众入口、藏品入口相区分。

四、采用流线示意图

流线示意图，是建筑空间中行为主体的行为过程运动轨迹示意图，是用图示语言对博物馆各功能与各种流线关系科学、简明的表达，也是博物馆平面设计的参考（图六）。流线组织合理的平面设计，既能提高参观的效率与质量，又能方便

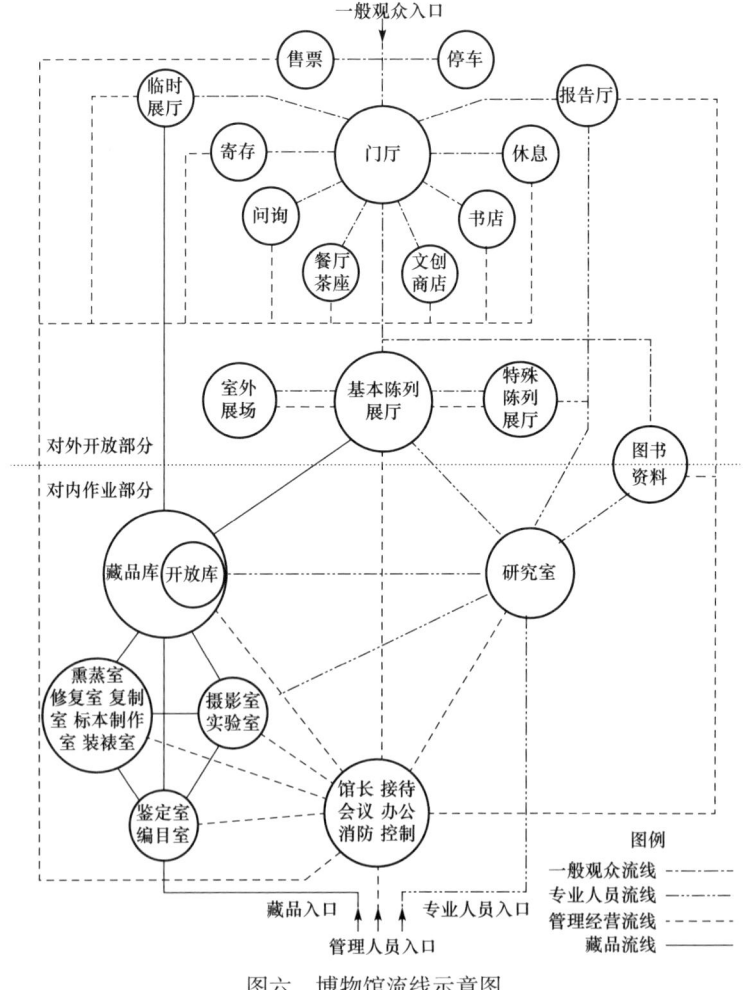

图六　博物馆流线示意图

（图片来源：改绘自博物馆建筑设计规范编制组《博物馆建筑设计规范》，中国建筑工业出版社，2016年）

博物馆的藏品工作、专业研究与行政管理。应用流线示意图的方法，能够帮助建筑师掌握合理的博物馆流线组织形式，为创造灵活、丰富的建筑空间提供基础。

第3问 博物馆各功能空间构成比例怎样才是合理的

在世界范围内，目前尚无确定不同功能空间所需面积的简明规范，实践中根据具体功能需求因馆而异。《博物馆建筑设计规范》对陈列展览区、藏品库区建筑面积占总建筑面积的比例提供了参考数据（表1）[①]。

表1 陈列展览区、藏品库区建筑面积占总建筑面积的比例

博物馆类别	功能区	功能区建筑面积占总建筑面积的比例（%）				
		特大型	大型	大中型	中型	小型
历史类、艺术类（以古代艺术藏品为主）	陈列展览区	25~35	30~40	35~45	40~55	50~75
	藏品库区	20~25	18~25	12~20	10~15	≥8
艺术类（以现代艺术藏品为主）	陈列展览区	30~40	35~45	40~50	45~55	50~75
	藏品库区	15~20	15~20	12~18	10~15	≥8
科学与技术类 自然博物馆	陈列展览区	25~35	30~40	35~45	40~55	50~75
	藏品库区	20~25	18~25	12~20	10~15	≥8
科学与技术类 科技馆	陈列展览区	55~60	60~65	65~70	65~75	—
	藏品库区	10~15	10~15	5~15	5~15	
科学与技术类 技术博物馆		按工艺设计要求确定				
综合类	陈列展览区	25~35	30~40	35~45	40~55	50~70
	藏品库区	20~25	18~25	15~20	10~15	≥10

展厅面积方面，有学者认为，历史类、自然类、综合类博物馆等大型博物馆中，有大型展品的展厅，面积为500~1000平方米，甚至更大，一般博物馆采用中型厅居多，每间面积为150~250平方米，小型博物馆每间面积为50~100平方米。临时展厅因需要经常更换展览内容，适合采用灵活的大空间，每间面积以300~400平方米为宜。展厅的跨度、柱网布置、净高需根据展陈内容进行具体设计。一般来说，展厅单跨时的跨度不宜小于8米，多跨时柱距不宜小于7米。柱网密度宜尽可能大，为陈列布置提供更完整、灵活的空间，柱距一般不宜小于

[①] 中华人民共和国住房和城乡建设部发布：《博物馆建筑设计规范》（JGJ 66—2015），中国建筑工业出版社，2016年，第13页。

6～9米。现代博物馆设计实践越来越倾向于使用尽可能宽敞且有足够灵活性的陈列空间，在展陈设计时再使用临时展墙进行分隔。例如蓬皮杜国家艺术和文化中心，它的每一层都有7500平方米的大展厅，除去一道防火墙外，没有一根内柱。内部空间通过活动隔断、展品等临时划分。

对于文物库房的面积，一般按照陈列展览区面积和文物库面积的比例建库房，这比按照文物的数量、体积和文物柜架数来推算的方法更加准确、有效。新建博物馆的陈列展览区面积与文物库房面积比应遵循以下标准：大型馆1∶2～1∶1，中型馆1∶1～2∶1，小型馆2∶1（大、中、小型馆的分类为：10001～20000平方米，5001～10000平方米，≤5000平方米）。《博物馆建筑设计规范》中还规定：历史类、艺术类、综合类博物馆的临时展厅的分间面积不宜小于200平方米，自然博物馆临时展厅的分间面积不小于400平方米，每间库房的面积不宜小于50平方米；文物类、现代艺术类藏品库房宜为80～150平方米；自然类藏品库房宜为200～400平方米。

国际博物馆界从管理、安全、建筑标准等角度将博物馆建筑划分为藏品的开放区域（公众藏品区）、有藏品的非开放区域（非公众藏品区）、没有藏品的开放区域（公众非藏品区）和没有藏品的非开放区域（非公众非藏品区）。大部分博物馆一般公众藏品区占40%；非公众藏品区占20%；公众非藏品区占20%；非公众非藏品区占20%。

近年来，在国际博物馆领域逐渐出现了在收藏与展览空间之外，增加公众教育空间和公众服务空间的趋势，即博物馆更加注重观众学习、休闲区域的作用。博物馆接待观众的过程，不仅是向观众提供高品位、高质量的陈列展览与传播知识、传播信息的过程，同时还是向公众提供文化休闲与优质服务的过程。此外，展厅功能空间的界定呈现模糊化趋势，交通空间与功能空间交织在一起，更加注重观者在建筑中的感受和体验。由此我们可以看到我国博物馆空间发展的趋势正在由"功能空间"向"体验空间"转变，更加注重空间序列的跌宕起伏和情景化的叙述方式。

第4问 在建筑的美与实用之间该如何取舍

博物馆是一种独特的建筑类型，它既是博物馆功能的载体，又反映了不同时期的社会文化与审美观念。博物馆建筑设计的发展受到博物馆界与建筑界的双重影响，是博物馆功能拓展、建筑思潮和建筑风格、流派，以及博物馆学理论进步共同作用的结果。可见,博物馆建筑具有超越其他建筑类型的复杂性;尤其在大中型博物馆,自身功能需求愈加复杂,再加上对独特设计构思的追求,建筑的实用与美,即功能与形式必然产生碰撞,形成错综复杂的矛盾。因此,设计师要统筹考量,分清主次,有取有舍,找到化解矛盾的最优解决方案。

一、建筑的实用与美的关系

早在公元前1世纪,古罗马工程师维特鲁威在《建筑十书》中就将"实用""坚固""美观"定为建筑的三要素。"实用"是建筑的基本构成要素,实用(功能)需求居于主导地位,对建筑的坚固(结构)和美观(形象)起着决定的作用,这是建筑设计秉持至今的原则。

博物馆建筑是实现博物馆功能的空间载体,只有先满足实用需求,才谈得上建筑形象的美。可以说实用性是建筑美的基础,建筑的美学内涵本身应当包含对建筑特色功能的实现。如果只讲艺术与形式,不讲功能与实用,它仅仅是一件脱离实际的建筑展品。当然,现代博物馆往往是一个地区、城市历史文化和艺术的殿堂,反映城市独特魅力的地标性建筑,因而形式的美学价值也十分重要和关键。只有实现了实用与美的统一,才能成为一件成功的博物馆建筑作品。

二、内部功能优先于外部形式

20世纪30年代,美国博物馆学者总结出博物馆建筑的10条基本原则,如下所示。
- 博物馆应按其所收藏的物品的性质进行设计
- 要为将来的扩充做准备,而且新旧馆风格要统一
- 内部设计应先于外部设计,没有工艺设计就没有建筑设计
- 不要为建筑的美观而牺牲管理上的便利
- 对外开放的部门要易于看守,便于参观
- 陈列室要建立在入口处
- 办公室和工作间不通陈列室,由大门直接出入
- 讲演厅要另有入口,单独使用
- 陈列室的装饰物只能是陈列物的附属品
- 电梯应直上,不要螺旋形电梯

这些原则的提出，对当时纽约现代艺术博物馆等西方各国博物馆建筑设计产生了重要的影响，同时也说明这种建立在博物馆功能基础上的博物馆建筑类型学理论已基本形成。第二次世界大战后，博物馆建筑呈现出多元化的发展趋势，既关注建筑的美观又重视建筑的功能，成了世界博物馆建筑设计与环境营造的主流。

法国蒙特利尔人体博物馆的设计过程呈现了博物馆建筑设计过程中内部功能优先于外部形式的思维方式（图七—图九）。博物馆选址于风景秀丽的公园之中，是一座定位于从艺术与科学领域探索人体奥秘的博物馆。建筑设计首先从博物馆功能出发，确定了涵盖观众接待大厅、展厅、表演厅、学术厅等八个主要功能分区。在空间布局上，为了充分利用周边自然环境优势，采用一条贯通的主轴线组

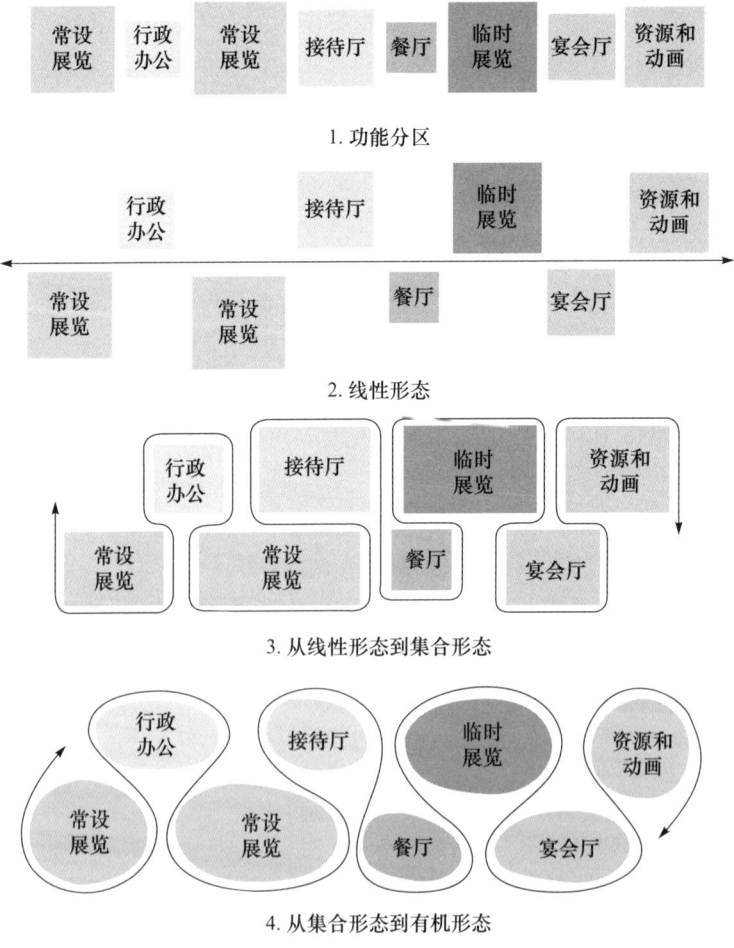

图七　蒙特利尔人体博物馆设计过程

图八　蒙特利尔人体博物馆平面图

图九　蒙特利尔人体博物馆效果图

（图七～图九图片来源：https://www.gooood.cn/museum-of-the-human-body-big.htm）

织空间，以获得更大面积的观景区域和充足的自然光照。这样，形成了大厅居中、其他功能区一字分列两边的初步空间构想。然后，根据业务联系，将各功能区交错排列在轴线两侧，同时梳理基本的交通流线。总体结构确定后，开始建筑空间形态的设计。设计师从双手交叉相扣的结构与人体细胞、人群流动等有机形态得到启发，通过竖直向上的错动，形成了博物馆内部的连续空间，优化了各功能区的交通联系，而平面上的曲线造型，让参观体验更丰富、功能组织更紧密。从博物馆屋顶俯瞰整个公园，八个功能区像双手一样交织成一个统一的整体，博物馆屋顶绿地也将城市道路与公园自然景观紧密地融合起来。博物馆玻璃幕墙上可自动调节的遮阳板，也借鉴了指纹形态，成为实用性与美观性统一的建筑立面，十分契合人体博物馆的主题。

三、博物馆建筑的美学价值

建筑的美学价值具有科学与艺术双重属性,即科学层面的功能美和其他艺术形式所共有的艺术美。从这两个角度出发,建筑的美要处理好以下几方面关系。

(一)与博物馆地域环境相协调

与自然环境、人文历史环境的协调能够使博物馆与环境建立有机的联系,成为城市文脉的一部分。

位于苏格兰的第一座设计博物馆维多利亚与艾伯特博物馆由日本建筑师隈研吾设计,位于泰湾北岸邓迪市滨水区(图十)。博物馆造型的设计灵感来源于苏格兰东北海岸线上的悬崖。悬崖的形成仿佛大地与海洋之间一场漫长的交谈,这正与泰湾和这座海港城市的历史相契合,博物馆的设计方案试图建造"人造悬崖",将这种特殊的地理特性体现在博物馆建筑中。博物馆的造型犹如两座相连的倒金字塔,底部分离,上层则以扭转姿态实现连接,如同一座开放的拱门,将城市与海洋重新连接起来。博物馆远观起来如同停泊于海面的船首,让人联想起这座城市的造船传统。外表皮的材质是预制混凝土,随着建筑起伏延伸,产生出可以随着天气和时间而变化的奇妙光影效果。这座博物馆的设计体现了与环境协调的艺术美。

图十 维多利亚与艾伯特博物馆

(图片来源:https://oss.gooood.cn/uploads/2018/10/034-va-dundee-by-kengo-kuma-and-associates.jpg)

(二)与博物馆主题和内容相一致

博物馆的主题和内容往往是建筑设计创意的起点,博物馆收藏所蕴含的文化艺术内涵，为它获得更高层次的艺术美提供了可能。通过建筑的形象激发观众对展示内容的联想，能够使博物馆的特色更加鲜明，达到外在形式与内在文化的统一。

上海自然博物馆的整体形状受到鹦鹉螺外壳的启发，这是一种自然界中存在几百万年、最为纯粹的几何形模型（图十一）。博物馆围绕中心的中式山水园林布置，各展厅呈螺旋式盘旋上升，内部功能与外部形式完全统一。建筑外立面由三种墙体构成，对应内部三大主题版块。北侧墙体模拟岩石，暗示着地壳板块运动，内部对应"演化的乐章"版块，回溯自然界波澜壮阔、跌宕起伏的演化历程；东部墙壁是活态的垂直绿化带，象征着陆地植物表层，内部对应"生命的画卷"版块，展示多姿多彩的生命世界，外部与所连接的公园景观相得益彰；南墙选择了人类细胞结构形态，对应内部"文明的史诗"版块，带领公众回溯人类文明的兴衰历程，外部不同尺度的细胞结构还起到支撑和遮阳作用；博物馆借由人、岩石、山、水、植物等元素构成了对自然的隐喻，揭示了"自然·人·和谐"的博物馆主题，是一座内外一体、名副其实的"自然"的博物馆。

图十一　上海自然博物馆

（图片来源：上海自然博物馆官网，http://www.snhm.org.cn/gywm/bwgjj.htm）

（三）表达地域文化的精神内涵

挖掘地域文化的精神内涵，再用现代建筑语言进行转译，能够使博物馆本身成为一件对话古今的艺术品，博物馆建筑的美可以由知觉美上升为文化美，乃至哲学美。

位于卡塔尔首都多哈的伊斯兰艺术博物馆是贝聿铭博物馆设计的封山之作（图十二）。伊斯兰文化源远流长，精神内涵十分丰富。捕捉住"伊斯兰建筑的精髓"，"将久远时代的价值观融入当今的文化之中"是设计的核心目标。贝聿铭在开罗的伊本·图伦清真寺找到了伊斯兰建筑的精髓：纯粹、庄重、简洁的形体，从方形到方形，再从方形到八角形，然后是更小的八角形，由此产生丰富的光影变化。以此为灵感的伊斯兰艺术博物馆仿佛一尊隽永的雕塑，交错相切的几何体在阳光的照射下产生万千变化，光与影成为空间的主角。建筑表现出的纯净、秩序、和谐，体现了伊斯兰文化的传统深入人心。

图十二　伊斯兰艺术博物馆

（图片来源：https://www.qm.org.qa/en/project/museum-islamic-art-mia）

第5问　博物馆藏品库房的特殊建筑设计要求有哪些

文物藏品库区是博物馆的核心区域，既要满足藏品存放安全，又要与展览陈列区、藏品技术区之间建立安全便捷的联系，全面考虑藏品的静态保管和动态利用需求。在藏品库选址、平面组织、设备设施等方面，要求藏品库的建筑设施做到"十防"：防火、防盗、防震、防雷、防水、防潮、防干、防光、防污染、防虫菌。

一、藏品库的组成

库房一般由库前区和库房区组成。库前区位于库房总门之外，由拆箱间、暂存库、缓冲间、保管员工作用房、包装材料库、保管设备库、鉴赏室等组成。是文物进入库房区之前进行处理的场所及内外展文物出纳地。库房区位于库房总门内，由分类库房和运输通道构成。库房可按照藏品材质或学科分类，小型馆至少应设置有机藏品（字画、服装、书籍及生物标本等）和无机藏品（陶瓷、金属、石器等）两类库房，并宜设置珍品库房存放贵重藏品。库房区总门附近宜设置具有防盗和温湿度缓冲功能的夹道或缓冲间，也可以与运输通道合并兼用（表2）[1]。

表2 藏品库的种类及布局特征

名称	有机藏品库	无机藏品库	珍品库	周转库	暂存库	开放/半开放式库房
特点	库房区总门之内；对温湿度有较高要求	库房区总门之内；对温度、洁净度有要求	库房区总门之内；宜单独建造或独立分区，并有严格的恒温恒湿要求	库房区总门之内；用于临时存放需周转的藏品，例如预备布展的藏品或与其他机构进行交换展的藏品	库房区总门之外；为暂时存放尚未清理、消毒的藏品而专设的房间	库房区总门之外，藏品库区与普通展区之间，可与鉴赏室结合设置；供专业人员研究交流；供普通观众观察或接触时，需分别设置工作人员出入口和有安检设施的观众出入口

二、布 局 方 式

布局方式的总要求是保证藏品安全、便于管理，与展区连接顺畅；便于研究工作的开展，库区的平面组织应符合藏品管理的工作流程，合理布局空间[2]（图十三）。库区出入口、库房区与库前区的连接处设三防功能（防水、防火、防破坏）大门，库房区内部根据藏品质地、数量、重量等具体需求设不同保存条件的分类库房。当设置多层库房时，库前区宜设在地面层，体积较大或重量超过500千克的藏品也宜存放在地面层。库区内的建筑设备尽量设置于通道空间顶部，避免在库房内进行检修维修。

---

[1] 中国建筑工业出版社、中国建筑学会总主编：《建筑设计资料集 第4分册 教科·文化·宗教·博览·观演》，中国建筑工业出版社，2017年，第339页。

[2] 中国建筑工业出版社、中国建筑学会总主编：《建筑设计资料集 第4分册 教科·文化·宗教·博览·观演》，中国建筑工业出版社，2017年，第339页。

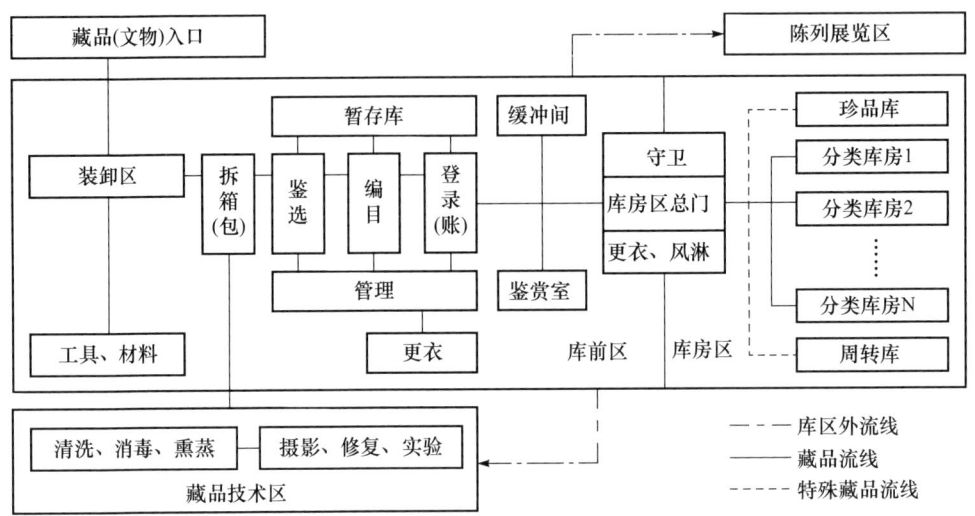

图十三　博物馆藏品库工作流程图

藏品技术区在藏品库房外独立设置，承担文物保护、修复、复制等功能，由清洁间、晾置间、干燥间、消毒（熏蒸、冷冻、低氧）室、书画装裱及修复用房、油画修复室、实物修复室、实验室、标本制作室等组成（图十四）。藏品技术区建筑设计需根据具体的工艺要求进行设计，建筑空间及设备应适应工艺变化和设备更新需要。实验室的面积每间宜为20～30平方米，使用有害气体、辐射仪器、化学品或产生污染物的，应符合国家有关环境保护和劳动保护的规定；使用易燃易爆品的用房应符合防火要求；危险品库应独立布置。

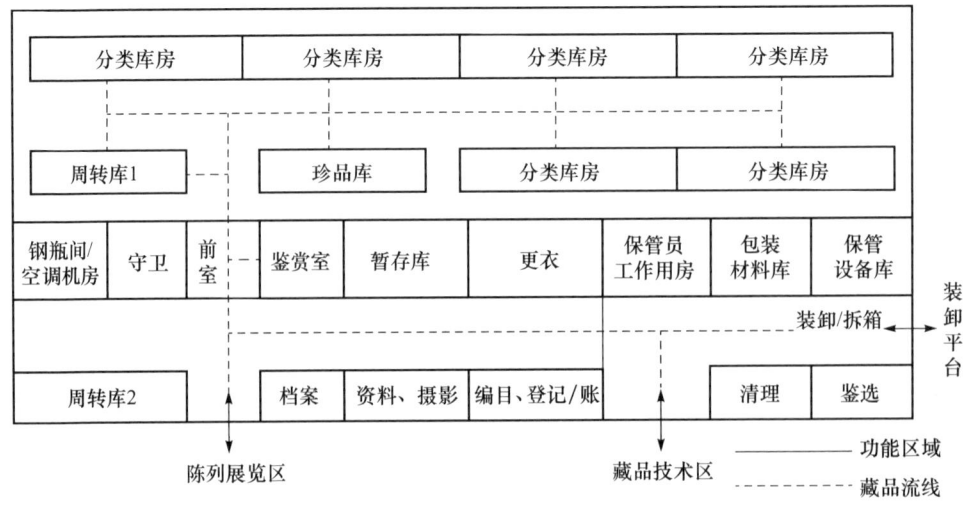

图十四　藏品库区平面组织示意图

三、空间尺度

（一）藏品库房面积

库房建筑面积占博物馆总建筑面积的比例要根据藏品实际种类和数量确定，一般为10%～25%。按照库房面积与展厅面积比例测算，一般大型博物馆的文物库房与展厅面积之比为1∶1以上，如美国大都会博物馆为1∶7，美国历史博物馆为1∶4，英国大英博物馆为1∶3。若按文物数量预估，根据国内外博物馆的实践经验，一般库房的存储使用面积是每平方米平均存放30～40件藏品，按每平方米30件计，这种按照每平方米库房面积存放量的计算方法各类资料存在不同意见，应具体问题具体分析。

《博物馆建筑设计规范》中规定了藏品库区和陈列展区面积之和与博物馆总面积的比例指标，大型馆为50%～60%，中型馆为60%～70%，小型馆为70%～80%，并根据实际需要进行具体调整。《博物馆藏品保管工作指引》指出，对于新建馆库房具体面积的科学测算，还要考虑博物馆藏品数量、体积、重量，藏品分类和分类保管的要求，库房附属设施情况，藏品增加余地这几个方面的因素。实际估值时，有些新建馆根据类型与规模相似的博物馆进行类比方法确定。

《博物馆建筑设计规范》指出，每间库房面积一般不宜小于50平方米，文物类、艺术类藏品库房以80～150平方米为宜，自然类藏品库房以200～400平方米为宜。库房建筑开间或柱网尺寸不宜小于6米。库房开间面积过大不利于温湿度控制和防尘，过小不利于藏品运输。库房面积不仅要满足现有藏品保管的需要，还要预留藏品增长和库房扩建的空间。根据藏品数量核算藏品库房面积时要注意，总面积在此基础上还应增加库前区和相关技术用房的面积。

（二）藏品库房层高

目前国内各大博物馆新建的藏品库房，层高大多为2.3～4.5米。《博物馆建筑设计规范》规定文物类藏品库房净高宜为2.8～3.0米，现代艺术类、标本类藏品库房净高宜为3.5～4.0米；特大体量藏品库房净高应根据工艺要求建立大件库房。为了在出现意外事件时，能够迅速转移和抢救藏品，库房的楼层数不宜过多。库房设在地上不宜超过三层，地下不宜超过两层。

(三)墙面、地面、门窗、通道的设计要求

1. 墙面

库房可通过增加外墙厚度、增设隔热防寒层、在外墙和库房间修建环形通道等方式保持温湿度稳定。墙面宜采用宜清洁的无光漆,还可涂饰吸收紫外线的含氧化锌涂料、抗菌涂料。

库房区墙面的耐火极限要求为:防火墙、承重墙、房间隔墙耐火极限达到3小时,疏散走道两侧的墙、非承重外墙、楼梯间、前室的墙、电梯井的墙达到2小时,珍品库、丙类藏品库房的耐火极限达到4小时。防火分区、藏品库房、库房区总门采用甲级防火门分割。

2. 地面

地面要考虑承重、防尘、防滑、防静电、保持温湿度恒定等要求。库房楼板的承重要求一般为 $4KN/m^2$,存放石刻、金属器的库房要根据文物重量需求实际具体测算。

库前区的装卸平台用于文物装载车辆的停靠,连接库区内的装卸、拆箱区域。装卸、拆箱区域面积在200米左右,净高不低于3米,便于2吨天车或叉车进入。装卸平台附近应安装可直达展陈区的主货梯一部,长、宽、进深、载重满足大件物品需要,前后均可开门。

3. 门窗

理想的藏品库房是全封闭的,使用恒温恒湿设备调节温湿度。安装门窗必须符合保温、密封、防生物入侵、防紫外线辐射、防窥视的要求。《博物馆藏品保管工作指引》建议,最好选择金库库门或钢板材质,至少设置两道门,第一道门为金属密封的、带密码锁的三防保险门,第二道为金属栅栏门,各分类库可以用双开木门、金属门或防火门,有条件的采用带密码锁的保险门,库房总门、藏品库区大门的总宽度应达到2米以上,高度达到2.2米以上。

4. 通道

为保证藏品运输过程安全、畅通,藏品库区尤其是库房内的通道不应设置台阶、门槛,坡道的坡度不大于1:20。通道的宽度应满足装卸藏品及运输工具的通行需要,主通道净宽最好在3米以上,不小于1.2米,两行藏品装具柜架间净宽不小于0.8米。

第6问　博物馆如何设计儿童教育空间

"教育"是博物馆的基本功能之一，儿童作为博物馆功能发挥的重要主体，"儿童教育"成为博物馆教育实践主要工作之一。博物馆被誉为"终身学习的课堂""学校教育的延伸"，无论国家、社会还是博物馆自身都十分重视博物馆教育对儿童的影响。瑞士著名心理学家皮亚杰认为"教育的真正目的不是增加儿童的知识，而是设置充满智慧刺激的环境，让儿童自行探索，主动学到知识"[1]。博物馆中的儿童教育空间作为承载儿童教育行为和活动行为的主要空间，是博物馆发挥儿童教育职能的最重要的场所，应该在人体功能学、心理学与设计学等多重考量下做出专业设计。

儿童观众区别于成人受众，拥有特殊的生理、心理和行为特征，其接受教育的过程和方式更多地依赖儿童教育空间的观览、活动体验。因此，儿童空间的设计者应从儿童感知视角出发，依据儿童生理、心理、行为习惯，制定适应儿童探知需求的空间设计方案。

一、博物馆儿童观众群特征

（一）生理特征

在儿童的生理特征中，对博物馆教育体验影响最大的是尺度、视觉限制和感知方式。从乳儿期到少年期，尽管儿童的身体尺寸在不断变化，但基本上其平均高度是远低于成人受众的，因此其视线也低于成人观众。6岁儿童的视角覆盖率只是成人水平和垂直角度的60%，直到12岁左右才能达到成人的视角范围[2]（图十五）。

（二）心理特征

根据儿童不同阶段的生理变化，感知能力也呈现出不同的特征。乳儿期感官发展迅速，知觉开始出现，有恋母特征。1～3岁开始具有表象的思维能力，对

---

[1] 翟威：《寓教于乐——博物馆中儿童空间设计探索》，《大众文艺》2015年第23期。
[2] 黄卿云、费移山、陈凤婷：《在关怀中体验——论博物馆中的儿童空间设计》，《东南文化》2016年第S1期。

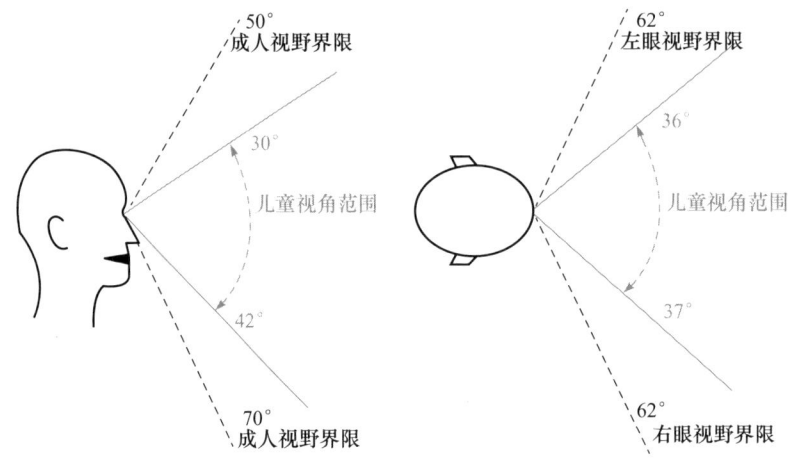

图十五　儿童的水平与垂直视角

（图片来源：黄卿云、费移山、陈凤婷《在关怀中体验——论博物馆中的儿童空间设计》，《东南文化》2016年第S1期）

周围事物有初步的理解能力。3~7岁对事物认知具有明显的具象特征，对色彩、符号理解能力增强。7~12岁开始形成逻辑思维，但仍具有具象形象性。12~15岁思维模式接近成人，产生明确的自我意识。儿童在参观博物馆时通常由视觉、听觉、触觉、味觉等感官刺激触发，在互动中对空间进行信息理解，建立空间整体认识[①]（图十六）。

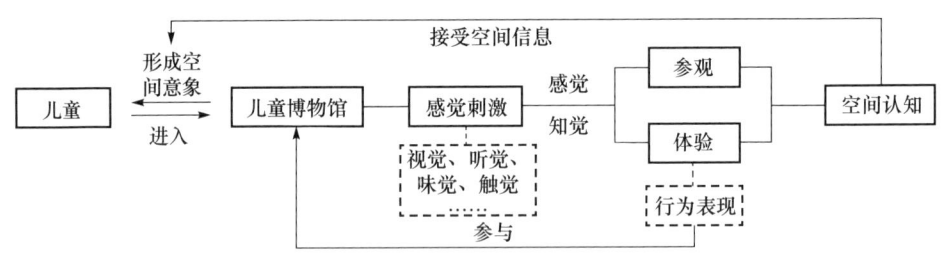

图十六　儿童在博物馆中的感知方式

（图片来源：吴敏洁《基于儿童心理学的儿童博物馆空间设计研究》，东华大学硕士学位论文，2018年）

（三）行为特征

儿童受环境的影响，会不自觉被人群吸引，具有从众心理。儿童通常会被外部环境吸引而难以集中精力，但遇到富有趣味的空间或项目时，他们又容易被吸

---

① 吴敏洁：《基于儿童心理学的儿童博物馆空间设计研究》，东华大学硕士学位论文，2018年。

引而达到完全忘我的状态。由于儿童生活中的知识与经验不足，他们往往对周围新事物敏感而好奇，引发探索行为。

儿童对儿童教育空间的需求主要基于儿童生理、心理和行为的影响，并由不同年龄层的特征呈现出一定的差异性[①]（表3）。

表3　不同年龄层儿童对空间的需求

年龄层	空间需求
0～2周岁	层次丰富、形式多样的空间。利用适度的空间色彩、图案、符号等元素来提高儿童的感知能力。空间尺度要符合儿童的心理及人机工程，对空间进行适度围合，为儿童带来安全感
2～7周岁	多样化的空间视觉元素，甄选对比强烈的色彩、多变的造型、丰富的图案、安全的材料等营造趣味性的空间氛围
7～12周岁	保证空间的通透性与连续性，促进儿童交往。但同时要在大空间中设置小尺度的封闭空间，满足儿童在这个阶段产生的私密性心理需求
12～15周岁	对空间的需求与成人逐渐趋于接近

二、博物馆儿童教育空间设计策略

博物馆儿童教育空间的设计应该紧扣儿童生理、心理和行为习惯，对儿童群体进行特殊关怀，才能在设计中有效融入教育职能，从而使空间本身对儿童学习延续、知识获取、兴趣培养起到积极的作用。

（一）充分利用自然环境

良好的自然环境有利于满足孩子探索、好奇的本性，满足孩子体验新鲜事物的需要，博物馆儿童空间的场地要充分利用自然条件，尽可能地营造室外活动场所。例如日本箱根的雕刻之森美术馆的儿童教育空间（图十七），坐落于一片绿树草地之中，孩子们像在童话中探访森林深处的宝藏[②]。上海自然博物馆（图十八），通过从场地旋转而上的坡面，将绿地引入屋顶，为儿童创造更多的活动可能。

[①] 吴敏洁：《基于儿童心理学的儿童博物馆空间设计研究》，东华大学硕士学位论文，2018年。
[②] 高路、樊丁宜、陈艳：《论儿童活动空间的设计合理性——以日本箱根雕刻之森博物馆为例》，《艺术工作》2016年第1期。

图十七　雕刻之森美术馆自然环境
（图片来源：雕刻之森博物馆官网，https://www.hakone-oam.or.jp/videosandphotos/photos.cgi?id=1）

图十八　上海自然博物馆
（图片来源：https://perkinswill.com/project/shanghai-natural-history-museum/）

（二）加强人文环境建设

人文环境对儿童的影响是润物无声的，人文环境的营造要充分体现展馆主题和当地文化资源。一方面，儿童教育空间要与博物馆主题相融合，例如自然博物馆的儿童空间多通过营造自然环境，延伸展览主题，并吸引儿童在探访自然的主题下进行教育体验活动。另一方面，儿童教育空间应该与当地文化背景相关联，历史或艺术类博物馆需要从文化资源与藏品中提炼人文元素，通过多元化的设计方式，将其融入儿童空间打造中。

（三）运用多维度设计

传统的儿童空间基本是多个单一教育空间（项目）的组合，注重对儿童某一感官、能力的应用。现代的博物馆儿童教育空间注重趣味性、互动性、探索性、体验性，强调充分调动孩子们的各种感觉器官和信息通道，强化儿童对知识的认知。在同一空间的不同维度里参与不同活动内容，丰富儿童活动的形式，延长体验时间。例如雕刻之森美术馆的儿童空间的"彩虹网"（图十九），这个设计集合了洞、绳、网、球等，孩子可以在其中钻、荡、爬、抱，或尝试其他的玩法，使孩子在一个项目中获取多样的体验，促进多种感官的发育成长。

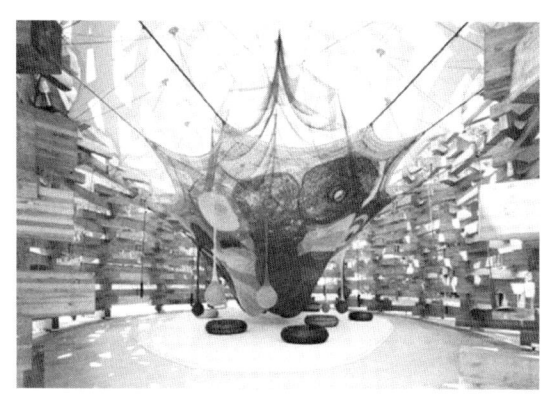

图十九　雕刻之森美术馆中的"彩虹网"
（图片来源：高路、樊丁宜、陈艳《论儿童活动空间的设计合理性——以日本箱根雕刻之森博物馆为例》，《艺术工作》2016 年第 1 期）

在展线上设置有特色、有亮点的展品、辅助道具或新颖的展示手段等，引导、刺激参观。例如广州西汉南越王博物馆"南越王墓文物展览"的儿童区，采用多媒体软件、拼图游戏、制玉作坊、粘贴画的互动式展示手段，让儿童通过动手动脑了解广州文物历史知识[①]。丰富的展示手段为儿童创造了学习文化的空间情境，提升了教育质量。

（四）提升便利服务

儿童教育空间在博物馆应该具有一定独立性和良好的可达性。在平面布局上，博物馆儿童教育空间通常设置在博物馆上层、流线的尽端或者平行端。一来保证空间的私密性，为儿童提供较为安静的活动；二来通过交通与其他空间相通，保持便捷的可达性。例如浙江美术馆的儿童教室（图二十）就处于地上二层，自然采光优越，同时馆内交通方便，儿童观众对此空间的利用率也较为高

---

① 翟威：《寓教于乐——博物馆中儿童空间设计探索》，《大众文艺》2015 年第 23 期。

图二十　浙江美术馆儿童教室
（图片来源：浙江美术馆官网，https://www.zjam.org.cn/Site/news/intro/service.shtml）

效[①]。与成年观众相比，儿童观众在博物馆体验中需要更多的配套服务，例如无障碍交通设施、贩卖机、饮品简餐、医疗中心等，为儿童群体提供观览便利与安全保障。

（五）注重细节把握

基于儿童生理特征与认知规律，空间设计在细节上应提供为他们获取知识与信息最便利的渠道。首先，在空间尺度和设施尺度上要符合儿童的生理特征。通常动态活动面积应大于静态活动面积，同时互动设施的设计不宜过大。其次，儿童空间要充分利用自然光线，合理应用人工照明，为儿童提供有趣又安全的采光环境。更为重要的一点，由于儿童对色彩的敏感度非常高，在博物馆儿童空间设计中应该注重色彩搭配变化，帮助儿童集中注意力，提高参与兴趣。最后，空间材质要选用环保、健康、温和又耐磨损的材料，注重边角的安全处理。木材、塑料是最常用的材质，织物等软质材质可做适当辅助。金属、混凝土、石材相对亲和力与安全性较低，不宜大面积使用。

第7问　博物馆建筑对特殊人群的设计考虑有哪些

博物馆对每一位参观者的尊重与关心是体现在细节上的，是建立在全体人群上的，这种关心能够有效地提升民众参观博物馆的积极性。美国史密森机构设计

[①] 黄卿云、费移山、陈凤婷：《在关怀中体验——论博物馆中的儿童空间设计》，《东南文化》2016年第S1期。

博物馆馆长 Dianne Pilgrim 先生曾说："作为一名肢体残障者，一名博物馆馆长，我对博物馆的无障碍建设有特别的体会。我们的博物馆应该为每一位观众提供舒适和便利。"博物馆开展无障碍设施建设体现出对社会弱势群体的理解、尊重、关心和帮助，这也为他们能平等地参与社会文化生活提供了机会和条件，更加体现出博物馆以人为本的文明设计理念，同时也是人类文明的重要标志之一。

一、无障碍的定义

无障碍环境包括物质环境无障碍、信息传递无障碍和交流的无障碍。物质环境无障碍主要是要求城市道路、公共建筑物和居住区的规划、设计、建设应方便残疾人通行和使用，如城市道路应满足坐轮椅者、拄拐杖者和视力残疾者通行，公共建筑物应考虑在出入口、地面、电梯、扶手、厕所、房间、柜台等位置设置残疾人可使用的相应设施，方便残疾人通行。信息传递和交流的无障碍主要是要求公共传媒应使听力和视力残疾者能够无障碍地获得信息，进行交流，如影视作品、电视节目的字幕和解说、电视手语、盲人有声读物等。

二、博物馆无障碍的设计范围

博物馆属于公共建筑，根据《城市道路和建筑物无障碍设计规范》中的规定，在对博物馆进行无障碍设施的设计时，需要从以下几个方面入手。

· 建筑基地（庭院、人行通路、停车车位）
· 建筑入口、入口平台和门
· 水平和垂直交通
· 接待室、休息室、信息及查询服务
· 出纳、目录厅、阅览室、阅读室
· 展览厅、报告厅、陈列厅等
· 公共厕所
· 售票处、总服务台、饮水器等相应设施

三、博物馆无障碍的设计原则

博物馆在设计无障碍设施时应本着尽量满足设计规范的要求，又兼顾到不同使用人群的特定需要，因此，在设计时通常需要遵循以下原则。

（一）可识别性

对环境的感知是行为发生的前提条件，所以无障碍设计要针对视觉、听觉等信息障碍采取相应措施，利用方位的引导、材料质感的变化、色彩的对比与反差、声响与标志等，使环境的可感知性增强。充分利用盲道、凸字、音响声讯装置、电子资料显示器等触觉、听觉和视觉信息，使视觉障碍者和听觉障碍者能充分感知所处的环境及其变化。

（二）可到达性

博物馆的建筑和环境要满足人们特别是残疾人、老年人及其他一切行动不便者的使用要求，首先就要使他们可以抵达、进入并使用。这就要求建筑空间的尺度、地坪标高的变化、设备家具的布置等均不能造成行动上的障碍。例如建筑的入口、走廊、过道、室内应有足够的空间尺寸供轮椅通行；入口不应设置阻碍残疾人的台阶，而应设置坡道；道路交叉口处应消除直立的缘石改为坡道，垂直交通的可达性则通过坡道或电梯等实现。

（三）易操作性

残疾人对环境的操作是指在无须他人帮助的情况下，独立地从事某种活动的行为。为此，无障碍设施的设置必须满足残疾人的人体尺度和行为特点的要求，尽可能使操作最简化。

（四）针对性和通用性

英国建筑设计师塞尔温·戈德史密斯（Selwyn Goldsmith）提出的"自上而下"的通用设计方法，它是一开始考虑了残疾人的特殊需求而做的设计，而后进行修改以适应身体能力正常的人；这样的设计成果能被存在障碍的特殊群体所使用，也能够同时满足所有人群的使用需求。自上而下的设计方法是从"无障碍化"开始的，即通过增加、拓展无障碍设施的功能来扩大适用人群的范围，从而达到通用的目的。

（五）安全性

安全性是不容忽视的一个设计上的功能性元素，博物馆有义务保证每位来访者的人身安全，这也是无障碍设计的最基本要求。

四、博物馆设计相关无障碍标准

为了规范建设无障碍设施规范,国家住房和城乡建设部下发了《无障碍设计规范》(GB 50763—2012),其中有九条对博物馆等公共建筑进行了工程建设强制性标准条文的规定。

(一)建筑物出入口

出入口的地面应平整、防滑;应设置防上部跌落物的措施;轮椅通行平台最小宽度值不应小于1.5厘米;公共建筑宜设置无台阶出入口,无台阶出入口地面坡度不应大于1∶50;只设置坡道的出入口的面坡度不应大于1∶20。

(二)坡道相关规定

轮椅坡道净宽度不应小于1厘米,无障碍出入口的轮椅坡道净宽度不应小于1.2厘米。轮椅坡道的高度超过300毫米或坡度大于1∶50时,应在两侧设置单层扶手,坡道与休息平台的扶手应保持连贯。轮椅缓坡道在不同倾斜角度的情况下,坡道的高度和水平长度应该符合下表中的国家相关规定(表4)。

表4 无障碍坡道设计参数值规定

坡度比例	1∶20	1∶16	1∶12	1∶10	1∶8
最大高度(米)	1.20	0.90	0.75	0.60	0.30
水平长度(米)	24.00	14.40	9.00	6.00	2.40

(三)通道的相关规定

乘坐轮椅的通行走道和通路最小路径应该符合以下表格的相关规定(表5)。

表5 无障碍通道设计参数值规定

项目分类	大型公共建筑走道	室外通道	检票口、结算口轮椅通道	室内通道	室外通道雨水箅子洞孔
宽度(米)	>1.80	>1.50	>0.90	>1.20	>0.15

(四)突出物高度规定

固定在无障碍通道的墙、立柱上的物体或标牌距地面的高度不应小于2米,探出部分的宽度不应大于 100 毫米，大于 100 毫米的突出部分，离地面的高度应小于 600 毫米。

（五）无障碍门的相关规定

公共空间建筑物应采用的门种类众多，在旋转门一侧应另设残疾人使用的专业通行门。不应该采用弹簧门，轮椅通行门的净宽度应符合下列表格中的国家相关规定（表 6）。

表 6　无障碍门的设计参数值规定

项目分类	自动门	推拉门/折叠门	平开门	弹簧门（小力度）
净宽（米）	>1.00	>0.80	>0.80	>0.80

公共建筑空间内供残障人士使用的通行门还需要注意以下几点。

（1）乘坐轮椅者在推开推拉门或平开门时，在门把手的一侧墙面上，应至少留有大于 500 毫米的墙面净宽。

（2）乘坐轮椅者推开的门扇，需要安装视线的观察玻璃、横执的把手和关门的拉手，在门扇的下方应安装高度为 350 毫米的护门板。

（3）门扇在一只手的操作下比较容易被推开，门槛高度及门内外地面高度差应该小于等于 15 毫米，按照要求应该安装用于过渡的斜面。

（六）无障碍电梯的相关规定

在公共建筑物中安装电梯时，必须配备有无障碍的升降梯，电梯入口处宜设提示盲道与提示音，并与以下列表中的国家相关规定相符合（表 7、表 8）。

表 7　无障碍电梯候梯厅参数规定

项目分类	设施基础参数
候梯厅	1. 候梯厅深度不应小于 1.5 米，公共建筑的候梯厅深度不宜小于 1.8 米 2. 呼叫按钮高度为 0.90~1.10 米 3. 电梯门洞的净宽度不宜小于 900 毫米

表 8　无障碍升降梯的设计参数规定

项目分类	设施基础参数
轿厢	1. 轿厢门开启的净宽>0.80 米 2. 最小规格深度>1.4 米，宽度>1.10 米；中型规格深度>1.60 米，宽度>1.40 米；医院和为老人设置的建筑深度不小于 2.00 米

续表

项目分类	设施基础参数
轿厢	3. 正面和侧面高度 0.80～0.85 米的扶手
	4. 侧面设置高度 0.90～1.10 米；同时携带有盲文的选层按钮
	5. 正面位于高度 0.90 米处至顶部应该安装镜面
	6. 升降梯上下运行及到达时应安装有清晰显示的楼层信息和报层音响设备
	7. 电梯位置应设置国际通用的无障碍标志牌

（七）无障碍公共厕所的相关规定

便于残障人士使用的公共厕所无障碍设施与设计要求应符合下表中的相关规定（表9）。

表9　公共厕所的无障碍设计参数规定

项目分类	设施基础参数
入口	入口和通道应方便乘轮椅者进入和回转，回转直径＞1.50 米
门扇	应符合国家有关规定，自动门净宽＞1.00 米，推拉门/折叠门净宽＞0.80 米，平开门净宽＞0.80 米，弹簧门（小力度）＞0.80 米
通道	地面应该使用防滑和不积水的材料，宽度应该＞1.5 米
洗手盆	距离洗手盆两侧 50 毫米处应该设置安全抓杆； 应该设有 1.1 米 ×0.8 米乘坐轮椅者的使用面积
男厕所	小便器两侧和上方，应设宽度为 0.6～0.7 米，高度为 1.2 米的安全抓杆； 小便器下口距离地面应该＜0.50 米
无障碍厕位	男、女公共厕所应各设一个无障碍隔间厕位； 厕位的面积应该＞2.00 米 ×1.50 米，入口的净宽＞0.80 米； 在门扇内侧设有厕所门拉手，坐便器的座位高度为 0.45 米； 左右两侧应该设置高度为 0.70 米； 水平抓杆、墙面一侧安装高度为 1.40 米的垂直抓杆
安全抓杆	直径应该为 30～40 毫米，距离墙面 40 毫米，按要求必须安装牢固

（八）轮椅席位的相关规定

设有观众席和听众席的公共建筑，应该设置轮椅席位并符合以下表格中的相关规定（表10）。

表10 轮椅席位设计参数规定

项目分类	设施基础参数
轮椅席位	应该设置在方便到达及疏散通道口的附近,不得将轮椅席设在公共通道范围内; 观众厅内通往轮椅座席的通道应>1.2米; 每个轮椅位占地面积不应小于1.10米×0.80米; 轮椅席位的地面应平坦,在边缘处应安装栏杆样板; 坐在轮椅席上观看表演和比赛的视线不应该受到遮挡,但也不可以遮挡其他观众的视线; 在轮椅席位旁或在邻近的观众席设置1:1的陪伴席位
文化场馆	座位数为500座及以下时应至少设置1个轮椅席位,500座以上应少于0.2%且不少于2个轮椅座席
体育建筑	轮椅席位数不应少于观众席位总数的0.2%
小型建筑/阅览室	如果观众席位数在500座以下的宜设置1~2个轮椅座位

(九)盲道设计应符合以下表格中的国家规定标准(表11)

表11 盲道设计参数规定

项目分类	基础设施	参数
盲道	设置在人行道上的盲道位置和走向,应该方便视觉残障者安全行走和顺利到达无障碍设施位置	盲道纹路应凸出路面4毫米高
	指引残障人士向前行走的盲道应设置为条形的行进导向盲道;在行进导向盲道的起始点、终点及拐弯处应该设置圆点形的提示导向盲道	行进导向盲道和提示盲道的宽度宜为0.25~0.5米
	盲道砖的表面肌理触感部分以下的厚度应与人行道的铺砖厚度一致;使用功能分为行进盲道和提示盲道	盲道触感条面宽0.25米,底宽35毫米,高度4毫米,中心距62~75毫米
	盲道的行进路线应连续,途中不得有树池、路灯、电线杆、拉线等障碍物	盲道距障碍物宜为0.25~0.5米
	盲道应绕开市政雨污水井盖铺设,盲道的颜色宜设置为中黄色	

制作展览

博物馆的主要业务工作，或者说完成传承、弘扬文化使命的主要手段，就是举办展览。博物馆展览的完成主要经过以下几个步骤：首先是展览的内容设计，其次是根据展览内容设计进行的形式设计，再次是实施展览制作，完成后进入展览布展，最后是展览开幕。另外，配合展览还要有相关丰富的活动及文化产品等。

展览内容设计是展览的灵魂。一般根据博物馆的特性，艺术类博物馆的内容设计主要强调展品的艺术性，而形式设计则要突出艺术氛围。作为综合性博物馆，主要从文化主题出发设计展览，有专题性及综合性文化主题内容，突出文化底蕴和内涵，弘扬文化正能量。特别是以文物藏品为主的博物馆，传播中华优秀传统文化是其展览的一个重要文化大主题。展览内容设计主要通过展览大纲加以实现。展览大纲的撰写需要遵循相关的博物馆专业规范，尤其在体例、风格、要素等方面，均要遵照相关的成熟标准，主要内容包括：展览标题、前言、各部分标题和说明、各部分展品和说明、结束语。

展览形式设计是将展览内容设计从文字转化为物化模式的过程，应该说内容设计决定形式设计。形式设计将内容设计以艺术的方式充分解读与升华，为观众架起了解展览的桥梁。形式设计得到位、出彩，可以使展览增加魅力，使观众与展览充分互动、融为一体，扩大展览的影响力，延展展览空间。展览形式设计主要包括展厅空间和展线设计、展览文字版式设计、展品陈列设计（主要包括展柜及展托设计）等。

目前展览的组织方式已呈现多元化趋势，即大部分展览是由多家合作举办的，合作单位有的甚至多达几十家。而且，这种合作办展不仅存在于国内多家单位之间，还包括与国外多家机构的合作，文化传播无国界在合作办展中得到充分的体现。

在展出形式上，除了基本陈列、专题陈列、临时展览外，博物馆还在馆外举办流动展，到企业、机关、学校、社区等举办展览，真正实现博物馆为社会服务、为人服务的理念。随着科技在展览中的应用、数字化展览的实现，博物馆展览走入社会，人们可以随时体验、分享，博物馆展览实现无界限。

展览的文化衍生品更是丰富多彩，包括展览的各种出版物、展览专家讲座、展览文化活动、展览文化创意产品等，展览策划者的思路不断拓展、创新，使展览发挥出更大的影响和作用。

第1问　新建馆的展陈规划应该如何做

陈列展览是一个博物馆的核心产品，也是博物馆向观众进行知识传播和公共教育的主要手段。展陈规划的内容，一般理解为立足馆藏，以基本陈列为核心，以专题陈列为补充，以临时展览为生长点，形成具有可持续性的符合本馆定位和发展主旨的展览体系。

一、展陈规划编制的意义

展陈规划是对博物馆发展所做的全局性、长远性和纲领性的业务谋划，是指导本博物馆事业发展的纲领性业务文件。它有助于在博物馆展陈的策划与制作中，合理制订工作计划，科学安排工作任务，紧密围绕建馆宗旨，对实现博物馆的特色和影响力，促进博物馆健康、持续发展和公共服务性的有效发挥，具有重要的现实意义。

二、展陈规划编制的原则

（一）政策性

博物馆不仅是中国历史的保存者和记录者，还是当代中国人民为实现中华民族伟大复兴的中国梦而奋斗的见证者和参与者。近年来，党和国家颁布出台了一系列弘扬中国传统文化、提倡公共文化建设的政策，博物馆展览作为国家公共文化体系中的重要抓手，其战略规划应充分反映国家政策导向，回应社会需求，符合时代对博物馆的期望。

（二）学术性

展陈规划的制定应尊重学术规律，体现学术智识发展。不同类型的展览体现出与不同学科体系的关联。这既表现为历史类展览与历史学、考古学、艺术史等学科、自然科技类展览与自然科学这样的横向关联，同时也表现为展览作为传播媒介，与人类学、教育学、心理学等学科的纵向关联。博物馆展览应充分与学术体系互动，博物馆不但是猎奇的珍品柜，而且是传播科学文化知识、启发孕育新思想的发动机。

（三）客观性

展陈规划的制定要建立在对博物馆现状的客观准确判断的基础上，既要客观地看到自身的优势，又要充分估计到发展中可能遇到的困难。不盲目地跟风大馆建设，不能成为其他馆建馆模式的劣质复刻；展陈内容不宜贪大求全、包罗万象，要充分认识到各方面条件限制；认识到展陈特色的塑造是一个相当复杂的过程，坚持实事求是的原则，不急于求成。

（四）可持续性

要注意展陈体系设计的灵活性与开放性，展览主题的筹划具有一定的前瞻性，有充裕的延展和扩充空间。展陈体系是一个不断优化的动态过程。对展陈体系发展的长远目标，应该分解成阶段性的子目标，使博物馆在量变的积累中产生质的变化。

三、展陈规划编制中需要注意的几个问题

展陈规划编制是一个系统工程，必须统筹兼顾，协调发展。在不同阶段，抓住重点环节，有条不紊地做好展陈工作，其中有几个关键问题值得注意。

（一）注意展陈规划编制的时间

展陈规划的制定属于博物馆建设的前期工作内容，应与博物馆的定位、功能策划和发展目标，藏品的收藏、保护和利用计划，教育与研究计划等共同考虑。展陈规划的构思越早介入建设项目，就越对建设项目有益。展陈规划的构思应始于建设项目决策阶段，提出框架性的总体构想，与项目建议书的编制同步，成为相关部门进行项目决策的重要参考，并成为后续编制可行性研究报告和设计任务书的基本原则。此后，随着博物馆建设的开展，逐步开展展陈规划的修改、深化与实施。

（二）注意展陈规划的体系性建设

一个博物馆的展陈体系是体现该博物馆特色的主要标尺。如果一个博物馆推出的展览主题关联度不够，话题过于松散随意，博物馆就无法形成明确的形象，观众无法对博物馆形成清晰的认知。这甚至会严重影响博物馆的专业性。如何建

设博物馆展陈规划的体系性？首先要处理好基本陈列、专题陈列与临时展览的关系。基本陈列是博物馆的核心陈列，它与专题陈列应该具有相互呼应的逻辑关系，这种关联性的建设可以基于馆藏的不同分类，也可以是对建馆宗旨不同角度的诠释。临时展览具有相对的灵活度，但总体上应该是基本陈列和专题陈列的某一内容或视角的延伸。

（三）注意工作机制的问题

展览的策划与实施并不仅仅是一个部门内部的工作内容，它更需要和博物馆的其他部门相协调配合。在展陈规划的编制中，需要充分考虑到展览筹划与单位的研究、教育等其他业务工作的整体性与关联性，同时也应充分考虑到后勤、安全等部门的工作强度，从而使展览工作成为博物馆的有机环节，而不是单独性的业务。为避免出现非专业的判断失误，还应联合相关行业的专家学者和研究人员，请他们在各自研究领域内为博物馆的展览建设提供专业意见和建议，并适度考虑馆外策展与馆内策展相结合的发展机制。

四、展陈规划编制的主要内容

展陈规划一般包括现状分析、指导思想、总体目标、主要内容、实施步骤、保障措施等几部分。制订规划的基本步骤包括：广泛调研、资料搜集；确认展览定位、使命与机遇；明确展览的总体目标、阶段性目标；设定展览规划的各种可行方案；评估与选择最适合的行动方案；建立辅助方案；编制经费预算等。

结合上述的工作原则与注意要点，我们才能制订出思路清晰、目标明确、重点突出、内容全面、切合实际、措施得当的博物馆展陈规划。

参考案例：首都博物馆展览体系："天地人和"[①]

首都博物馆在基本陈列方面，形成了北京史、民俗史的历史线和青铜、玉器、瓷器、佛造像等专题线，两者相互补充，形成了历史＋艺术的陈列特色。在临时展览方面，首都博物馆曾制定了"天地人和"的展览体系：其一，"天"字系列展览可以概括为与天相关的所有内容（包括国学的一些内容），如天文历法、宗教哲学等展览，有关儒释道系列的展览也可以归纳到"天"字系列展览范

---

① 姚安：《博物馆12讲》，科学出版社，2011年，第193—208页。

围。其二，有关"地"字系列展览可以说包罗万象，大江大河、名山名胜、奇珍异宝，具有文明性质的展览可以涵盖在"地"字系列里，"古都文明"系列也为北京研究拓宽了视野。其三，有关"人"字系列展览主要以民俗、艺术类展览为主。如瓷器艺术，就是可以深入研究的专题，将成果展示出来供大众鉴赏；民俗系列可以按照年代逐年举办，不同历史时期的民俗展构成了对北京民俗的系统认识。其四，"和"字系列展览主要以交流展览为主，引进的区域交流、地区交流、国家之间的文化交流，也有行业交流、成果展示等。"天地人和"展览体系有些虽然不能截然分清，但基本脉络清晰，可以引发无数主题，发掘更深度项目，自成系统。

第2问　新建馆的基本陈列的工作要点有哪些

基本陈列作为一个博物馆的长期展览，相当于一个人的"身份证"，基本陈列一般会依据博物馆的机构宗旨和基础馆藏策划确定，在陈列内容、陈列形式、陈列设备、陈列布展等方面应充分代表博物馆业务发展的最高水平，兼具思想性、艺术性、科学性，并能体现行业标准和时代特色。相对于临时展览，基本陈列的制作周期更长，对于展览每一个环节的规范性和严谨性都有更严格的要求。

基本陈列的实施流程大体包括前期调研准备、确定主题、建立策展团队、确定陈列展览框架及审定、撰写陈列展览大纲及审定、撰写陈列展览脚本及审定、撰写陈列展览形式设计要求、陈列展览大纲内容落实、陈列展览形式招标、展陈展览施工招标、展厅装修及展具和展品制作、陈列展览布展等一系列工作程序[①]。

由于各类型的博物馆展览都有既有模式可以遵循，容易形成似曾相识的"行活"，造成"千馆一面"的窘境。在新馆基本陈列筹建过程中，如何办出符合本馆特色的基本陈列，也是新馆筹建过程中需要解决的重大问题。

一、展览内容策划要强化主题阐释性

一些博物馆的基本陈列或为文物精品陈列，或为学科教科书的翻版，以说明呈现为基本特征，阐释手段寥寥，无法激起观众参观的欲望和学习的兴趣。比如

---

① 齐玫：《博物馆陈列展览内容策划与实施》，文物出版社，2015年，第25—159页。

某大馆的常设木雕展就被批评是"一个清理出通道的仓库"。因此,要打破博物馆陈列线性精品叙事的常规套路,形成问题意识,建构主题性展览模式。比如湖南省博物馆基本陈列"湖南人——三湘历史文化陈列",内容从原生自然环境到移民历程,再到人居物质环境的改造、历代人民的生活面貌,最终归结到湖南"人"的精气神,结构演绎注重学术性,主题突出。

二、上展文物要具有代表性

从博物馆品牌建设推广的角度看,基本陈列的上展文物应有吸引人气的明星展品。它们由于相对稀缺且具有一定的知名度,从而具有"网红"的潜质。但对于新筹建的各博物馆来说,在全国文物的馆藏格局已经基本定型的情况下,上展文物已无法做到拥有明星展品。但这也为新建馆摆脱精品展的常规套路打开了思路。上展文物要有代表性,并不是说要选出"镇馆之宝"意义上的展品,而是说上展文物要呼应博物馆建馆的宗旨、具有表述博物馆价值担当的代表性。这个代表性主要指的是展品和展品组合能够充分体现基本陈列的主旨架构,体现展览内容。

三、空间设计要呼应主题内容

作为展览文本的空间表现形式,展览结构布局和展线设计应符合主题内容的逻辑关系。通过空间设计的创意与展览内容形成相互呼应的整体。比如湖南省博物馆新馆的建筑空间设计为其重点馆藏马王堆汉墓设计了纵贯三层的专门流线。南京六朝博物馆基本陈列"六朝风采"(六朝文物精品厅)是博物馆最为重要的器物展厅,用以展示六朝时期的审美方式,其主旨在于从艺术的角度审视六朝文物,以美的名义去发现文物背后六朝"美"的真谛。为更好地同"美"的主题相契合,空间设计引入古代六朝女子化妆时使用的"奁盒"元素,作为展厅平面布局的创意来源。整个展厅犹如一个巨大的"奁盒",其内部空间根据展陈内容具体情况被分割成一个个大小不一的规则四边形独立空间,仿佛是奁盒中分列的不同小盒。各独立空间富有节奏地按照顺时针方向串联在一起,使得参观流线通透顺畅。奁盒作为古代女子妆扮示美的工具,同时也代表了古人追求美的良好愿望。这种空间设计直接呼应了展览内容的艺术意象表达。

四、场景氛围要有独特调性

基本陈列作为长期性的展览陈列，其展览的形式特征要与博物馆的空间特色和整体调性相吻合，两者共同构成观众眼中的博物馆"风格"。首先，展览的视觉设计比如展览的主体色调、题目文字的字体、标识、说明牌材质等，应在展馆整体的"视觉识别系统"的基调内，是"视觉识别系统"的提升。其次，结合展览的主题内容构建，其主题视觉元素应从展品中加以提炼，而不能无谓地堆砌，展览材料和数字技术要耐用有度。无论哪种设计形式，都要基于主题 CI 设计[①]，不要"另辟蹊径"。

五、展陈与社会教育要充分结合

基本陈列是博物馆综合的文化产品，如讲解、语音导览、专业讲座与沙龙等项目已经成为其标配。在展览完成后长期固定的情况下，相关社教活动的更新常常能为观众带来一定的新鲜感，也能吸引更多关注。在基本陈列的筹划过程中，应充分考虑社会教育、公众服务、文创营销的先期一体化设计和策划运作。教育人员应始终参与全程，并设计有分众化讲解路径和灵活的教育空间，可以针对儿童、学生、老人等不同观众目标群来开展可持续的系列活动，满足观众教育、休闲、娱乐等不同动机的需求。

六、工作程序要注意前置性

相比临时展览，基本陈列要留出足够的时间，强调学术支持，积极开展与主题相关的研究，确保展览的思想深度与学术品质。比如获得 2016 年"全国博物馆十大陈列展览精品项目"优胜奖的鸦片战争博物馆的基本陈列"鸦片战争"就是经过了七八年的付出与积淀，一方面深入解读历史文献资料，充分吸纳鸦片战

---

① CI 概念：CI，也称 CIS（Corporate Identity System），可翻译为企业识别系统或企业形象系统，该名词指企业有意识、有计划地将自己企业的各种特征向社会公众主动地展示与传播，使公众在市场环境中对某一个特定的企业有一个标准化、差别化的印象和认识，以便更好地识别并留下良好的印象。CI 源于经济组织发展的需要，但其作用并不仅限于企业，在博物馆组织同样有着重要的促进作用。

争史研究的最新学术成果，以丰富的中外史料佐证历史事件，使陈列主题内涵与时俱进；另一方面多渠道、有针对性地征集文物，征集到了鸦片战争时期中外海军、海防、海战的相关装备、军事器材、文献史料，以及一些与鸦片战争重要历史人物相关的精品文物等，从而使展览的信息丰富。基本陈列的前期资料准备与研究是文博工作者用力、用心、用情，践行"工匠精神"的最重要体现。此外，在工作过程中要做好资料搜集和整理，形成完整的工作档案，为日后研究与相关展览的策划奠定基础。在展览内容和展线设计中，要做好展品的储备，以保障部分展品可以定期轮换。

参考案例： 湖南省博物馆基本陈列"湖南人——三湘历史文化陈列"[①]

"湖南人——三湘历史文化陈列"是湖南省博物馆新馆第一个反映湖南区域文明发展进程的通史性基本陈列。展览策划团队认为，湖南的历史文化，就是"湖南人"自身创造湖南区域历史、积累湖南区域文明的过程。只有围绕"湖南人"为展示核心，历史和文明才有灵魂与内涵，才能成为本地区乡情宣传、教育的平台，才能成为外地游客系统了解湖南地区历史文化的窗口，才能起到传承历史、启迪当下的作用。由此确定了本陈列的主题思想：大胆借用文化人类学研究方法，用博物馆学专业语言和表现手法，以古今"湖南人"为脉络，在中国大时空背景下，检索湖南历史文化历程的重要节点，勾勒区域文明的发展轮廓，以第一人称视角解读湖南人在这块神奇土地上为获取生活资源而发生的人与自然的互动演绎。在此基础上，提炼几千年凝结的精神内核，揭秘湖南近现代人才井喷现象，达到提升湖南人的自豪感与爱国爱家乡的目的。本陈列围绕主题思想，从"湖南人"第一人称的自身来展示湖南的历史与文化，打破博物馆陈列线性精品叙事的常规套路，建构主题性展览模式。"家园""我从哪里来""洞庭鱼米乡""生活的足迹""湘魂"五部分层层递进，彼此融为一体，做到"见人见物见精神"。

为丰富陈列的展品展示，除广泛筛选馆藏藏品之外，湘博还采取了借调省内各文博单位文物标本、主动征集、切割考古遗址遗迹等多种措施。灯光、展具等的设计，根据展览内容、艺术设计与文物保护的要求都进行了整体规划和差异化处理。在展线上还设置了16个教育活动项目，在空间上充分满足教育人员的团

[①] 李建毛、王树金：《"湖南人——三湘历史文化陈列"的策划与思考》，《文物天地》2017年第12期。

队演示,还专门为教育员设计了动态演示操控 IPAD 等等。充分体现了该陈列注重内容、艺术、教育、公众服务一体化的设计特征。

第 3 问　新建馆的临时展览如何创新

临时展览相对于基本陈列而言,是短期行为,展期从几天至数月不等,反映当今社会热点问题,是博物馆与社会接轨的窗口,也是博物馆最具社会效益的展览项目。可以说,临展的好坏是博物馆展陈水平的重要体现。

一、临展选题的常见模式

有学者曾将临时展览选题总结为延伸扩展基本陈列、表现馆藏特色、聚焦学术焦点、关注社会热点,以及反映特定节日与事件共五大类[1]。这几个方向的选题都是博物馆从自身的机构宗旨出发对相关的学术议题和社会议题的回应,已经基本囊括了临展选题的主要类型。但从展览表现形式上看,虽然一些临时展览选题会结合时事或节日热点,但在实际运作中又常常落入书画展等展览模式的俗套。

二、如何突破选题瓶颈

突破临时展览策划制作的模式化的手段,并不仅限于在展览形式上引入一些高科技手段,并叠加论坛、讲座、社教体验等活动,这些形式上的"创新"只是新时代展览传播的手段,而并不意味着展览在内容范式上的创新。一般认为,研究要取得突破,一是需要新材料,二是需要新思路、新方法。从博物馆领域来看,展览的策划要有新意,"新材料"——新文物的面世固然能吸引媒体的热度和世人的眼球,但对大部分馆藏相对薄弱的博物馆来说,新思路、新方法的引入,才是破解临展选题瓶颈的可取路径。以下几个常见的思考方式可以参考。

（一）增强对馆藏文物的多元解读

一般的展览结构是在读"物"的基础上,按照"物"在文化史和美学史上的

---

[1] 周墨兰:《迎合与影响——从临时展览选题谈博物馆的社会价值》,《中国博物馆协会博物馆学专业委员会 2016 年"博物馆的社会价值研究"学术研讨会论文集》,合肥,2016 年 11 月 14 日,第 8 页。

地位来划分展览结构和信息组团。一些展览策划的创新通过重新发掘物的意义及物之间的联系，确立了新的展示框架，使观众从一些独特的角度审视原先熟悉的物品，产生新的认知与感受。比如云南省博物馆的"金色中国——古代中国金器大展"，以文物的材质和颜色属性为突破口，云集来自云南、江苏、内蒙古、湖北四省（区）的260余件/套文物做集中展出，体现了展览文物组合的别样视角。南京博物院的"温·婉——中国古代女性文物大展"则聚焦物品的女性视角表达，使观众通过对文物的性别解读，了解中国古代女性生活各方面的内涵。

（二）用拟人化的思路开阔视野

在博物馆走向社会大众的通俗化进程中，将展览主题和结构拟人化、贴近观众的心理认知习惯，也是比较常见的展览创新方式。这比较突出地表现在近些年考古展的尝试中。不同于考古展一般以介绍考古发掘遗址或墓葬情况、介绍出土文物、普及考古知识的展览结构，首都博物馆的"呦呦鹿鸣——燕国公主眼里的霸国"借助燕国公主远嫁霸国这一线索，模拟燕国公主的视角，来观察和反映西周霸国社会。该展览着重设计了出嫁、祭祀、丧葬、宴饮四部分内容，同时巧妙地将南宋绘画名家马和之的名作《小雅鹿鸣之什图》安排在了展览的内容设计当中，极有创意。

（三）跨学科跨界寻找创新

博物馆展览本质上是一种跨领域的视觉艺术。近年来，尤其是在传统文化与当代艺术的并置与对话中，形成了一些比较新颖的展览模式。比如河南博物院2016年举办的"首届中原国际陶瓷双年展"，通过中国传统陶瓷、国外传统陶瓷、当代陶瓷、实用生活陶瓷四部分的相互呼应，表现出文化融合与创新的特征。南京博物院"呼吸——中国传统文化中的当代形塑"展，首次在博物馆中有主题地引入富于中国传统文化内涵的当代雕塑艺术作品，体现了传统文化与当代生活艺术展览主题融合的有益尝试。第57届威尼斯双年展中国馆由刺绣、皮影等非遗艺术家与当代艺术家以"不息"为题开展合作与对话，强调非遗与当代艺术的亲缘关系，编织出当代艺术发现非遗创造力的故事。

（四）积极反馈当代的社会议题

关联社会热点，是博物馆展览选题呼应社会的重要方式。但对社会议题的介入，并不是仅仅从表面上"蹭热点"，而是博物馆的研究要强化将过去与现在加以关联的观察视角,将公共机构属性和社会价值的诠释和引导相结合。博物馆应将更多的关注转向身边的社区与社群。比如新加坡国家博物馆 2018 年 4 月到 9 月举办的主题为"当我们同在一起:新加坡的游乐场(1930—2030)"的展览,以身边的游乐场这个小的主题出发,但其立意并不限于游乐场自身的形式与设计之变迁,而将游乐场视为一种公共空间和社群交往的媒介,呼唤新加坡人重建社区认同,并以之助力于国民性之塑造。这种将国家与社会倡导的核心价值观融入展览制作的方式很值得借鉴。

(五)成型展览的重新创作

对他人成果"信手拈来"的做法,通常缺乏主办方的自创与自主表达,却无疑是一种快速、可行、可靠的方法。由于展品、展览场地、财政预算、地域受众等主客观因素的变化,在直接借用成型展览时,也有必要对展览进行改造甚至再创作。在展览的题目、主题、结构、展品增删等方面都可以做适度的调整,从某种角度上看,这也是一种"新"的展览。

三、临展思路的可行性评量

在临时展览找到好的创意和思路的同时,还需要对展览的可行性进行评量。其中最重要的维度是观众评量。英国学者贝拉·迪克斯(Bella Dicks)曾说,博物馆如果不是为了参观者,那又是为了什么?只有当参观者前来参观并带着汲取到的智识离开时,展览才具有了意义。博物馆观众调查部门应结合展览选题开展"前置评估"调查,以更好地了解观众对博物馆展览的需求,并为展览的定位、定价、确定展览内容等工作提供参考。观众评量之外,还需要通过召开座谈会、论证会、书面征询等形式开展专业性的咨询,邀请相关学术领域和博物馆领域的专家对展览选题进行讨论,并评测展览在政治性、专业度和展品可行性等方面的效能实现。在此基础上,才可以使临时展览的策划构想转入细化与实施环节,使临展成为博物馆未来的活力增长点。

参考案例:首都博物馆"美好中华——近二十年考古成果展"

常规考古成果展,是从考古学的视角,对近些年来重大考古发现做一个全方位的梳理和回顾,或展现考古学在中华文明的溯源和建构中的社会担当与学科想象力。首都博物馆于 2017 年举办的"美好中华——近二十年考古成果展"则在既有的展览范式之外，另辟蹊径，导向了相对艺术主题的叙事。展览以史前、夏商周、汉唐、宋元明清四个历史时期的顺序展开，挖掘各时期的美学历史文化背景，展示相应的美学现象，并通过对美学流变过程的诠释，梳理中华文明的发展规律。这种试图从美学角度来展示中国文明发展历程的展示方式，具有考古学展览范式突破的时代意义。

第4问　博物馆展厅的空间条件不好怎么办展览

博物馆展厅格局在很大程度上决定了展览的空间布置方式与效果。国内大多数展厅均为比较规整的方形或长方形，空间与平面均有较大的可调节空间。但许多新建的博物馆，在建筑标新立异的情况下，不得不因建筑自身的"奇形怪状"而损失展陈空间。不规整的空间严重影响了展览陈列的设计和实施，常常令设计人员费神费力。如果在这些特殊空间进行常规布展的话，不但会摆不上多少展品，而且还会因空间与形式之间、形式与内容之间的不协调而带来展览形式的跳脱和展线的凌乱。

一般而言，博物馆展厅的空间条件不好，大致分以下几种情况：第一，正规展厅中存在一些异形空间，很容易产生设计的剩余部分。第二，非展示空间被改造利用为展厅，但在面积和形状上并不能完全对应常规的展线流布和内容铺开。第三，展厅由旧建筑改造而来，因功能的转换，也存在展览空间条件不足的问题。解决展览空间不利的问题，主要有以下三种方式。

一、对硬件适当改造

将建筑空间结合展览需求进行改造，是一个比较直接的手段。这在一些古旧建筑改造的展馆中比较常见。中国的木构建筑由于存在封闭不严和温湿度无法控制等弊端，对展览制作造成了一定的限制。为了达到文物展出的要求，通常会在内部进行改造，在室内搭建与原建筑不发生接触的独立支撑钢结构，其上铺装天花板、展墙和地面保护，形成盒子式结构，在钢结构与原建筑之间留出足够空间。这样在保护结构的同时也方便布展施工，减少了对展览设计的限制，提高了照明和现代化展览设备使用的灵活性。比如故宫博物院的午门展厅，即采取在建筑内部重新搭建一个独立的玻璃展厅结构，来满足博物馆展厅的要求。在保护古建的前提下，使用玻璃和钢架结构等可逆的现代材料对其进行改造，不仅有助于满足展厅内封闭和温湿度的要求，还反衬了古代建筑之美，体现了古典和现代的融合。

二、通过展览设计提升

将建筑的不利条件化为有利，是好的展览设计的一个重要标准。面对不利的空间条件，在空间设计与展线布局方面都需要采取不同于常规陈列的处理手法，要善于借用各种工具，将空间转化为展项设计的重要元素，将相对压抑的空间与展览内容中的观念表达相结合，形成内容与形式一体化的输出。代表性的手法是在偏狭展厅内运用镜子，用大尺寸的单块玻璃拼合成展墙或天花板，用折射效果削弱空间的封闭感，增强通透性，调动观众的想象力。比如成立于1995年的新加坡华裔馆，坐落于前南洋大学行政楼。馆内两个常设展厅多为小空间。其常设展"何谓华人？"图片展中，在多采用文字与图片为阐释手段之外，还在一个狭长逼仄的走廊空间，将镜子与展示图像对应放置，通过镜子的反射作用，借喻在西方的漫画和电影剧照里，华人被塑造的刻板形象，使不利的展示空间幻化为对展览内容精要的回应。场景也是"盘活"陈列和凸显陈列个性的适宜选择，可以将一些逼仄怪异的展览空间做成商铺、名人工作室、名人居室等复原景观。

三、打造展览新观念

在博物馆众多展陈空间中，对于相对条件不是那么方正、灵活的空间，也要寻找空间的调性，形成展陈的独特格调。一方面，它可以成为以教育为导向的展览空间。比如，首都博物馆的地下一层O展厅（水景庭院）主要由狭长的通道所构成，上方直通天光，并不适合作为文物精品的陈列空间。首都博物馆结合它的空间特点，使这一空间转化为一种信息定位型展览的常设空间，以模型、图片、文字、互动体验等构成展品的主要类别，并将"读城——发现北京四合院之美"等一些青少年社教类型的展览集中放置于此，形塑了展览空间的特性。另一方面，建筑条件不好也可以为博物馆制作灵活多变的小微展览提供空间。一般博物馆的展览空间多集中于500平方米以上，以为充裕的空间能够更有利于实现展览内容的呈现和设计的理想，但其预算费用也相应颇为可观，使展览本身的规范性要求比较高，试错性的容忍度较低。因而，博物馆里存在的这种相对"不规范"的空间，恰恰能够因为其空间零碎、狭小，从而使博物馆能够打开思路。例如将它作为社会大众和馆内年轻专业人员呈现策展理念、思路和火花的"实验性"空间，在展览的主题和形式上都可以具有一定的灵活度和容忍性，从而为博物馆的创新提供了一个窗口。

第5问 博物馆的文物藏品不足怎么办展览

一般来说，在全国文物藏品格局基本定型的背景下，新建馆可供展陈的文物藏品储备并不是很充足。主要表现为以下三点。

第一，馆藏较少，无法从馆藏中拆分出持续性的临展主题。对于中小型博物馆来说，首要的问题是藏品数量不足，不足以支撑起一个完整系统的展览。

第二，没有"明星"展品。比如中国国家博物馆的新石器时代人面鱼纹彩陶盆、后母戊鼎、虢季子白盘，湖北省博物馆的越王勾践剑，杭州博物馆的战国水晶杯……建馆时间较长的博物馆都或多或少有一些堪称"镇馆之宝"的文物展品。新建馆则很难再有这样的条件。

第三，馆藏类别丰富性不足，大量藏品属于同质化、同类型的藏品。

新建馆的展览陈列不能仅仅靠引进展览支撑门面，同样需要适度的自主展览策划。在没有足够馆藏的基础上，应该如何推进展览策划工作，并形成自己的展览特色呢？

第一，需要转换思路，将对展览的认知从常规的器物定位型导向到信息定位型。信息定位型展览具有明确的系统性和情节性，所强调的是信息传播。如果说器物定位型展览的主要陈列方式是"呈现"，主要参观方式是"欣赏"的话，那么，信息定位型展览的主要陈列方式是"叙述"，而主要的参观方式是"理解"。在这种展览中，实物展品不再仅仅是欣赏的对象，也不再是博物馆展览中唯一的陈列要素，而成为故事叙述系统中的要素之一，扮演着故事叙述中物证的角色[①]。

第二，要认识到展览的设计是一种视觉艺术的综合呈现，而不是物质文化的外化展示。所有视觉元素，如文字、物件、多媒体、展柜、灯光等，以及各种动线、物件的位置安排、悬挂作品的方式、灯光音效的效果等表达形式，都将成为一个整体，将展览信息传递给观众。

在从器物定位向信息定位、从物质文化向视觉文化的认知转换的思路下，我们再去处理馆藏不足的问题，就会使我们摆脱对文物展品的过度依赖，转向到对

---

① 严建强：《信息定位型展览：提升中国博物馆品质的契机》，《东南文化》2011年第2期。

展览信息的传播的建设上。从这个角度审视展览，就会有一些思路可循。

一、通过借展、复制等形式进行文物交流

虽然展览是多种媒介所呈现的视觉文化的综合体，但借由文物本身传递的文化信息是最有真实感的，其地位与作用是其他展品所不能取代的。因此，与展览叙事环节关系密切的关键文物展品应通过借展或复制来解决问题，从而使展览的重要节点能够通过文物来表达。

二、采取技术手段弥补展品的不足

展览的一些辅助信息、间接信息的表达，可通过文字的过渡、图片的转化适度代替实物呈现，并利用一些艺术装置、多媒体手段来弥补。代表性的展览内容，可通过更具感染力的场景重塑，提升观众的体验感。

三、增加对藏品的多元诠释维度

在精品器物陈列的观念中，一件藏品如果品相不好，或没有欣赏价值，就很难得到陈列的机会，从而长期沉睡在库房中。但一个藏品会有多重价值解读维度，不同的视角、不同的情境都会阐发出藏品新的意义。比如，一件普通的嫁妆瓷，其艺术特征相对不突出，但它既可能成为地方民俗文化的物证，又可能借由图案的阐释来展示佛教、道教等意识的影响，还可能由其来源地展示物的流通史。

当一件文物进入到展览陈列空间之后，如果只是单纯地被罗列在展柜中，也限制了藏品的展览利用率。可将藏品的多重信息，转化为平面设计和展项设计的解读，从而使藏品从一件器物的赏鉴，转换为一个围绕藏品为核心的空间诠释形态。对于信息量大的展品，可以尝试用小空间或场景渲染一件文物的方式，围绕文物构建包括展柜、场景、说明板、互动装置等要素的综合信息场，对其充分展开解构。

四、加强多维度展品的开发与利用

口述资料是就某个问题对当事人、亲历者所进行的采访、访谈。口述资料较

文献资料在表现历史的细节上更加丰富，所涉及的历史和社会认知视角也更为多样。将其利用到展览中，可以补充展览叙事的缺环，使展览更加生活化、人性化。非物质文化遗产资料也常常为中小型博物馆开拓藏品资源，注重过程性、技术性、生态性等特征的"非遗"介质，常常以场景、多媒体、人物表演等方式成为展览的重要组成部分。在"为明天收藏今天"的视野下，更多的日常资料、生活日用器物、档案信息都可以被纳入到藏品、展品的范畴。

五、强化展览的教育导向

博物馆展览的教育导向已经成为一种被广泛认可和实践的发展趋势。围绕某一社会教育目标为主旨，展览的内容建构和展项设计就会成为"教育项目"的一部分。在这一视野下，文物及附属展品便都转换为一种"教具"，展览的重心是讲解、体验与互动，引发受众思考、发问，在这一视野下，陈列手段可以简单，展品也不用完全以真实性、珍贵性为导向，方便教育的适用性才是最重要的。新建馆在展览策划中适当加大教育导向、偏重体验互动的项目，也有助于破解展品不足问题。

第6问 馆内专业人员不足，展览如何策划

展览策划在博物馆业务管理的流程中，各个博物馆的具体做法不尽相同，或以工作流程分组，或以藏品类型分组。但新建馆常遭遇的问题是专业人员不足，人才队伍的形成需要时间。这就需要策展机制的多样化，一方面需要博物馆内部的工作体制与机制的创新，建设馆内策展人制度；另一方面，需要积极借助外力，探索展览策划的社会化模式。

一、探索馆内策展人制度

博物馆可借鉴企业化的管理与经营模式，在馆内选定策展人负责主持一个展览，建立项目团队。策展人不仅要负责"撰写展览大纲—挑选藏品—指导陈列"，还应统筹包括内容设计、形式设计、媒体宣传、教育活动、衍生产品等各方面工作，主导团队人员的构建与经费支配，评测观众体验与评估产品经营收益的全流程。因此，馆内策展人制度的建设应是一套完善的项目运作机制。由于在组建团

队时，人员不仅限于某一业务部门，因此，实际上是从科层组织走向扁平组织的"任务编组"的团队合作方式。在新馆建设伊始，即建立一套科学的策展人制度，探索博物馆展览项目化管理方式，是形成本馆可持续性的策展队伍建设的重要途径。以下为"策展人项目制度"的基本内容与实施流程[1]（图一）。

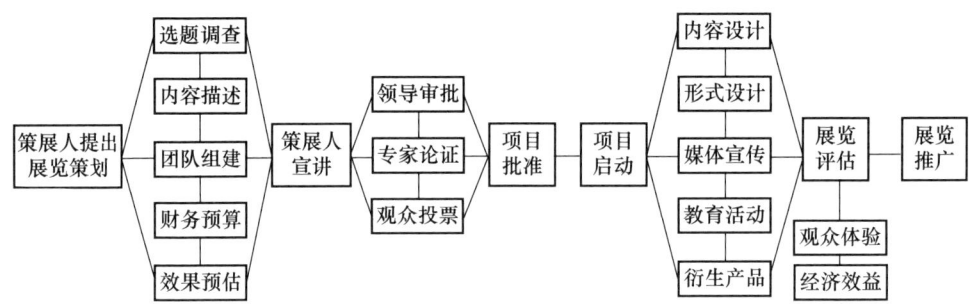

图一 "策展人项目制度"的基本内容与实施流程
（图片来源于：陈晨《关于博物馆"策展人制度"项目化管理方式的构建》，
《中国博物馆》2015年第4期）

二、引入社会策展人

由于策展工作对策展人的组织与协调能力、专业技能、审美能力等综合能力要求比较高，中小型博物馆一般相对缺乏这样的人才。通过博物馆展览策划的社会化，有助于增强博物馆的工作活力和自身造血机能。可采取策展人招募活动，打破博物馆的专业壁垒，广纳社会贤能，以馆外策展人+馆内人员的结合方式组建运作团队，以此打造具有创新性的展览。引入社会策展人需要由馆方制订一系列前置文件，包括展览工作方案、展览参考主题、可提供的文物藏品清单及说明等。在此基础上主要通过以下两种方式确定社会策展人。

方式1：定点邀约。邀请大学、研究机构中的与展览主题相关的研究团队或有经验的策展人承担展览项目。由于邀请的对象有过相关主题的研究及策展经验，这样的方式对展览的最终成型相对具备一定的质量保障。

方式2：向社会公示。将展览的计划主题和工作方案通过媒体向社会公示，只要有兴趣者都可以报名参加。但需设定初审和复审环节，对报名的方案进行筛选，通过综合评议评出最佳方案。由优胜者团队与馆内人员共同组成策展团队。

---

[1] 陈晨：《关于博物馆"策展人制度"项目化管理方式的构建》，《中国博物馆》2015年第4期。

三、展览创意"众筹"

现代众筹指通过互联网方式发布筹款项目并募集资金。这里所说的博物馆展览的"众筹",主要是指特定博物馆为社会大众提供一个实现自己展览梦想的平台,主题更为开放,可以由社会大众自由申报。中国民族博物馆于2018年发起的"博物馆人类学研究·青年策展人项目"就是其中的代表案例。从中可看出展览创意"众筹"的基本模式为:由馆方发布项目征集计划,要求提交人员申请表、策展大纲申请表、经费预算表等表格,经评审后评选出符合条件的项目提供适当资金支持,在约定周期完成后,评出优秀策展项目并安排展期。可以看出,这种众筹的方式在提升展览项目的创造力上有一定的优势,但仍需注意以下两点。

第一,要鼓励展览的学术性。在符合博物馆主旨的前提下,展览创意的征集应具有一定的学术价值和社会价值,鼓励在充分的研究和田野调研基础上提供的策展方案。

第二,要注意展览的可行性。展览众筹要能"落地",需具备主题上的可操作性,内容符合展览的传播规律,并且应与展览展期的实际安排相结合。

四、搭建社会合作平台

与国内外一些在主题、类型上相关的博物馆、大学和企业等文化机构建立交流和合作关系。结合各自的功能定位和馆藏文物基础,探索搭建富有特色的展览交流合作体系。在此基础上,制定展览推广与合作的规划,并对不同的合作对象采取差异策略,逐步形成博物馆区域合作群体,建设资源共建、成果共享的临展运作机制。

参考案例1:"青花之约——广东省博物馆特展策展人招募计划"[①]

广东省博物馆2016年首次对外公开招募展览策展人,得到了社会公众的广泛关注和热情参与。展览以广东省博物馆馆藏80件青花瓷为对象,由社会各界

---

① 木子:《粤博喊你来策展!展览怎么办,由你说的算!》,弘博网,https://mp.weixin.qq.com/s?__biz=MzA3MDg4ODQzMw==&mid=2651888029&idx=2&sn=1a37d1278952a001a06ddd184e8e477e&scene=21#wechat_redirect。

提供策展方案。经粤博陈展委员会综合初评，从诸多参选者中筛选出五名策展人进入终评评审。这五个方案总体水平都达到了博物馆陈列的要求，角度新颖，各有特点，基本达到了这次活动广泛吸纳社会资源的目的。评委由馆内外专家学者组成。评审现场参选者将以抽签顺序进行现场陈述，并设有专家提问等环节。评审专家将审阅参选者提交的展览内容和策划方案，根据详细的评分标准进行实名打分。经评选，中山大学的朱铁权老师团队获选首位馆外策展人称号。

参考案例2：中国民族博物馆"博物馆人类学研究·青年策展人项目"[①]

中国民族博物馆"博物馆人类学研究·青年策展人项目"以积极与高校及科研单位合作为主要途径，以推动博物馆人类学在国内的深入发展为宗旨，积极鼓励青年学子在民族地区开展富有深度的专题性田野调查工作，并参与进博物馆人类学学科建设，推动民族博物馆展览、研究的创新性发展。该项目将以青年学者的田野调查成果直接转化为博物馆展览的方式，使博物馆人类学研究理念直接诉诸博物馆社会教育与传播，实现理论研究与博物馆实践的深度融合。

第7问 展览在主题演绎与信息架构中有什么需要注意的地方

展览的主题演绎，是指在对展览选题有关的学术资料和藏品资料整理与研究基础上，对展览传播主旨的提炼与展开。展览的信息组团是围绕展览主题的呈现和组织方式。展览信息组团的基本要素包括版面文字、展品、图片、艺术辅助展品、科技辅助展品、形式设计要素等（表1）。

表1 博物馆展览信息组团要素表

信息组团基本要素	内容
版面文字	前言、部分、单元、组说明文字，展品说明文字，附属展品说明文字
展品	文物、复仿制品
图片	文物图片（如器物、绘画、拓片、书影、档案、文物细部放大图、线描图等）、历史图片（如人物、历史事件、古建、遗址、考古发掘场景等）、地图、示意图、图表

[①] 中国民族博物馆官网发布：《中国民族博物馆"博物馆人类学研究·青年策展人项目"计划》，http://www.cnmuseum.com/index.php?m=article & a=index & id=381。

续表

信息组团基本要素	内容
艺术辅助展品	灯箱、模型、沙盘、展箱、场景、壁画、油画、漆画、半景画、雕塑、蜡像
科技辅助展品	多媒体、幻影成像、影片、视频、动画、声光电合成技术、仿真复原、虚拟现实、增强现实、观众参与装置
形式设计	展区与展线、装修、灯光、版面设计、展柜展具、展场氛围

展览主题演绎要加强思想性、知识性、科学性的创意解读，并在信息组团中给予充分的展开。主要有以下几个注意事项。

一、主导思想要明确

展览要具有时代性。没有一个展览是纯粹的故纸堆。无论展项内容如何独特，都应从不同侧面和角度支撑服务于展览主题。展览的信息组团要使展览的各个组成要素紧紧围绕展览的传播目的和主旨价值展开，实现传递知识、传达情感、表述价值观的递进目的。

二、标题要有吸引力

一个合适的标题，是帮助人们认识、记住展览的前提，也往往会影响展览的参观人数。为展览定名应由策展人、社教人员、运营推广等团队人员共同参与，集思广益。如今，博物馆展览的命名，常见"方程式"的两段式标题，冒号分隔左右两部分。左侧常是比较新鲜有趣或抓眼球的词语，用来描述特征与定位，或提炼一种理念，右侧则是展览的范畴或更全面的说明，两者结合可以让观众充分理解展览的内涵。一些策展人常常借助文学修辞或社会热点来起名，比如广东省博物馆的荔枝文化展，选用苏轼诗句"不辞长作岭南人"为题；中国国家博物馆的丝绸之路主题展，起名为"无问西东：从丝绸之路到文艺复兴"（与电影《无问西东》同名）。但无论如何起名，有两个基本原则：第一要准确，能够正确说明展览的主题；第二要明晰，不要含混不清。

三、结构要有主题

展览结构的演绎，一般为历史性的纵向时间轴和专题性的横向分割。在不同的主题策划中，会有不同的结构组合[①]。但无论采取何种结构，都要有明确的问题意识。由于文物展品本身在信息呈现上是多维度的，很容易使观众沉迷于某一具体文物，因此展览的逻辑性需要在展览结构中表现。在展览结构中要做到重点与亮点的突出，使即便是对展陈内容事先一无所知的参观者，在参观完展览后，也能够总结出逻辑框架，并能记住部分浏览过的知识点。

四、信息组团要有整体性

由展览文字、文物、图片、艺术和科技展项等组成的展览信息之间关系要明确，避免相互脱节。应准确把握信息组团各内容的相互关系，分清主次，讲求逻辑，突出重点展示内容，充分挖掘内容的故事性、情节性。其中特别需要注意的是，文本解读和展品标签不能两层皮，要能彼此呼应、关联。同时，上展展品在内容关联的基础上，应在类别、色彩、造型、体量、材质等适度多样性，丰富观赏性。

五、观众体验层次要多元化

展览要更好地服务博物馆观众，需要给观众带来高水平的、独特的、有意义和值得纪念的博物馆体验。美国学者曾基于史密森尼博物馆展览的调查认为观众有四种体验偏好：I（ideas）＝观点；P（people）＝人；O（objects）＝物；P（physical）＝身体[②]。显然任何人都会不同程度地涉及这四类体验偏好，但是大多数人都会主要表现为其中一类。事实证明，展览如果能够引起四类观众的强烈共鸣，那么该展览在观众层面上是成功的。观众最快乐的是体验得到了意外的满足。如果倾向于物的人在满足其观赏物的体验之外，意外地受到一个强大的观点冲击，这个人可能更易于给此次参观打高分。因此，IPOP在按照观众体验而分层分类型的基础上，进一步描述了一个能够帮助观众"跳跃"体验偏好的方法，叫作AEF原则——"吸引（Attract），参与（Engage），跳跃（Flip）"。好的展览应该满足观众偏好的多类型体验，同时借助AEF原则使观众的体验具有"跳跃性"，从而得到更大的满足。

[①] 姚安：《博物馆12讲》，科学出版社，2011年，第268—277页。
[②] 〔美〕Andrew J. Pekarik、James B. Schreiber、Nadine Hanemann、Kelly Richmond、Barbara Mogel 著，王思怡译：《IPOP：体验偏好理论》，《中国博物馆》2017年第2期。

参考案例："砥砺奋进的五年"大型成就展①

"砥砺奋进的五年"大型成就展共规划设计了 10 个主题内容展区与特色体验展区，综合运用图片、文字、视频、实物、模型、互动体验等多种表现形式，全面展示十八大以来，党和国家取得的辉煌成就。常规的图文展板之外，还设置了大量长征二号 F 运载火箭发射场组装 VR 体验、低碳知识互动机器人等交互体验设施。使观众在一种学习的氛围里，"跳跃"到他们意料外的感官体验中，进一步完善了观展的满足感。

第8问 展览文字编写上的常见问题有哪些

对于新建博物馆的展览来说，对细微之处的关注与追求，才最能反映其整体水平。展览文字的基本类型包括标题、前言、部题说明、展项说明、展品标签、多媒体文字等。观众的观展不等同于读书，是在空间内的动态活动，因而展板内容与各级标题、展览文物标签等信息的撰述方法不同于写书，有独特的用语特征。此处仅仅就展览的部题说明、展品说明牌中常见的文字错误做一整理，以为新展览的制作提供参考。

一、文物解释不足

在国内博物馆的许多展览中，比较常见的是仅有器名、年代、材质、用途的"简陋"说明牌。这是一种以藏品本体信息介绍为主的编目式说明方式。也许是由于展览制作者崇尚简洁的文字，希望采取以物的欣赏为主的展览模式，认为太过于强调辅助工具的阐释作用会被看作喧宾夺主；但展览本质上是一种对话与交流，展板介绍性文字与实物本身的关联性薄弱，对展品本身的诠释有限，会使观众对实物的欣赏与理解大打折扣。

二、文字说明过多

在一些博物馆，特别是一些行业博物馆，其文字的密度很为可观，令人感觉是将书里的章节直接排布上墙，观众只是从坐着看书，变成站着看书。密密麻麻

---

① 新华网，《"砥砺奋进的五年"大型成就展亮点纷呈》，http://www.xinhuanet.com/politics/2017-10/03/c_129715062.htm。

的文字上墙，会给观众带来极大的困扰。一般而言，展览各部分的文字量大致为前言 300 字左右、单元说明 200 字左右，文物说明 100 字左右。当然，因陈列方式不同，文字量并无一定之规，但仍以简洁、说明问题为第一要义。应避免产生文字的堆砌感，形成立体看书的感觉。

三、文字生涩

展览的部题说明，为了体现学术性或文化性，有时会不自觉地生搬一些行业的学术词汇融入展板文字中，一些相关领域的专家可能看得懂，但一般的观众会有些不知所云。这也说明了展览文字的转化度不够。对于展览中一些学术性较强的内容，可适当降低空间比重，或转换为图表或多媒体的方式呈现。

四、用词、用语随意

这种情况常见于展览的前言、结语等字数较多的文字版中。常表现为一些套话、空话，语句间的严谨性和逻辑性欠佳，词语不够简练，甚至会出现一些口语化的现象。有的展览部题章节结构不统一，信息繁简度不统一。

五、不同的范式相夹杂

标题间属性不一致，比如某省博物馆的展览，一个展览的文物说明，有的以考古学范畴命名，如"某某东周墓葬"；有的则以文物鉴定范畴命名，如"金银器""玉器"；有的则以历史学范畴命名，如"天师世家"等。几个范式交错在一起，并没有形成统一的逻辑体系。

六、文字游离于主题之外

展览文字的作用在于即使对展品的背景知识完全空白，观众也能从不多的文字中获取最关键的信息，并且逐渐勾勒出展品背后故事或文化的面貌。展品说明是要表达它与展览主题、章节的内容关联，而不是每件展品千篇一律的长宽高、器型、工艺等程式化信息。比如艺术类展览，观众常希望了解其艺术风格、流派、创作背景等信息，以更好地理解作品本身，却常见艺术家社会身份、政治职务的介绍。

七、文字风格与展览主题不搭

每一个展览都有自己主题下的风格调性。历史展、革命展、科学展、青少年教育主题展……不同展览对于文字的风格要求不一。虽然一种文字风格基调下可以适当灵活，但不能太过跳跃，否则会削弱展览的总体传播效果。

我们指出的展览文字写作上的七个常见问题，又可归结于两个主要问题，一是研究性不够，毕竟为每一件展品在特定展览语境中作介绍，比直接罗列信息要花费更多时间和精力。这种写作属于大家小文，需要先做学术信息的搜集，再做转化与输出。二是不尊重观众，自说自话，并没有从观众的视角考虑问题。

最后需要指出的是，展览的文字写作，看似复杂，其实规则很简单。第一，观众能读懂；第二，能够有效地补充展品之外的信息。因此，需要将原先的研究成果整合进入展品说明中，并以可读性强的语言呈现出来。展览作为在某一空间内的信息组合，为服务于展览精神意旨的实现，其文本的维度也是多层次的，不仅仅是一种知识的传递，而同时应是情感表达、价值观传播。因此，在文字撰述中，应通过相对规范而又灵活的写作方式，架起我们与观众对话的桥梁，提升观众的观展体验。

第9问　展览形式设计需要避免哪些误区

博物馆形式设计的主要目的，是充分体现展览的传播目的，将展览内容艺术化、空间化，达成展览各要素之间，策展人、观众与展览之间的沟通与交流。从物质文化的呈现到视觉文化的表现，博物馆的新型展示方式和设计理念层出不穷，在展陈空间的分隔与划分、渗透与流通、衔接与过渡，艺术化的展览形式对内容产生了隐喻，形成了独特的展览美学。但无论基于什么设计原则，表现何种设计理想，都有以下几个常见问题需要避免。

一、展览设计过于模式化

每个博物馆都有自己的特性，其空间章法和美学表达都应契合建馆主旨和价值取向。常见的情形有：要增加展览的斯文气就加"竹子""书房"，要体现少数民族的生态性就用树干纹理，凡是革命主题都加个红飘带等。这就带来了展览形式上的同质化。展陈元素的设计应从博物馆和展览的主体元素（如代表性文物、标志性文化符号等）中去寻找，同时应注意前置研究的严谨性，严谨到每一株草、每一棵树都应该做好资料考证，如果把一个南方的植物复制到一个北方场景中，就违背了情境性表现的初衷了。

二、片面使用高科技

新建馆由于常常面临文物展品不足的问题，在设计上多另辟蹊径，滥用多媒体技术、幻影成像、人工造景等手段，场景化、影视化、虚拟化倾向严重，整个展厅充斥着各种辅助艺术品和数字媒体，忽视了对文物展品内涵和展览主题的挖掘、展示，导致展览内容被科技手段喧宾夺主，既对观众产生了误导，又带来了极大浪费。

三、过于突出形式美学

展览设计通过各个空间的分隔和衔接，形成一个有序而又富于变化的多样统一的空间集合，同时通过移情方式及审美引导把空间印象在参观者的心相中升华为意境，从而完成空间审美的全过程。不过，仅仅为场景而场景是无意义的，每一个场景的表达或者还原，都必须服务于内容。如果观众得到了形式美感，但弱化了对内容的理解，这样的形式设计也很难说是全然成功的。空间设计要理解内容，以此为基础表现自己的美学特征。在一些博物馆里，常见一些为了形式的美学而影响观众理解展览信息的情况，比如以文字展板为例，就存在展览部题不突出，上展文字太密、太小，一些文字和图片放置位置不当等诸多基础性问题，这种设计错误应该避免。

四、展览设计功能性不够

当今时代，博物馆的空间设计从以藏品为主体转向了以公众与藏品并重的发展趋势。服务于观众参观的有效性，是设计的基本需求。一些基础性的功能问题需要注意，比如空间的引导与提示不明确，展厅流线设计不通畅，信息导向标识不明显，厅内休息座椅、残疾人服务设施不足等。同时，在展览空间和流线设计上应超越观众参观这一单一形态，要考虑方便社教活动等。

五、设计与内容相互矛盾

内容与形式应做好呼应与衔接。展陈形式做得再漂亮，如果与内容脱节，是经不起考验的。空间结构作为展览文本的空间表现形式，其布局和展线设计应符合主题内容的逻辑关系，有起承转合的节奏感。平面设计也应呼应文本，在亮点和重点上与文本的提示相一致。

第10问 如何看待展览中的辅助展品

辅助展品，作为博物馆展览重要的阐释媒介，能起到补充文物展品不足、弥补展览叙事和阐释能力的作用。它主要包括两类：一是艺术的辅助展品，包括文档、地图、图表、模型、沙盘、灯箱、景箱、场景、壁画、油画、漆画、半景画、雕塑、蜡像等；二是科技的辅助展品，包括多媒体、幻影成像、影片、视频、动画、声光电合成技术、仿真复原、虚拟现实、增强现实、观众参与装置等。

据专家研究，博物馆展览中的辅助展品利用主要存在的问题有：过度利用辅助展品、辅助展品选用不当、辅助展品传播目的不明确、辅助展品传播的内容缺乏科学性和真实性、辅助展品设计和制作粗糙等问题，因此，我们在对待辅助展品时应以"知识性和教育性""科学性和真实性""观赏性和趣味性"为标准[1]。在此基础上，我们提炼了在展览策划与制作中运用辅助展品需要注意的几个原则。

一、对辅助展品的脚本制作给予重视，博物馆方要充分参与辅助展品的策划与设计

在一般的博物馆提供的展陈大纲中，相对比较侧重于对展览的逻辑框架和文物展品的阐释，对于辅助展品常常相对简略，或者仅作为设计说明有所提示。辅助展品的内容基本上由作为乙方的设计公司来做，同时没有给公司足够的学术资料和视觉资料支持，造成辅助展品与文物的脱节。特别是一些多媒体的内容，有时甚至会造成重复或自相矛盾的情况。辅助展品的策划与设计，应在甲乙双方共同参与下分工合作，特别要注意其脚本内容应与展线、展品内容形成相互补充的体系。

---

[1] 陆建松：《博物馆展览辅助展品创作和应用的原则》，《博物院》2018年第3期。

二、对辅助展品的媒介形态给予重视，根据不同媒介的技术属性设计内容

不同类别的辅助展品都是通过自身独特的媒介属性来传达信息的，同时与展览中其他信息载体产生关联，共同服务于展览传播主旨的实现。因而，只是传播载体形式的不同，而并没有等级高下之分。常见有大纲过于烦冗、将无法上展板的文字都堆入多媒体的问题。展场内的多媒体，可以扩展展览信息，但多媒体本身也是一种展览文本的再度转化和创造，其逻辑结构、文字语言和数量都有它的受众特点。因此，不能使多媒体等辅助展品成为承载多余信息的"垃圾箱"。

三、对辅助展品的艺术性给予重视，使其成为展场美学氛围建构的必要组成

在辅助展品中，壁画、油画、漆画、半景画、雕塑等是艺术特征明显的展品类型，这种艺术性本身就是展览信息传播的重要维度。1949年以后，在中国国家博物馆、中国人民革命军事博物馆等大型展馆的展览建设过程中都曾涌现出了一大批优秀的美术作品，它们既是展览的组成部分，本身也成为重要的艺术品，具有了"文物"藏品的特质。在我国博物馆展览工程委托中，一般将辅助展项统包在展览工程之中，再由中标的展览公司委托给第三方设计制作。由于政府财政预算对于辅助展品这部分单价申报有限制，同时由于展览工程总包方为了获得利润最大化，往往以尽可能低的价格再委托给第三方，从而使创作出来的辅助展品常常达不到基本的要求。如何在资金有限的条件下，使这些具有艺术性的辅助展品彰显出超越时间的艺术特质，也是展览制作者应该考虑的重要议题。

第11问　展览灯光设计需要注意哪些问题

灯光作为空间最重要的媒介，被誉为建筑的第四维度。在博物馆发展史中，经历了主要利用自然光的"白盒子"时期，到依托人工光源的"黑屋点灯"式照明，到如今对灯光和自然光的合理搭配与组合，已经形成了相对成型的行业灯光设计标准与模式。但在如今的博物馆陈列展览中，依然会出现一些常见的错误，破坏了展览的整体氛围，影响观众的观展体验。在新馆建设中，可主要从以下三个方面

来注意展览灯光的设计与运用。

一、展览灯光设计要避免形成光害

博物馆陈列区光害通常指一切可能对人的视觉环境和生理健康，以及对各类展品产生不良影响的事物。主要可分为对文物展品的伤害和对观众的伤害。

（一）灯光的运用要以保护文物为前提

文物的安全是博物馆工作首要的考虑点，灯光的运用也应该遵循这一原则。不同文物对于灯光的条件需求不同，应严格按照行业标准设置，这是博物馆展览灯光设计的前置条件。对于相对敏感的文物，可采用多种手段，比如感应灯光、柔和光等，尽可能对文物进行保护。

（二）博物馆灯光的设置要让观众感觉舒适

灯光设计要考虑观众的生理感受与心理感受。人眼舒适的照度一般在1000勒克斯左右（勒克斯是照度单位，lux或lx），博物馆灯光的运用一般不能超越这个数值太多。当然也不能过于幽暗，过于幽暗的环境会影响阅读，让观众产生不适感进而丧失继续参观的兴趣。目前比较常见影响观众参观的灯光弊病之一，就是照明过于注重文物展品的烘托，而对于文字展板相对忽略，加上展板材质设置的问题，有时有反光，使观众无法看清展板上的文字，使展览的传播目的无法实现。

二、展览灯光设计应与展览环境氛围相契合

灯光是一种重塑展品形象的设计语言，是展品、环境和观众之间的媒介。设计精美的灯具与巧妙的照明本身就可以作为欣赏对象，若处理得当便像一种调味品，置入展品之间，会发生奇妙的化学反应，使陈列更生动丰满，从而在辅助展览实现传播目的的同时，还会成为一种美育的空间。

（一）灯光设计对展品特性的有效烘托

很多设计师认为只要把文物展品照亮就好，但由于对文物的文化背景、造型细节和艺术特点不了解，以至于灯光根本没有体现出文物展品的美感与特性，更

遑论为观众传递展品的内涵。其中比较常见的问题是，忽略了垂直照度，灯具离被照物体顶部太近，有时因为展柜过小，展品过大，也会出现同样的问题。灯光设计师要提早介入展陈设计，并对展品的各项特征有充分的了解，通过灯光的明暗、对比、角度、光影、位置来体现文物的材质与肌理，通过光影造型充分体现展品的艺术感，塑造文物的内在精神。

（二）灯光设计与展览环境氛围的契合

不同类型与主题的展览所希望传递给观众的展览情境和心理感受是不一样的。一些综合类博物馆的文明史类展览，因展品数量多、年代跨度大，需要体现博大精深的历史文化底蕴，增加观众的民族自豪感，展陈灯光就要端庄、沉稳、大气。在一些灾难主题的博物馆，则为了配合悲怆的气氛而常采用一些幽暗、低沉的灯光。此外，展览内容节奏的变化应在灯光设计中有所体现。整体展览的灯光氛围应形成一个和谐的整体，而不只是展柜灯光和基础照明的并置与混搭。不同展览单元灯光的明暗对比、连续与间隔、颜色变幻都会令观众感受到展览内容的不同情绪意指。灯光设计也需服务于展览精神主旨的表达，体现精神主旨在不同单元的铺衍。

三、展览灯光设计应注意环保问题

展览灯光设计要考虑到环保的问题。一些展馆的人工照明方式需消耗大量电能，采购和维修灯具也需花费大量财力。一些博物馆开馆后，一年的运行成本高达上千万，这其中很大一部分是灯光照明的成本。到目前为止，这类现象仍没有根本性转变。新馆的建设在灯光的设计和灯具的使用等方面要特别注意绿色环保，多使用节能灯具，采用智能化光源控制系统，灵活运用自然光和人工光等。

综上所述，博物馆的灯光设计要重点考虑照明光害对展品和观众的影响、展品和展览空间氛围的艺术表达对灯光的要求、照明设计的绿色环保等多方面要求。博物馆陈列展览在遵循以上几点时，也要注意不能墨守成规。灯光的运用也要根据需要灵活变通，以达到最好的参观效果。在博物馆新馆的展览设计中，应让照明设计师尽早进入博物馆建设工程里去，与建筑师和展览设计师协作，以取得最终展览设计的理想效果。

第12问　展陈建设项目招投标工作需要注意哪些问题

展陈建设项目招投标工作必须遵守《中华人民共和国招标投标法》《中华人民共和国招标投标法实施条例》及相关法律法规和政策条例办法。招投标活动应当遵循公开、公平、公正和诚实信用的原则。

一、确定是否招标的重要依据及招标形式

（一）规模标准

展陈建设项目中设计、施工、监理及与工程建设有关的重要设备、材料等的采购达到下列标准之一的，必须招标。

1. 施工单项合同估算价在400万元人民币以上；
2. 重要设备、材料等货物的采购，单项合同估算价在200万元人民币以上；
3. 勘察、设计、监理等服务的采购，单项合同估算价在100万元人民币以上。

同一项目中可以合并进行的设计、施工、监理及与工程建设有关的重要设备、材料等的采购，合同估算价合计达到钱款规定标准的，必须招标。

（二）招标形式

招标分为公开招标和邀请招标。

公开招标，是指招标人以招标公告的方式邀请不特定的法人或者其他组织投标。

邀请招标，是指招标人以投标邀请书的方式邀请特定的法人或者其他组织投标。

当展陈项目涉及国家安全、国家秘密或者抢险救灾，适宜招标但不宜公开招标时，可以采用邀请招标。但是邀请招标与公开招标相比，投标人数量相对较少，竞争开放度相对较弱；受招标人在选择邀请对象前已知投标人信息的局限性，有可能会损失应有的竞争效果，得不到最合适的投标人和获得最佳竞争效益。如果确定采用邀请招标方式，建议建设单位（招标人）事前应当进行充分调研，尽可能选择合适项目建设的邀请对象入围。

二、项目招投标工作需要注意哪些问题

如今文博展陈项目建设可以说由"腾地展出"到"建馆陈列"再到"智慧展陈"的文博展陈新阶段。文博展览使命也由"（被动的）文物展出"到"（主动的）文物活化"再到"（智慧的）文化自信主流展示"三度演化。但由于建设组织者不同、文化主题承载不同、建设基础不同，往往在展陈项目建设过程中会出现很多错综复杂的矛盾与问题，最终在步步实施中让文博展陈项目成为"一门遗憾的艺术"。追溯整个过程，整个项目的顶层设计显得尤为关键。

总结多年参建项目，为减少遗憾，准确完成文化建设目标与工程实施目标，提高项目效益，在项目组织顶层设计时遵循"分好界面、定好目标、做好流程、用好方法、做好保障、选对团队"的"五好一对"原则尤为重要，同时，从组织方法上说这也是顺利实现项目综合建设目标的有力保障。

（一）分好界面

分好界面工作对于新建博物馆与展陈项目尤其重要，即便是有经验的组织建设单位，这也往往是最头痛的问题。其实质主要是做好四个方面的工作界面划分：资金界面、设计界面、工程实施界面、文化主题策划管理及未来运营策划管理与项目建设组织实施管理分工界面。

资金界面主要问题：发改委建设资金与财政建设资金分不清；财政工程建设资金与开办运营资金分不清；展品征集典藏与展陈项目建设资金分不清；展陈项目建设实际建设边界模糊或不健全。

设计界面主要存在的问题：展厅范围内的深化设计边界不清（安防、消防、空调、电气等）；公共文化辅助区域设计机械分割；建筑楼宇智能化建设与智慧展陈系统之间的概念与边界混淆。

工程实施界面主要存在的问题：展陈项目与建筑（装饰）在展厅区域施工界限不明确；建筑楼宇智能化实施与智慧展陈系统实施边界不明确；文物征集、保护与运输、布展组织和展陈实施边界不明确。

文化主题策划管理及未来运营策划管理与项目建设组织实施管理分工界面的合理划分比起前三点显得更为关键，可以说是"决定整个大项目建设的输赢"。主要存在的问题是：主体需求与建筑格局不匹配；运行需求与系统配置、动线设置不匹配；文化主题内容系统性差；存在较多组织反复和较大重复性建设浪费。

（二）定好目标

文化主题场馆建设目标可归纳为四大项：文化主题目标、运行与经营管理目标、技术体系目标和建设管理目标，四者缺一不可。

文化主题不清晰和不明确，整个建设投入将失去建设主核，可以说将大大降低核心投资的利用率。

运行与经营管理目标缺失，或者该项目标不健全，将增大未来运行管理的安全风险，降低投资运行"成效"，加大二次改造和再投入的风险。

技术体系目标决定项目建设完整性、科学性和质量标准的确定性。

建设管理目标不清晰将直接影响到项目建设质量、完整性、准时性及建设期间的风险可控性。

（三）做好流程

科学合理的流程组织管理是完成好复杂项目的重要保障，对于文博展陈这种文化主题类型的项目更是如此。

虽然从表面上看，一个文博场馆从建设到运行分为"建房子""做内容""开馆接待"三个比较清晰的阶段，往往展陈项目建设会被安排到主体建筑施工基本完工时。这种方式看似科学但不可取。陈列展览作为文博主体场馆中的核心公众服务职能之一，对应项目建设也同样始于整个建设项目开始的顶层设计阶段，贯穿在整个项目建设过程中并交织诸多方面，伴随博物馆开放运营的全过程。陈列展览项目建设应贯穿于目标设置、立项研究、设计决策、施工配合、开办运行服务等项目建设全程。

特别要注意的是，展陈中特大、特重展品，不可移动展品，高密度陈列，特殊陈列技术要求等展陈内容要在建筑设计的立项阶段就明确需求。

对于新建馆而言，展陈实施同样与建筑安装工程存在流程型组织和交叉作业组织管理的安排。

（四）用好方法

"设计与施工一体化"组织方式是展陈项目实施中一种合理的组织方式，也是依据展陈项目的特殊性、业内最认同的科学组织方式。

"展陈主体安装化"同样是降低实施现场安全风险、提高项目建设效率和施工质量的有效方法，是文博业界的主流方式和行业大趋势。

展陈项目与建筑（装饰）在展厅区域协作配合施工是不可少的组织方式。

（五）做好保障

展览项目实施中，保障工作要做好以下几方面内容。

做好立项保障。立项环节与目标设置缺失是展陈项目中较典型的立项保障类问题。

做好文化主题与展品保障。展陈大纲缺失或不清晰、不准确是新建馆项目中存在的共性问题。上展展品不确定或严重不匹配问题也是展陈项目建设中具有代表性的保障问题。

做好资金保障。资金保障问题较多出现在地市级以下项目建设中，往往项目立项不规范，建设过程中各项需求逐渐明晰后，出现建设预算严重超出原立项资金预算而造成资金保障性差的问题。还有，核心决策层在资金来源不确定的情况下，急于启动建设，过程中存在资金链断裂的风险。

做好组织管理保障。重点强调在工程实施中的其他参建单位在文博展陈方面的组织经验和专业性。如果忽略此类问题，可能会在项目组织管理中存在流程决策制约和降效，甚至会出现不必要的资金浪费现象。

做好实施条件保障。重点是新建场馆，往往部分项目可能存在将建筑施工单位认定为展陈项目实施的总包单位，由于存在专业属性、专业技术方向、利益关系差异，造成原认为是"有效协同"的组织目标反倒变成展陈实施单位的"二甲方"，在关键决策效率、协作配合上都成了问题。

（六）选对团队

选有"文化担当"的队伍。避免招到一个只为赚钱的单位或队伍。

选有完整技术体系保障的队伍。避免出现诸如"技术需求是由你们提出""我们只管符合你的要求""我们只管展陈展览表现"等问题。

选有完整设计体系的队伍。避免招到专业设计力量不足或缺失、临时拼凑的设计团队的单位和队伍。展陈设计所涉及的专业设计与技术有：空间设计、图文展示设计、文物布展设计、专业灯光设计、多媒体交互展项设计、导视系统设计、建声设计、艺术品创作、智能控制设计、数字展厅与互联网系统设计等十多个专业。三两个设计师单独完成项目不现实，同样，临时拼凑队伍的设计管理风险太大。

选有实施保障设施与措施的队伍。在展陈主体安装化的趋势之下，推荐选择有完整场外实施保障体系的单位。

选有战斗力的队伍。推荐选用在同体量、同性质和同类项目方面有经验的单位及团队。

总之，文博展陈项目是个多要素并存，全过程交织，建设目标期望较高的典型综合文化主题工程项目。在项目组织建设期间，做好顶层架构，做好界面划分、目标设置、流程管理，采用科学方法，建立可靠保障，选择正确队伍，是确保成功完成展陈项目建设的关键要素。

第13问　展陈项目招投标流程有哪些

展陈项目招投标流程可以分为五个阶段：招标准备阶段，招标公告与投标准备阶段，开标评标阶段，中标、落标公告阶段和签订合同阶段等。

（一）招标准备阶段

1. 招标人（即项目建设单位）办理项目审批或备案手续（如需要）。项目审批或备案后，招标人开标项目实施。

2. 展陈项目招标工作启动。招标人可以委托招标代理机构进行招标，也可以自行招标（但备案程序较为繁琐），多数为招标代理机构（即招标公司）承担招标工作。

3. 招标代理机构协助招标人进行招标策划。即确定招标进度计划、采购时间、采购技术要求、主要合同条款、投标人资格、采购质量要求等。因展陈项目的特殊性，展陈大纲或展陈大纲纲要、展陈设计任务书、展陈技术需求书等关键特征文件由招标人主责完成。

4. 招标文件的编制。招标代理机构在招标人配合下，编制招标文件（包括上述策划内容和招标公告）并经招标人确认通过。

（二）招标公告与投标准备阶段

1. 经招标人确认后，招标代理机构发出招标公告（公开招标）或投标邀请（邀请招标）。投标人看到公告或收到邀请后前往招标公司购买招标文件。

2. 获得招标文件后准备投标文件期间，如有相关问题可与招标代理机构进行招标文件澄清，必要时招标代理机构将组织招标项目答疑会。并根据具体内容，对全部投标人发布补充文件，作为招标文件的必要组成和修改。

（三）开标评标阶段

1. 招标代理机构在开标前组建评标委员会，评标委员会负责评标。评委会组成和评标须符合《评标委员会和评标方法暂行规定》。
2. 招标代理机构组织招标人、投标人在招标文件规定的时间进行开标。
3. 评委会审查投标文件进行初步评审、详细评审和澄清（如有必要），确定中标候选人。
4. 招标代理机构根据评委会意见出具评标报告，招标人根据评标报告，在中标候选人之间确定最终中标人。

（四）中标、落标公告阶段

招标代理机构根据评标报告发出中标、落标通知书。

（五）签订合同阶段

中标人根据中标通知书，在规定时间内与招标人签订合同。

第14问 展览实施中容易被忽略的问题有哪些

在新馆展览的策划与实施中一般比较重视内容与形式的设计，施工环节通常被认为是工作的顺延和平推。但从创意文本和效果图到观众所体验的空间，最终取决于实施的好坏。在这一阶段，有以下几个容易被忽略的问题需要重视。

首先，要选择一个经验丰富的博物馆展览布展公司。目前，博物馆展览工程市场鱼龙混杂。随着各地大量博物馆改陈和新馆建设的展开，大批建筑装饰机构开始进入博物馆展览工程领域。众所周知，博物馆展览工程与建筑装潢不同，其施工实是一个再创作的过程，布展企业在施工过程中要边施工边琢磨边调整；陈列布展也不是简单的文物摆放，还要善于处理保证文物安全的小环境[①]。因此，博物馆布展工程必须由具有博物馆布展工程丰富实践经验的机构来承担。只有这样，才能充分保证布展施工的严肃性、技术的可靠性、艺术水准的先进性和造价的合理性。

其次，要充分保障展览筹建资金的到位。一个成功的展览必须要有起码的资

---

① 陆建松：《做好博物馆展览的九大支撑》，《中国文物报》2007年10月19日第6版。

金保障。其费用主要包括：展陈基础装修部分，如装饰工程、电气工程；展陈布展部分，如展柜、布展工程、场景艺术品、专业灯光、智能控制、多媒体互动展项等。造成一些博物馆展览筹建经费捉襟见肘的原因，除了财政困难外，主要是对筹建展览的特点及费用不了解，对展览资金预估不足，误将博物馆展览视为普通建筑装饰工程，或者急于将展陈项目上马而在资金申报上工作匆忙、出现落项，这些都会导致展览在实施阶段出现资金不足的问题。

再次，工程运作要科学规范。博物馆展览工程是一项复杂的系统工程，必须确立科学合理的工作程序，尊重每个程序规范的管理要求。近年一些博物馆展览工程由于陈列布展工作程序混乱，管理要求不清且程序之间又不能有效衔接，结果不但造成了工期拖延、投资成本增加，而且严重影响了陈列展览的水准。比较突出的有：施工与设计没有充分对接，没有科学预估和分配布展工程的预算和造价，随意调整建设工期，对布展施工的监理要求不清楚，布展工程的验收无科学合理的标准，布展工程的计费和决算标准不清楚等。

最后，规模大的展陈项目实施需要提前制定技术总控文件。如果展陈项目规模大，常会面临"时间紧、任务重、要求高、牵涉面广、专业多、参建单位多"的诸多问题，鉴于其涉及的专业技术涵盖面广，包括展陈工程、电气工程、信息多媒体技术、通风空调工程、工艺设备等众多领域，在展陈建设过程中各专业项目之间就需要相互协调、密切配合，制定相对统一的技术标准、参数等，以推进展览与陈列工程技术的系统化、规范化、标准化。在这种情况下，招标一家技术总控公司就显得特别重要。技术总控公司将依据建筑条件、展陈内容、设计方案、未来运营保障需求等，制定全部展馆的展陈工程中所涉及的相关技术基本体系。

技术总控在不同阶段有不同的工作任务。首先，在前期方案阶段，需要结合展场条件提出技术标准、参数等技术建议，配合方案论证、财审、工程界面分析等制定技术手册。其次，在项目深化阶段，要审核、评估展陈深化设计方案的科学性与可行性，注意技术创新服从安全标准、服从内容展示、服从时间限制、单项创意技术服从展陈整体技术控制体系、服从运营需求等。把握创新与风险平衡是该阶段的重要控制环节。最后，在项目实施阶段，工作重点是技术分项实施过程控制，关键材料与设备的安装工作，配合监理单位为建设单位做好技术参数化控制的各个环节，工作流程服从时间控制；时间服从质量品质控制。组织协调和接口管理工作是项目实施阶段工作的重点，以使整个项目建设处于有序和受控状态。

第15问　从临展走向巡展事先要考虑的问题有哪些

巡展是通过时间、地点的转换来达到展览目的的重要方式。它既是提升博物馆服务社会能力和水平的重要途径，也是加强各地文博单位的业务宣传和交流的基本手段。博物馆的巡展主要由馆内临展发展而来，常见有两种类型：图文类的展示和文物、图文综合性的展示。前者主要是以平面设计为主，并不涉及馆藏文物保管、运输等问题，相对易操作。这里重点讨论的是容纳文物展品、图文信息的综合性展览的巡展问题。由于巡展所涉及问题众多，资金、档期、场地设施、安全运输、内容调整和展场重新规划等都需协调处理，因而在巡展正式开展前，就要做好充分的规划设计。主要需要考虑的问题如下所示。

一、掌握展览的核心理念，将展览内容模块化

展览的核心理念是一个展览的灵魂。核心理念和围绕它所建构的信息组团的基本逻辑是一个展览原创性的体现。巡展虽然会面临时空转换、场地更易，但其原创性的魂魄却需坚守，否则这就不是一个展览的巡展而成为一个新展览。在此基础上，还需要将展览内容充分模块化，可供自由组合。比如中国民族博物馆在北京中华世纪坛举办的"传统@现代——民族服饰之旧裳新尚"展，其策展人选取了诸多民族服饰与当今时尚服饰的共性，形成概念，用概念将展品进行模块化统筹。所有的模块都可以拓展，进可结合成篇，退可独立成章。"时间""空间""工艺""交错"四个部分，或者四个部分下的任何一个子概念，都可以独立拓展成为一个规模可大可小的展览[①]。因而，巡展最重要的不是展品和形式，而是理念和围绕理念建构的模块化的逻辑结构，这是展览的灵魂所在。

二、文物展品应具有可替代性和开放性

展品在移动中风险较大。在巡展过程中，各地的场馆安全措施不一样，在巡

---

① 吴洁、罗攀：《交错的传统与现代——"旧裳新尚"策展记略》，《博物院》2018年第5期。

展中如果出现因场地设施不完善而引起展品受损的情况，不但会影响到下一步的巡展推广，而且对文物的损害也是不可逆的。如果涉及馆藏品的长期巡展，必须提前做好预案，确保在同一主题和主要信息组团中的上展文物具有可替换性。一些核心信息点的文物需要提前制作复制品。

因当地博物馆熟悉地方文化，了解地方观众的需求，所以适当融入当地馆的文化资源和文物藏品来丰富展览，会使展览既包含新展品，又具有地方文化特色。这就需要在展览的内容设计上具有一定的灵活度，在展览中设有开放的模块，以供各地馆藏品的友情参与，以具备合理嵌入和展示巡展所在地文化的基础。

三、展览形式的规范化和灵活性

展览的形式设计与展览的主旨和内容是一个整体。因此，巡展不仅仅是展览内容的输出，同时也是主题文本、设计理念和视觉形态的综合输出。巡展的策展团队在临展阶段就应明确展览设计的主题要素和视觉符号，在此基础上统一规划形式设计和陈列布展。为适应巡展条件的多样化，应制作可多种组合的展板，以坚固、美观、轻便、实用为要义，可以根据展线、场地、环境的需要重新组合和搭配，这不仅有助于保持展览的原汁原味，也可为借展单位节省制作成本。

四、展览延伸活动的多样性筹划

积极围绕展览内容开展形式多样、丰富多彩的展览延伸活动，可以拉近博物馆与民众的距离，增加展览的趣味性和吸引力，有效提升社会服务能力。例如印制知识手册、制作视频短片、举办相关讲座、开展现场表演和体验活动、开发文创产品等。这些都是展览巡展的重要组成内容。比如绍兴博物馆"兰亭的故事"巡展在各地展厅统一安排现场临摹展示区与互动区，如针对12岁以下少年儿童的"永字八法"结构拼图，告诉孩子们写好汉字笔画是关键；针对12岁以上青少年的"曲水流觞"版画印制、"兰亭雅集"青砖拓片、《兰亭的故事》卡通智力拼图、绍兴原创的动画片《兰亭小精灵》等，动手又动脑，力图通过寓教于乐的实践活动，激发青少年儿童对《兰亭序》和中国传统文化的理解和感悟；开发几十种"兰亭的故事"文创产品以配合展览活动[1]。

---

[1] 沈一萍：《"兰亭的故事"巡展思考》，《中国文物报》2016年8月16日第8版。

五、展览的经费和团队保障

为了确保巡展项目的顺利开展,还需要提前做好专项经费的申请工作。经费主要用于三个方面,一是对策展单位的展览设计给予经费补助,二是对办展单位的展览制作给予经费补助,三是对接展单位展品运输、宣传及展览延伸活动给予适当经费补助。巡展经费的落实和到位,会充分调动博物馆接展的积极性,也解除对展览费用的后顾之忧。巡展也要提前组建专业团队。专业团队应包括内容、设计、运营等各主要环节的人员,从专业性方面统筹博物馆之间的巡展协调问题,帮助展览充分实现传播目标。

六、要充分考虑移动运输的相应保障

巡展是展览在不同地区甚至不同国家的展览,涉及展品的运输及安全的一系列要求,要充分考虑运输的手段和相应的技术措施,保证展品的万无一失;有些国外巡展有必要由保险公司对展品提供一定数额的保险;在巡展过程中,有与之适应的环境安全问题,要与承担展出的单位紧密配合,确保安全,确保展览的最佳效果。

第16问　如何认识流动博物馆

教育是博物馆的三大核心功能之一,拓展博物馆的社会教育功能是时代赋予的责任,也是博物馆自身的发展要求。十九大报告指出,我国社会的主要矛盾已经转化为人民日益增长的美好生活需要和不平衡不充分的发展之间的矛盾,这就决定了未来我国博物馆事业的发展方向和内容。博物馆作为重要的公共服务机构,承担着推进公共服务公平性实现的重要责任,流动博物馆正是实现其功能的重要手段。

一、什么是流动博物馆

从目前全国博物馆分布来看,我国博物馆大多建立在大中城市,中小城镇与基层地区的人民群众很难有机会享受相关文化服务。我国幅员辽阔,人口众多,经济发展不平衡,教育资源分布不均,这使得普通群众都能够走进博物馆变为一种奢望。我国作为历史悠久的文明大国，拥有丰富的藏品资源，如何让藏品为民所共享，探索新的形式将馆藏文物展示给基层群众就显得尤为迫切。正是在这种背景下，"流动博物馆"应运而生。流动博物馆多以车载的形式，把文物展览办到边远山区、少数民族地区、革命老区，办到普通群众的家门口，让更多人享受到博物馆的文化服务，把厚重的历史文化知识和爱国主义教育以通俗易懂的方式和朴实的言语传达给参观者。"大篷车"流动博物馆集文物展示、多媒体互动、传统展板等丰富的展示内容和互动内容为一体，活动内容为展览地观众量身打造，旨在让观众有所见、有所闻、有所学。

二、流动博物馆的实践与探索

早在20世纪50年代我国博物馆界就出现了倡导开展流动展览的声音[①]。之后的几十年里，流动展览主要以馆际交流的形式，作为展览延伸活动开展，不具备独立性与常规性。随着我国博物馆事业的发展，流动博物馆的概念不断深化。2016年9月，中国博物馆协会流动博物馆专业委员会在成都成立，首届专委会近30家成员单位，内设机构正式名称中带有"流动博物馆"的有广东省博物馆的"广东省流动博物馆"和四川博物院的"四川流动博物馆"（图二）。

图二　四川博物院流动博物馆走进叙永县摩尼镇
（图片来源：http://www.scmuseum.cn/thread-5404-1.html）

广东省流动博物馆成立于2004年，是全国首家常规运营的流动博物馆。它

[①] 朱子方：《严肃批判资产阶级思想和右倾保守主义　大力开展博物馆的流动展览工作》，《文物参考资料》1956年第11期。

以广东省博物馆为中心和主要实施者,每年组织策划实物类、图片类展览若干,到作为其成员单位的全省各市县相关博物馆及社区巡回展出,每年在全省各地巡展数十场,由省财政提供基本资金保障[①]。截止到 2018 年,广东省流动博物馆成员单位已达到 122 个,地市级博物馆加入成员单位达 100%。广东省流动博物馆的发展得益于广东物流业的兴起,应该说"流动博物馆网是现代物流科学在公益文化事业运作上的一次成功的实践"[②]。四川博物院的大篷车流动博物馆作为一个成建制的常设机构,在全国是首创。作为一个微型博物馆,它以"三区一级层"[③]为服务对象,真正做到了"麻雀虽小,五脏俱全":有等级以下的文物、仿制件及展板;有专门的解说词和多媒体设备;有专业人员帮助老百姓鉴定文物、修复文物;还有书法家随车到基层,写春联、送欢乐;更有各类图书,解决边远山区群众看书难问题[④]。

三、流动博物馆面临的问题

（一）标准与体系建设

从全国流动博物馆实践来看,数量与规模都在逐步扩大,但是如何从具体行为中归纳出共性,并将其变成可量化的各种指标,仍需要进一步探讨[⑤]。在形成行业规范的基础上完善体系建设,形成一套专业的、可复制的运营模式,在更大范围内推广升级,是流动博物馆发展的必由之路。

（二）设备与资金保障

让流动博物馆具有持久活力,不仅要保持内容丰富与更新,还应该注重新科

---

① 胡锐韬:《流动博物馆运营模式探析——以广东省流动博物馆为例》,《中国博物馆》2017 年第 2 期。
② 肖洽龙、陈绍峰:《广东省流动博物馆网的成功运作及其启示》,《2006 北京国际博物馆论坛文集》,中国对外翻译出版公司,2006 年,第 106 页。
③ 三区是指少数民族地区、边远山区、革命老区,基层是指远离大城市的县、乡村、学校、部队、工厂、矿山等。
④ 张衡、何东蕾:《走进基层 服务大众——四川博物院"大篷车"流动博物馆的实践与探索》,《中国博物馆》2012 年第 4 期。
⑤ 胡锐韬:《流动博物馆运营模式探析——以广东省流动博物馆为例》,《中国博物馆》2017 年第 2 期。

技手段的创造性应用。在这方面,大多数流动博物馆的设备更新不足,形式创新突破较为迟缓。同时,由于没有建立专门机构,大部分流动博物馆业务从属于传统博物馆教育等部门,未得到应有的资金保障。

四、流动博物馆的应对策略

(一)建立业务体系与行业标准

结合博物馆服务对象的特点与需求,明确流动博物馆工作目标,制定指导方针和发展规划,确定规划实施的配套政策。与各地文化部门通力合作,有计划、有步骤、有层次地开展活动,归纳运营模式,完善业务体系。行业专业委员会的成立,应从学理与实践的两个层面出发,组织专家学者、博物馆从业人员,制定行业标准并在全国范围内推广。

(二)提升硬件设施设备

进一步提升流动博物馆硬件设备更新,充分利用现代科技,丰富展示手段,创新陈列形式,将流动博物馆的展览做到互动性、趣味性、专业性。

(三)人才队伍建设

建立常设机构,确立专门人员编制,招募专业人才队伍。通过活动锻炼,培养一批懂策划、能协调、会执行的创新人才。

(四)提供资金保障

多方位筹措资金,专款专用,为流动博物馆的运行提供经费保障。

(五)加大宣传力度

加强与媒体联系与合作,打造经典案例、人气案例,突出流动博物馆的特色,加强活动开展的宣传与推广力度,扩大活动影响力与覆盖面。

第17问 展览图录的制作要点有哪些

展览图录是展览生命的延续,它既能全面记录展览内容,又能集中呈现展览研究成果，是对展览的补充、阐释和延伸。展览图录通常是围绕一个主题，组织材料、搭建框架、设计形式、填充内容，最终提供的精神产品要兼具学术性和亲和力。由于展览周期与展览场地等方面的限制，以及考虑到观众的接受度，大量研究成果无法在展厅展出，图录便是展览的很好补充及延续。

一、展览图录的特定要素

展览图录的核心是展览，但展览图录不是展览的平面化复原，如果仅停留在展品图片配合说明文字的形式，图录的学术延伸性将大打折扣。一本理想的展览图录应包含以下几大特定要素。

（一）展览序言

展览序言通常由策展团队撰写，是对展览的一个综合性描述，交代展览的缘起、展览组织的经过、展览篇章亮点及展览目标等，致力于给观众一个关于展览的基本印象。

（二）策展手记

好的展览图录会呈现包含策展过程的手记、草稿等，可以让观众了解策展人策展的思路与手法、策展团队的工作过程，理解一个展览从无到有的过程。同时也有助于同行借鉴策展经验，促进策展行业的专业化。

（三）研究论文

每一个展览都希望在知识普及与学术建设上有所贡献，研究性论文一方面有助于观众深入理解展览内容，另一方面也是展览学术生命的释放与延续，是艺术史学者的重要研究材料。研究论文通常由策展团队根据展览主题，提前向相关学者约稿，不同于一般性展评，文章须是较为严肃的学术性文章。展览图录独特视角和所包含的价值观念，或可推动艺术史的书写。例如美国纽约现代艺术博物馆 2006 年 3 月配合展览出版的《谦逊的杰作：一百件日常设计好物》(*Humble Masterpieces: 100 Everyday Marvels of Design*)，关注不起眼的优秀日用设计，开辟名作进入设计史的惯例，推动了无名设计史的书写[①]。

---

① 张明：《博物馆设计类展览图录功能性研究》，《创意设计源》2018 年第 3 期。

（四）图版

文物图版是图录的重点，一般结构上是与展览相一致的，内容上是展品的深度诠释，形式上具有设计感。图录作者应把展品图片与说明文字交代清楚，使得图文相得益彰。

（五）现场记录

展览现场的记录，包含文字、图片、影像几种形式，这是对展览实况、效果的直接呈现，若同时包含观众意见与报道文字，则在很大程度上有利于观众对展览本身建立更直观的感受，或为后来研究者提供更多的参考资料。

此外，随着新媒体技术的发展，越来越多的编辑人员会在图录中添加互动元素，导向新一轮的学习。例如在重点文物旁加上二维码，观众可通过扫描进入相关界面，详细了解文物故事，或是获得附加的声像体验，以及下载高清图像等[1]。

二、展览图录的编辑步骤

展览图录的编辑一般包括准备阶段、策划阶段和实施阶段[2]。各个环节都需要专业知识的支撑，应交给对应专业人员去做，制定详细的工作进度表，严格把控时间，避免急就章式工作。大多数情况下，图录的体例需要与大纲的撰写保持一致，在展览策划阶段就将图录的编纂考虑进来。

（一）准备阶段

确定选题。这是展览策划同步的工作，应由图录编辑与策展团队一同商议确定。

确定书名。此环节需要与展览同步确定，一般来讲书名多为展览名称，或作提炼所得。确定书名和著作权责任人后，进行申报选题。由于书号的申请时间较长，因此要在展览前两个月敲定书名。

敲定预算。根据满足展览图录编审、设计、打样、印制、出版、装订、运输

---

[1] 懒鱼不惑：《让博物馆又爱又恨的乙方才是好的图录编辑》，国际博物馆杂志公众号，2016年3月1日。

[2] 懒鱼不惑：《让博物馆又爱又恨的乙方才是好的图录编辑》，国际博物馆杂志公众号，2016年3月1日。

等技术需求的成本，在参考以往预算经验和年度预算情况的基础上，敲定合理的采购预算金额。

（二）策划阶段

确定结构。图录一般与展览逻辑结构一致，内容上包括展览序言、策展手记、研究文章、图版和现场记录。

确定设计版式。通常设计师会根据展览主题提供三个左右的版式，供策展团队和编辑选用。

确定纸张。纸张在图录的功能实现中起到关键作用，不同纸张在视觉、触觉上给人的感觉不同。应根据展览主题，选用不同质感的纸张。

（三）实施阶段

制定截稿时间。制定严格的时间进度表，各环节高效有序进行。

正文定版。敲定设计版式、文字与图片，形成定版稿，交予馆长、策展团队把关，并做最后校订。

封面确定。最终确定展览信息，包括展览名称、展览时间、展览地址、策展团队名单等。

印制。图录编辑、策展人与设计师下厂跟单，保证印制颜色、字体等与实物一致。

定价。根据成本确定销售价格。

目前来讲，中国的展览图录已出现了优秀的独立作品，但仍有很大数量的博物馆尚未为展览制作图录，或者出现过度设计的问题。有些图录过分追求华丽的包装，采用豪华的纸张与复杂工艺，而不重视内容质量，导致定价过高，普通人难以承受或难以携带。无论是缺少图录编辑还是设计过度，其最主要的原因是学术力量薄弱，无法形成有水平的展览理念，展览面貌单一，图册质量较差。另外，博物馆缺少专业人员从事出版工作，也是导致图录编辑质量堪忧的原因。具有博物馆与出版知识背景的编辑人员，要用对待书籍的态度对待展览图录，明确读者群，策划内容，编辑组稿，加工图文，确定开本、装帧、设计，直至印刷、发行、推广[①]。

如今，展览图录因其自身的专业性、独立性，成为博物馆文化传播的重要组

---

① 张明：《博物馆设计类展览图录功能性研究》，《创意设计源》2018 年第 3 期。

成部分，许多博物馆已经将"办一个展览，出一本图录"作为基本的任务要求。我们看到展览图录既不应成为展览的"目录"，也不应成为深奥难懂、使读者远离展览的文本，而应成为桥梁，促进参观者对展品的理解[①]。优秀展览图录的制作需要策展人、博物馆图书出版人、专业学者、编辑、平面设计师的协同合作，从而为普通观众提供认识与记录展品的另一种途径，为专业学者提供学术研究的素材，为博物馆自身保存展览资料以供参考。

---

① Robert C. Morgan. The Exhibition Catalog as a Distancing Apparatus: Current Tendencies in the Promotion of Exhibition Documents. Leonardo, 1991, 24(3): 341-344.

馆藏建设

2007年，国际博物馆协会给出了博物馆的定义："博物馆是一个为社会及其发展服务的、向公众开放的非营利性常设机构，为教育、研究、欣赏的目的征集、保护、研究、传播并展出人类及人类环境的物质及非物质遗产。"我国的博物馆按照分类法可划分为四种类型：一是历史类博物馆，如中国国家博物馆、秦始皇帝陵博物院等；二是艺术类博物馆，如故宫博物院、南阳汉画馆等；三是自然、科学类博物馆，如中国地质博物馆、北京自然博物馆等；四是综合类博物馆，如湖南省博物馆、黑龙江省博物馆等。在博物馆里，不同的馆藏理念和展品来源会赋予博物馆完全不同的风貌，在无形中能折射出一个国家、一个地区、一个城市的精神。

如今，博物馆事业进入新时代，博物馆朝着个性化、多元化、大众化、科技化等方向发展。藏品是博物馆的重要资源，它承载的功能在不断扩大，因此确定馆藏体系对于新馆来说尤为重要。本章节通过详细介绍藏品征集方式与拓宽对藏品的认识；明确馆藏和展览关系与藏品体系构建重点；强调藏品保管要点与数字化、智能化在藏品工作中的运用；注重藏品研究与口述录音、视觉资料、征集信息的采集；把控库房开放原则与避免法律纠纷等方面，对新馆在建立馆藏工作中常见的15个重点问题进行了深入浅出的阐述和说明，希望以此提供行之有效的解决方案和参考依据。

第1问　新建馆解决藏品不足的常见办法有哪些

对于新建馆来说，藏品是其对外开放、场馆运行、开展业务等工作的必不可少的物质载体。博物馆藏品具有历史、科研等价值，是博物馆发挥展览展示、社会教育等功能的基础。一个藏品数量众多、种类丰富、等级合理、自成体系的博物馆，是博物馆藏品建设的最终目标。如今，国内各级各类博物馆，大多存在藏品不足的困境，不少博物馆都通过各种渠道，如发布征集广告、参加拍卖会等，试图解决此类问题。新建馆的藏品问题通常比较突出，藏品数量普遍不足，如何征集到相关藏品，以满足博物馆基本业务顺利开展，成为藏品征集工作的重中之重。藏品征集主要包括以下几种方式。

一、捐　　赠

藏品捐赠是博物馆接受团体或个人收藏的合法文物成为博物馆藏品的征集方式。

（一）主动捐赠

一般情况下，博物馆通常会向社会发布捐赠公告，公布接受捐赠品的范围、种类、捐赠方式、联系方式等，捐赠公告通常长期有效。

有些收藏家个人或单位，本着对藏品的喜爱、对历史的尊重或对文物事业的支持，会主动联系博物馆，希望捐赠自己收藏的文物，供展览、研究等工作使用。

博物馆应委派专职征集人员，认真、耐心、细致地接待每一位捐赠者，清楚捐赠者所要捐赠的物品的数量、品相、等级等基本信息，针对本馆的业务实际和藏品特点，初步判定有无收藏价值，初步决定是否接受捐赠。暂时不能做出判断的，可拍摄捐赠品的照片，记录基本信息，上报部门，做进一步决定。

凡通过电话、邮件、信件等方式了解捐赠情况、要求捐赠的；可要求捐赠者提供捐赠品的相关信息，有收藏需要时再联系捐赠者来馆，或派征集人员上门查看实物。

非藏品的捐赠品，不应留在馆内存放。可要求捐赠者带回保存，如需要进一步联系，可由捐赠者再次携带入馆或由征集人员上门联系相关事宜。

（二）联系捐赠

在发布捐赠公告的同时，为了扩大捐赠者范围，提高捐赠工作的有效性，博物馆征集人员应根据本馆藏品实际情况和征集方向，通过各种渠道掌握散落在社会上的、本馆需要的文物藏品信息，主动联系收藏单位或个人，动员、鼓励其无偿捐赠所收藏的文物。对无偿捐赠文物入博物馆的单位或个人，博物馆可视实际情况，决定是否给予适当的表扬和宣传报道。

（三）注意事项

1. 合法合规

博物馆的捐赠工作应该依据《中华人民共和国文物保护法》《中华人民共和国公益事业捐赠法》《中华人民共和国著作权法》《博物馆条例》等有关法律、法规，保证合法合规。

2. 公益性质

捐赠目的应为公益性的，不应涉及过多经济利益，对于捐赠者所提出的附加条件，也应控制在合理范围内。

3. 所有权和使用权

捐赠物成为藏品后，博物馆必须拥有该藏品的所有权，原捐赠者不得索要。除特殊约定外，藏品的使用权也归博物馆所有。

4. 明确权责

捐赠双方应通过签订合同的方式，明确各自的权利和义务，使捐赠行为具备法律效力。

5. 档案留存

在捐赠过程中，留存的各类资料，如捐赠合同、捐赠品相关档案资料，都应妥善保管，以备查用。

二、拨　　交

国家公立博物馆有权接收公安、海关、工商行政管理部门、法院等依法没收的文物，在登记、入账后可成为馆内藏品。

有部分单位（团体），由于历史原因，留存不少档案资料、实物文献等。这些物品具有文物价值，却无法得到妥善保管或展览展示。在此情况下，可通过文物等相关主管部门，整体或部分地将文物拨交至博物馆。

近年来，某些行业或企业，鉴于自身留存不少有历史、艺术价值的文物，为了保存历史、行业宣传等的需要，建立了行业博物馆或企业博物馆。这类博物馆，可依托行业、企业优势，以拨交的方式征集文物，奠定藏品基础。

值得注意的是，拨交的物品，其数量通常较多，但质量参差不齐，有些不具备收藏价值甚至可能是赝品。因此，需对拨交来的物品进行鉴定，挑选出有价值的文物成为博物馆藏品。剩下的物品，可视具体情况，或作为参考品，或作为辅助展品予以利用。

三、购　　买

有征集资金的博物馆，可购买（又称收购）文物等使其成为藏品。购买藏品的对象，通常为个人和企业。

（一）个人

个人通常包括三种类型：第一类为收藏家，因为个人爱好，收藏有较珍贵的文物；第二类为普通人，个人并非收藏家，但是因家族流传等原因，留有文物（传家宝）或有价值的物品；第三类为艺术家，创作了有价值的艺术作品。

（二）企业

主要包括私营和国有两类：私营企业，一般是指从事文化事业的私人博物馆、图书馆、拍卖行等；国有企业，一般是指各级各类文物商店、古籍书店等。

（三）注意事项

购买过程中，应注意以下几点。

·合法合规。博物馆不论从何种渠道购买文物，必须严格按照《中华人民共和国文物保护法》等法律法规的规定，做到合法合规。一切违法所得的文物，均不在购买范围内。

·购买的文物，所有权必须清楚。购买完成后，所有权完全转移至博物馆。

・购买前应进行文物真伪鉴定，确保文物为真品。品相良好，符合收藏、展示条件。

・购买双方在自愿的基础上。不存在强买强卖或商业欺诈行为。价格应以文物的历史价值、艺术价值、科研价值为基础，力求公平合理，双方均能接受。

・鉴于购买文物涉及的资金额度较大，因此博物馆需要制定相关的工作制度，规范购买行为。

・购买文物应具有目的性，应该针对本馆藏品体系和展陈需要，购买有较高收藏价值、展览价值、研究价值的文物。

・购买结束后，产生的各类档案、材料、票据等，应统一入档保存，以备查考。

四、复仿制

为完善本馆的藏品体系，尤其为满足展陈的需要，新建博物馆通常会采取复仿制文物的方式。

复仿制的藏品，可以是本馆借展的文物，在经过文物收藏单位的允许下，予以复仿制。如若借展的即为复制品，可联系出借单位，请求购买或赠送。

除借展之外，征集人员也可广泛调查本馆所需文物的收藏信息，直接联系文物收藏单位，洽谈购买某些文物的复仿制品。

复仿制品入藏后，需要有专门的藏品号和账目。藏品号和账目与文物藏品号和账目分开，便于管理。复仿制品不具备文物价值，在保管过程中，可与文物分开保管。馆藏复仿制品数量多的，可视情况，单独开设复仿制品库，委派专人保管。

征集藏品的其他方式，还包括考古遗址现场发掘（需报请文物主管部门批准）、野外发现和采集自然标本、邀请艺术家集体创作艺术作品、馆际藏品交换等。

新建馆应立足于本馆的办馆方向、藏品体系、展陈体系、经济实力、基础设施、人员配置等，综合考虑、有的放矢，最终达到补充藏品数量、完善藏品体系的目的。

第2问 新建馆可以从哪几个方面拓宽对藏品的认识

藏品是博物馆的立馆之本。根据《博物馆条例》规定："博物馆，是指以教育、研究和欣赏为目的，收藏、保护并向公众展示人类活动和自然环境的见证物，经登记管理机关依法登记的非营利组织。"由此可见藏品的重要地位。

博物馆事业进入新时代，针对文化发展的新趋势，博物馆的功能正在逐渐扩大，总体上朝向个性化、多元化、大众化、科技化等方向发展。但是，藏品仍是博物馆开展业务工作的重要资源，其所承载的功能职责甚至随之扩大。因此，需要从更宽广的视角，对藏品有更新的认识。

一、"藏品"一般性认识

藏品是指博物馆用于开展各类业务活动，所收藏的具有历史价值、艺术价值和科研价值的物品。一般来说，藏品等同于文物。只是前者侧重博物馆的收藏功能，后者侧重收藏品的特定价值。

当藏品和文物画等号时，就会出现一种趋势，不少人会认为，博物馆的功能在于"藏"，征集藏品的目的也在于"藏"。这与中国延续数千年的收藏传统有关，早在商代就有收藏文物的宗庙，周代有"天府""玉府"等文物收藏机构，西汉有石渠阁、天禄阁等收藏档案图书的场所，但是这些文物大多秘不示人，隐匿于皇宫深院之中，成为官僚士大夫的玩物。中国的博物馆虽然是近代以来受西方博物馆理论与实践影响下的产物，却依旧摆脱不了"藏"的思想。直到如今，相关学者仍然在呼吁博物馆向社会开放更多的藏品，为使用藏品提供更多的便利。

博物馆过分注重"藏"，既有办馆观念的原因，又有工作制度的原因。在这种思想指导下的博物馆业务实践束缚了博物馆工作向纵深发展。比如，博物馆在办展时，藏品的重复利用率较高，即某些藏品会在不同的展览中频繁出现，可更换的藏品不多。藏品数字化后，影像资料秘不示人，又不提供查阅渠道，藏品的科研价值等受限。

二、藏品概念扩大

随着国家文化事业的发展，博物馆"见证历史、以史鉴今、启迪后人"的文化价值和教育功能得到充分重视。博物馆藏品也应根据博物馆功能的拓展，与时俱进，被赋予更宽广的概念。

第一，博物馆征集藏品应不局限于征集文物。实体文物无疑是藏品的一部分,但是,从博物馆功能角度来看,单纯的文物藏品已不能满足需要。凡是具备展览展示、教育宣传、文创开发价值的物品,有一定收藏价值的,都可以作为备选藏品。之后,再根据本馆的办馆方针、业务特色等,挑选典型的、有代表性的入藏。

第二,藏品的类型、载体应进一步丰富,也应重视收藏反映当代历史的文物。类型方面,包括展览的复制品模型、数字化的文物影像、藏品的档案资料、现当代艺术作品(文创产品、展览中使用的艺术品等)、有价值的辅助展品(照片、图版)等。载体方面,不仅包括各类文物,还应注重存储照片、影像等资料。年代方面,应打破历史文物概念,从展陈和教育出发,注重当代物品的征集与整理。

三、拓宽对藏品的价值认识

藏品的价值在于"用"。"用"体现的方面有很多,例如通常认为的藏品具有历史、艺术和科学价值,就是从使用文物的角度来看的。如今,博物馆"用"的范畴也正在逐渐扩大。"一个博物院就是一所大学校",博物馆已从"服务文物"转向"服务观众",如何更好地拓宽藏品教育服务功能,创新服务形式,增加互动性、参与性、趣味性,让所有观众享受传统文化、了解文物背后的故事、享受过去和今天的美好生活,增强观众在博物馆中的获得感、满足感,已成为当今博物馆工作应探索的重要课题。

四、加深对藏品使用的认识

博物馆藏品的最终目的在于使用,不论是研究、展示还是教育,都离不开藏品支撑。基于藏品而衍发出的各类展示项目、文创产品、社教产品等,已越来越为观众所喜爱。

在展览展示上,大多数博物馆已突破了过去单纯的橱窗式展示,围绕展示内容,以藏品为支撑,开设了更多有趣的互动体验项目。观众有机会深入了解藏品,了解展览,减少参观中的疲劳感、枯燥感。

在藏品保管上,藏品、库房也要进一步向公众开放,让库房从博物馆工作的大后方逐渐成为博物馆工作的中心舞台,搭建起沟通博物馆和观众的新的桥梁。开放式库房的建设已不再是新鲜话题,通过展示藏品整理、保管的过程,从全新视野宣传介绍藏品知识和保管工作，不仅让观众有机会近距离接触更多藏品，也能揭开藏品保管工作的神秘面纱，满足观众的好奇心。

藏品的数字化信息应该进一步向社会开放，在大数据时代，博物馆在收藏藏品实物的同时，应该秉持开放共享的新理念，大力拓展互联网+藏品的模式，让公众获益于数字化带来的便捷。

依托藏品的社会教育也应开放思想，应丰富展厅讲解，开展讲座、展厅+课堂等基本形式，用藏品连接博物馆社教各环节，打造"博物馆+学校+家庭"的新社教模式。通过知识讲授、现场体验、动手实践等多重方式，探索如何多维度使用藏品，达到"知识教育+技能教育+情感教育"融合发展的社教目的。

藏品是博物馆文化创意的基础素材。应以现代思维和设计方法发掘藏品的文化元素，诠释藏品的美学特征和人文精神，去掉老旧的表现形式，融入更多的现代生活美学、流行风潮，开发出具有时尚元素、符合现代审美标准的艺术衍生品。在给博物馆带来经济效益的同时，更突显博物馆的文化品位，打造文化+艺术+时尚的文创模式，让文创产品成为博物馆新的展区。

第3问　新建馆的馆藏策略与展览的关系怎么处理

博物馆的基本业务工作为保管和展览，藏品保管是博物馆各项业务的物质基础，展览是博物馆对外活动的重要内容。对于新建馆，在开展业务时，尤其应注意保管和展览。构建稳定完善的藏品体系，开设独具特色的展览展示，有助于新建馆的长远发展。

值得注意的是，在博物馆中，尤其是新建馆中，存在着馆藏和展览工作孰轻孰重的问题。有些观点认为，新建馆要注重展览，展览需要什么，就去征集什么藏品，不必额外征集展览不需要的藏品，更没必要构建本馆的藏品体系。还有些观点认为，新建馆要以藏品为本，展览应该建立在馆藏的基础上，有什么样的馆藏，就确定什么样的展览主题、内容和展品。

可以说，以上两种观点都有失偏颇，如何处理好馆藏与展览的关系，是新建馆需要解决的问题。

一、应建立独立的馆藏体系

藏品是博物馆业务活动的物质基础。每一座博物馆都应有本馆的藏品体系，支持着本馆展览、社教、文创等工作。博物馆在建馆伊始，应有明确的藏品征集目标，以构建独立于博物馆其他相关业务工作之外的，具有本馆特色的藏品体系。

构建藏品体系为新建馆的重要工作之一，负责馆藏的顶层设计。体系丰富、结构完善、数量众多的馆藏体系固然有益于新建馆开展各项工作，但在实际工作中，馆藏体系很难能够面面俱到；确定馆藏体系应综合考虑各方面因素，其中包括馆藏基础、收藏传统、办馆方向、经费多少、硬件条件等，馆藏体系应尽量做到重点突出、结构完整、价值为上、兼顾数量。并且一旦确立后，不再做大的变动，更不能因一时的展览调整，改变整体的藏品结构，重新确立收藏重心。

根据确定后的馆藏体系，具体展开工作的应为藏品保管部门。相关工作人员负责实施从藏品征集到入库的一整套工作流程，确保做到征集及时、账物相符、编目清楚、保管妥当、查用方便、制度健全，使藏品更好地为展览、社教、研究等工作提供便利。

二、应建立独立的展览体系

展览是博物馆的特殊语言，不论何种类型的博物馆，均通过举办展览的形式，实现其社会功能。展览从最初策划、选题到最终布展、撤展，应遵循学科规律和实践要求。

新建馆确立展览体系，需要综合各类因素。比如，新建馆的性质和任务，划定了展览的基本方向、范围，决定了基本陈列的主题、内容。观众构成影响了展览的内容结构、设计理念等。研究深度决定了展览概念、观点思想及内容把握，从而进一步影响展览深化设计。除此之外，新建馆当地的自然人文环境、文化历史传统、展厅硬件设施、展览可用经费、藏品实际情况等，都应包含在考虑范围之内。最终形成符合学术构架，适应新建馆的长远建设和功能定位的独立展览体系。

具体到每一个展览，尤其应注重展览内容，即观众在参观后，能否较为系统地接收展览所传播的观点与思想、知识与信息、文化与艺术、价值与情感，使博物馆真正发挥知识传播和公共教育的作用。因此，在展览内容设计阶段，不应过多受制于藏品，而要通过文字说明、辅助展品、体验互动等，充分揭示展览主题。

三、馆藏和展览应相互配合

（一）展览必须考虑藏品因素

1. 藏品是展览的基础

展览的基础在于"物"，按照一定的主题、序列和艺术形式将"物"予以组合，成为进行直观教育、传播文化科学信息和提供审美欣赏的展品群体。博物馆展览人员要对本馆藏品做充分的调查研究，选择能表现展览主题的藏品，按照主题、内容、艺术风格等予以组合，奠定展览的"物"的基础。对展览所必须使用的、本馆没有的藏品，应通过保管部门购买、外借等，争取实物入馆。无法入馆的重要文物，可通过复仿制、做模型、制作艺术品等，以辅助展品的方式，补充"物"之不足。

2. 藏品影响展陈的内容和形式

展览大纲不同于知识性图书，在编纂过程中，必须考虑到展览的可行性。比如，展览中每一部分（单元）的藏品结构、数量等，大体应保持平均。藏品的组合搭配，需充分表现展览主题。展陈深化设计中，藏品的体积、质量、质地，衬托藏品的灯光、展柜、说明牌都是体现展览艺术风格的重要参考因素。

3. 藏品影响博物馆其他相关业务

围绕展览展开的内容讲解、知识讲座、体验互动等社会教育活动，无论是线上、线下，都需要藏品作支持。配合展览衍生出的文创产品，也需借鉴藏品的艺术元素、美学特征，发掘藏品的文化价值和人文精神。

（二）构建藏品体系时应考虑展览因素

1. 基本陈列

基本陈列长期展出，比较稳定。主题、内容，展品在确定后，一般很少改变，形成固定的展览体系。常设展览中的展品基本依靠本馆藏品。保管部门在征集时，应有目的性，确保展品的种类、数量与结构，至少保证展览的基本需要。

2. 临时展览

临时展览的主题灵活多样、内容丰富，展品可经常更换。举办临展，博物馆应结合自身特点，发挥本身优势。临展有助于观众获得更多科学知识和文化艺术享受，更能体现博物馆办馆特色。临展中所需的藏品，一般不能超出本馆的藏品体系。本馆欠缺的藏品，如展览需要，可通过借展、复仿制、购买等方式获得。复仿制品、照片、视频等可在展览后成为本馆藏品、资料等。这有助于提高展览水平，丰富展览内容，形成以藏品服务展览，以展览丰富藏品的良性互动。

如果新建馆有先预设展览后征集藏品的情况，那么展览的主题、内容等就决定了藏品征集的方向。文字大纲中提到的展品，就是征集的藏品。征集工作人员需要依照展览大纲开展征集工作，对于大纲中明确提到的展品，必须尽可能予以征集上展，确保展览顺利、如期举行。征集不到的展品，也应该按照展品范围寻找替代品；但如果征集完全服务于展览，将损害藏品征集、保管工作的独立性，使藏品体系过于单一，数量受限，最终影响馆内各项业务活动的开展，博物馆藏品所具有的社会功能将大大降低。

第4问　新建馆应怎样构建藏品体系

藏品体系是判断博物馆性质、评价博物馆等级的重要参考标准。长期以来，各级各类博物馆均注重藏品的建设，构建完善、系统、具有本馆特色的藏品体系，始终是博物馆业务工作的重中之重。

藏品体系包括藏品结构体系和藏品内容体系。结构体系是指博物馆藏品种类齐全、数量丰富、等级合理。内容体系则是指藏品账目明晰、信息齐全、档案完整。

如今，随着博物馆藏品概念扩大、功能多样，以及观众对博物馆展览、教育、文创等工作的要求渐高，藏品资源开发、藏品体系建设显得尤其迫切。一般来说，新建馆藏品基础较薄弱，在藏品工作伊始，需要投入大量的人力、物力、财力，头绪较为繁杂，过程较为艰苦。然而，这也为构建具有本馆特色的藏品体系提供了良机。

一、藏品征集

（一）符合本馆性质

博物馆应根据本馆的性质和任务搜集藏品。不同性质的博物馆，在藏品需求上会表现不同。比如，历史类博物馆需要能体现历史脉络的各类藏品，纪念类博物馆需要征集能反映特定历史人物或历史事件的藏品，专题类博物馆需要征集展示专题范围内的藏品，自然类博物馆更多地需要标本类藏品，艺术类博物馆更注重艺术品的收集和保存。

（二）有目的地征集

新建馆在确定了征集方向后，应针对本馆藏品的实际情况，制定征集计划，确定征集时间、方式、藏品种类、最终目标等，有计划地补充藏品之不足，增加藏品数量，丰富藏品类型，完善藏品结构。

在构建藏品体系时，不但要讲求系统性、完整性，也要视情况突出代表性。要征集具有较高或极高历史价值、艺术价值和研究价值的精品文物，提升博物馆业务质量。

值得注意的是，藏品体系应始终保持动态。新建馆在保证藏品体系结构完整的基础上，需要不断补充和丰富藏品，为各项业务工作注入活力。

二、藏品登编

完整、系统的藏品体系不仅体现了征集工作的方向性和目的性，也体现在藏品登记、编目等工作中。藏品分类得当、藏品号明确、总账目清晰、卡片保管妥善，可全面反映所有藏品基本信息，是构建藏品体系的重要内容。

（一）藏品档案系统化管理

1. 藏品档案

藏品档案，又称原始资料，记录了博物馆藏品征集过程、鉴定记录、修复记录、相关研究资料、检验报告等信息。完整的藏品档案，为藏品的科学管理与保护，为研究、展览等工作提供了便利。

藏品档案可丰富藏品信息，完善藏品内容和对藏品档案的整理、立卷，是一项科学研究工作，也是藏品科学管理重要的历史记录，是藏品体系内容建设的重要组成部分。

藏品档案应委派专门的工作人员负责，有专门的收藏柜和收藏室。档案可根据藏品征集或登编的时间按年分册，集中保存，也可以按照藏品号顺序，分号段成册保存。

2. 总账登记

完善的藏品体系必然有完善的藏品总账。藏品总账又称藏品总登记账，是博物馆的文化财产账，是博物馆统计、核查全部藏品数量、质量、管理等信息的最重要依据。

总账涵盖信息全面，通过翻阅总账，可了解全部馆藏内容；因此总账管理人员在登记藏品信息时，应认真及时，耐心细致，确保藏品内容信息准确无误，完整、系统地构建藏品内容体系，并始终保持动态发展。

值得一提的是，总账具有一定的机密性，博物馆应委派专人负责登记保管，储藏柜应加密。严格查阅程序，规定查阅主体，限制查阅人数和次数，确保总账绝对安全。

（二）藏品分类

藏品分类是藏品科学管理、整理研究的中心环节，针对藏品实际情况，制定合理的分类方法，不仅能为保管、使用藏品提供便利，更有助于搭建藏品结构体系。

1. 根据本馆藏品的实际情况

藏品的分类体系在博物馆学界一直没有固定的标准，之所以出现这种原因，主要是因为博物馆类型不同，各馆征集藏品的方向和种类不同，很难统一藏品分类法。新建馆为了满足藏品的安全管理，会根据本馆藏品的实际情况构建相应的分类法，分类保管藏品。不论分类法详细与否，都在一定程度上反映出新建馆的藏品结构体系。

2. 编制分类目录

藏品处于登编阶段时，会编制藏品目录，一般分为卡片式目录和书本式目录。其中，卡片式目录可随时调换、补充、注销，及时反映藏品变化，遂成为主体目录。随着数字化、信息化的发展，基于大数据上的电子信息目录，更是为藏品在更大范围内检索、研究提供支持。

藏品目录分为很多类型，其中最主要的是分类目录。分类目录记录了藏品基本信息，可参考质地、年代、地区、特藏（如一级品、复制品）等标准，编制不同类型的分类目录，如质地目录、地区目录等，综合各类目录等，最终形成一套完整的目录体系，构建藏品结构体系。

三、库房保管

库房保管是藏品保护、利用的重要手段，藏品在库房中安全存放是保管工作的基础。相关工作人员应严格按照《中华人民共和国文物保护法》《博物馆藏品管理办法》等法律法规及本馆藏品保管、安全等规章制度，增强纪律性和自觉性，确保工作规范、有序开展。

（一）分类保管

对于保管工作，藏品分类与库房分类大致相同。因为同一类别藏品在保管温湿度、光照等方面要求基本相同，大多数博物馆多将具有相同质地、工艺等的藏品共同收集起来，单独设立库房和工作人员专门保管。通过区别库房类别，即可基本了解藏品基本类型和博物馆收藏结构体系。

（二）一级品管理

一级品是博物馆藏品体系的较为独特的一类，是具有特别重要历史、艺术、科学价值的代表性文物。新建馆在一级品保管上，可视本馆一级品的数量，或者设立一级品库房，或者在各库房内设立一级品专柜，在藏品体系中独立出来，编排一级品目录，对一级品单独管理。

第5问 藏品保管的几个常见问题

博物馆藏品保管工作有广义和狭义之分。广义的藏品保管是指与藏品管理与研究相关的工作，主要为藏品从征集入馆至收藏入库一系列工作流程，包括征集、摄影、编目、登录总账、进入库房、修复等。狭义的藏品保管主要指藏品库房管理工作，如藏品的交接入库、上架排架、数字化及库房管理等。这里介绍的藏品保管，主要从狭义方面来说。

库房工作，藏品安全是第一要务。库房工作人员必须保证藏品无损坏、无丢失，摆放合理有序，提用便利高效。在藏品保管过程中，需要注意以下几点。

（一）明确库房作用

库房是收藏文物重地，任何与文物无关的物品，包括保管人员随身携带的水杯、手机、书包等，一般均放在库房门外。库房人员不能携带图书、报纸等资料入库，不能把与藏品管理无关的物品携带入库。在确保藏品安全的同时，也防止个人物品与文物藏品混放，给管理带来困难的情况发生。

在使用库房时，保管人员应预先划定区域，明确库前区、工作区和藏品区。三者之间既要相互联系，方便保管工作，又要划分清楚，做到各司其职。不在工作区内放藏品柜，不在藏品区内安放工作设备（桌椅、电脑）等。

（二）交接清楚

藏品交接，是文物正式成为博物馆藏品的最重要环节。

库房工作人员在藏品交接时，应注意与总账、编目人员的对接，做到总账有物，藏品有号，信息准确。库房人员尤其要检查藏品信息与藏品本身是否一致，如藏品号、藏品名称、照片、件套数等必须准确。藏品现状最容易出现疑义，库房人员在交接藏品时，对卡片上的现状描述有疑义时，必须当面指出，三方人员共同修改。

确认藏品信息、现状等无误后，应及时完成交接手续，需要签名盖章的，应现场签名盖章确认，需要归放藏品卡片的，应及时归放藏品卡片，使交接工作尽快地按时保质完成。

（三）藏品上架

库房工作人员在交接完藏品后，应尽快将文物上架，既能保证文物安全，又能避免藏品摆放混乱。藏品上架、排架应注意两点，即安全和便利。

所谓"安全"，是指藏品在上架及今后的整理使用中，不会出现损坏或丢失的情况。藏品应配置相应的囊匣，减少藏品磕碰。原则上一个囊匣放置一件藏品，小件藏品可几件放置于同一个囊匣内，但要注意隔断。纸质藏品可以用无酸纸袋装放，确保无折痕。藏品一般放置于文物柜或文物密集架上，排架的原则为重下轻上，大下小上，即体积小、质量轻的藏品放置于柜架上部，体积大、质量重的藏品放置于柜架下部。藏品虽然有囊匣保护，但码放时应尽量避免堆积。扁平的藏品，如可折叠的织物、带框的小幅画作、纸质文献、钱币等，可放置于抽屉内。

所谓"便利"，是指藏品在使用、出库等过程中提取方便。藏品入库时会有藏品号，藏品上架时，库房人员应配以方位号。方位号不作为藏品总账的内容，而是记录藏品在库房的具体位置。方位号一般记在囊匣和藏品卡上，一经确定，藏品不得随意挪动。即使藏品出库，其原先位置也应继续保留。方位号的使用，可使藏品提用便利。

（四）管理制度

博物馆藏品保管，是一项实践性极强的业务工作。现阶段，我国博物馆藏品保管知识，主要是保管工作人员根据本馆保管工作惯例结合馆藏实际情况，采取师徒传授、自学摸索的方式而得。通过这种方式学到的，基本上为工作中约定俗成的规矩，虽然灵活性和可操作性较强，但是有一定的随意性，容易对库房保管工作造成人为干扰，增添不安全因素。因此，应注重库房管理制度的制定，对藏品交接、上架、出入库、人员配置与出入库、库房日常管理等重要工作予以规范。

制定管理制度宜粗不宜细，主要是确定工作内容，规范工作流程，在事关藏品安全的重大事项上分清主次、明确责任。而对工作中的具体做法，则应该给予工作人员一定的自主权和选择权，允许在工作中探索，在实践中创新。

（五）注重研究

在日常的藏品保管工作中，不仅要把藏品保存好，还要注重藏品研究工作。首先要注重保管工作的理论研究。保管工作中有很多方法都是在实践中获得，并经过数年甚至数十年工作证明的行之有效的方法。但是，这些方法缺乏理论性总结，不成学术系统。因此，保管工作人员，特别是富有经验的人员，有必要针对藏品保管的一般规律和本馆藏品工作的特殊规律，结合自身多年的工作实践，进行理论总结，增强保管工作的理论指导，促进其向学术化、规范化、标准化方向发展。

在完成保管工作的同时，博物馆应充分发挥保管人员有机会接触藏品的优势，发挥他们的主观能动性，鼓励保管人员对藏品开展学术研究，如历史研究、工艺研究、器形研究等，大力挖掘藏品各方面价值，提高藏品的利用率，为博物馆培养研究型人才奠定了实物基础。

第6问 藏品的定名及分类

藏品的定名及分类是博物馆藏品保管登编工作的重点，定名是除藏品号之外，最能代表藏品特性和内容的项目，准确而简明的藏品名称，能及时反映藏品主要信息。藏品分类主要作用在于方便管理，使藏品分类管理，保障安全。

一、藏品定名

藏品定名，即为博物馆新入馆藏品取名。藏品在入馆之前或在征集入馆时，没有统一的、规范的名称，有些甚至没有名称。这既不符合藏品入藏条件，也对博物馆藏品工作带来不便。通常情况下，在藏品登编环节，应完成对藏品定名工作。藏品定名的一般规则如下。

（一）自然标本

自然标本应按照国际通用的有关动物、植物、矿物的命名法规定名称。相关命名举例如下。

- 动物：普瑞斯加加鱼、楔齿满洲鳄、中华侏罗兽、中华虎凤蝶、狭纹虎鲨
- 植物：热河裂鳞果、披针形林德勒枝、爪哇鳞始蕨
- 矿物：黑色方解石、水锌矿、辉锑矿、黄铁矿、孔雀石
- 人类：北京人头盖骨、长阳人上颚骨、山顶洞人头骨

（二）古代藏品

古代藏品定名一般由三个部分组成，通常分为时代、款识、作者，特征、纹饰或颜色，类别、器形或用途。在具体定名时，一般根据藏品实际情况，灵活掌握。现举例如下。

- 古书画：清恽寿平《菊石图》轴、清郎世宁《松鹤回春图》轴、清蔡嘉《蕉窗夜雨图》轴、清王泽《浮岚暖翠图》卷
- 铜器：西周杞伯偶鬲、战国魏错金银龙凤纹车饰、秦五年相邦吕不韦戈、西汉青铜染器
- 瓷器：清康熙五彩描金花蝶纹攒盘、清乾隆粉彩百花纹委角花盆、清陈鸿寿紫砂壶、清雍正仿钧窑变鱼口尊

在为古代藏品定名时，应注重对藏品特征的描述。如果藏品在入馆时有残缺，应在定名时注明"残"。仿制的也应注明"仿"。成套的藏品，应整体定一个名称，也可注明件套数，如清黄花梨五屏风式凤纹镜台、明末清初黄花梨雕龙纹券口带栏杆亮格柜（一对）。有附件的藏品，一般在藏品号上注明，定名时不予体现。

（三）近现代藏品

近现代藏品的定名较古代藏品简单，没有一定之规，基本说清楚藏品的年代、作者（使用者）、质地、用途等即可。

如：井冈山斗争时写有"六项注意"的包袱皮、中央革命根据地印制纸币用的石印版、八路军第 129 师在响堂铺战斗中缴获的日军钢盔、毛泽东为大生产运动的题词、邓小平拟定的中央工作会议讲话提纲手稿、1997 年国务院授予牛街派出所的"人民满意派出所"匾等。

二、藏 品 分 类

博物馆藏品分类是指按照藏品的某一共性，对藏品进行归类，予以存放、研究和提用。分类的主要目的在于方便管理，使与各类藏品相关的工作协调有序运行。

由于各博物馆藏品收藏数量不一，收藏侧重点不同，工作模式有别，且已形成固定习惯，国内外并没有一种类似图书分类法的统一的藏品分类法，只能根据本馆特色，形成便于工作的藏品分类法。

我国藏品分类主要有以下几种方法。

（一）按照质地分类

如金、银、铜、铁、玉、石、陶、瓷、骨、牙、角、丝等。有些博物馆因藏品在库房中统一管理的需要，只做较为简单的分类，如有机、无机、纸质、复制品等。

（二）按照用途分类

如书画、货币、服饰、文房用品、佛教造像、古籍、古代家具、车马具、兵器、乐器、印章等。

（三）按照工艺分类

如碑拓、漆器、丝织、缂丝、刺绣、珐琅等。

（四）按照年代分类

如旧石器时代、新石器时代、夏、商、周、先秦、秦汉、魏晋南北朝、隋唐、宋、元、明、清等。

（五）按照来源分类

如拨交、捐赠、购买、借展等。

鉴于藏品实际情况，大部分博物馆均会以质地作为藏品分类的首要标准。同时根据每个馆保管工作的特殊性，辅之以其他分类方法，即几种分类法混合使用。比如既按照质地分类，又分类出一级藏品和复制品，基本目的还是便于管理。

藏品分类直接决定了藏品保管时的库房分类，根据保存温湿度等条件的需要，不同质地的藏品一般分类、分库保管。比如有些藏品，如漆器、竹器等，需要一定的温湿度，以防干燥开裂。而有些藏品，如书画、古籍、丝织品等，则温湿度不能过高，否则容易粘黏、霉变等。分类、分库保存则保证了类似质地藏品，保存环境可相对稳定，确保藏品安全。

藏品在保存过程中，除需要考虑质地外，还需考虑体积、重量等因素。尤其是在藏品入库时，体积大的藏品一般置于较大的立柜、通柜中。如大件藏品体积过大或数量较多时，还可开辟大件藏品库、便于专门管理。

有些小件藏品在入库保管时，在质地类似或相同的情况下，也应归为一类，放置藏品柜抽屉中保管。扁平的小件藏品，可平放在包装纸袋内。扁平的大件纸质藏品，可卷成直筒状保管。藏品的归类保管不但有助于藏品安全，也避免了大小藏品混放造成的混乱，对保管工作具有重要意义。

第7问　藏品数据库开发包括哪些项目

藏品数据库是近年来博物馆藏品工作的主要发展趋势，是藏品工作由人工化向数字化、智能化转变的主要途径，是建设智慧博物馆必不可少的环节。

简单来说，建设藏品数据库就是将藏品信息数字化，使藏品管理智能化，保管工作自动化。藏品数据库是智慧博物馆建设的基础。博物馆利用数字科技，对以藏品为核心的相关资源进行信息采集、存储，形成完整的数字内容体系，最终建立完整、成熟的藏品数据库系统。

一、建立藏品数据库的意义

藏品工作是博物馆工作的核心与关键，不仅决定了藏品保管工作的内容和方向，还奠定了以藏品为基础的展陈、社教、研究等工作的基础。有鉴于此，建立藏品数据库具有以下重要意义。

（一）藏品管理便捷化

藏品管理主要涵盖征集、摄影、总账、登编、库房等工作。每一环节工作，都需要人工填写相关表格和信息，如征集藏品，需要填写征集收据、藏品登记表，记录征集经过、流传经过等。总账和登编环节，又要填写总登记账，编写藏品档案，打印各类纸质卡片。库房环节，需填写藏品出库单、提用单、复制单、修复单、外部人员进库审批表等各类单据。即便是文物摄影，拍出的影像也需要洗出照片，贴在藏品卡上。同时，藏品在流动过程中，如交接藏品，还需要总账、登编、库房三方人员同时在场，共同签字。

以上所有的表格、单据，均需留档保存，不仅需要人力、物力进行管理，时间一长，还会出现自然损坏、人为失误，增添查阅时的难度。

藏品数据库可以通过数字化形式，实现所有表格无纸化填写，通过网络使相应工作便捷化。比如文物交接工作，征集工作完成后，相关藏品信息，包括征集人、征集过程、流传经过等，均通过网络数据库，下交登编人员。登编人员在给藏品编号、记入总账后，会填写藏品电子卡片。下交库房时，库房人员做最后的入库工作，在数据库中录入接收人、方位号等。博物馆的藏品数据库只有一套，但是不同的工作人员具有不同的权限，输入各自密码，完成相应任务。所有藏品的信息和流动情况都能够通过数据库快速调出查阅，便利了工作流程，节省了工作时间。

（二）藏品研究便捷化

任何历史研究，都要建立在充分占有资料的基础上，藏品研究也不例外。博物馆藏品研究的特点在于充分掌握藏品信息。藏品数据库的建立，可以满足部分研究者的需要，包括文物名称、年代、图像及档案等信息，均能通过网络获得，为研究提供了宝贵资料。

藏品数据库打破了博物馆藏品被置于库房、秘而不宣的状态，充分发挥了藏品的学术价值。藏品数据库免去了研究者提阅藏品时的重重困难，使藏品信息获取便捷化，极大地提升了藏品研究的质量和效率。

同时，数据库建立以后，可以减少藏品移动次数，有效降低藏品的损坏概率，保证藏品安全。

（三）向社会公布藏品

人们要求了解、鉴赏更多的博物馆藏品，而不只局限于通过展览了解文物的冰山一角。他们希望更多的博物馆能共享更多的藏品信息。通过藏品数据库，他们可以检索到所需要的藏品信息，以供参观、研究。现阶段，不少博物馆都提供了馆藏精品文物信息，部分博物馆公开了所有藏品信息。

二、藏品数据库的主要子项

博物馆藏品数据库是一套完整的藏品数字化管理系统，在管理系统中所涵盖的藏品信息，应该是全面、系统的，既要记录藏品的本体信息，又要体现藏品的流动情况。前者一般是固定的，后者则根据工作实际，随时更新。

藏品数据库又分为面向社会和内部使用两种，前者主要是向社会民众介绍藏品，后者则必须考虑藏品保管工作需要。

面向社会的藏品数据库所含子项较为简单，以展示基本信息为主，包括藏品名称、年代、尺寸、重量、图像等，有些藏品可附以简略介绍。值得注意的是，面向社会的藏品应注意排除涉密文物和损坏严重等不适合公开或无公开价值的藏品。大量同类别文物，无须全部公开。

内部使用的藏品数据库所含子项较为复杂，除了以上基本子项外，还包括藏品号、现状、征集方式、征集时间、藏品流动情况及具体经办人、方位号、藏品档案、备注等。不同权限的工作人员可根据工作需要检索查阅不同信息。

三、注意事项

藏品数据库是藏品的电子"身份证"和电子档案，有了这些数据，人们主要通过终端设备掌握藏品信息。因此，藏品信息，尤其是藏品图片、藏品号和名称，一定要准确无误。

对于博物馆来说，没有网络安全就没有博物馆安全，没有网络安全就没有藏品安全。馆内使用的藏品数据库，一般通过局域网连接。向社会公布的藏品数据库，一定要注意藏品关键信息的防护。

因为专业性的原因，博物馆藏品数字化工作，必然需要精通网络数字化技术的非文博人员大量参与。对这些人员，应进行岗前培训，加强保密工作，保证藏品安全。

最后，藏品数据库至今还处于探索阶段，并没有形成成熟的模式和工作方法。过去的一些成功经验，可根据保管工作实际情况予以适当推广，以保证藏品保管工作顺利进行。

第 8 问　藏品研究与诠释的常见角度有哪些

藏品是博物馆的基础，藏品研究是博物馆的重要学术工作。长期以来，博物馆的业务工作者，如展览、保管和社教等，都不同程度地接触藏品，从各自的工作角度出发，研究和诠释藏品，构建了博物馆藏品研究体系，为保护历史文物、传承历史文化、维系民族精神做出了重要贡献。藏品研究有其特定的研究对象，即博物馆藏品。鉴于不同博物馆在办馆方针、展陈结构、藏品体系等方面各有特色，藏品研究的角度也会有所侧重。但从基本面来说，主要分为藏品学术研究、藏品整理研究、藏品展示研究和藏品教育研究。

一、藏品学术研究

藏品学术研究是博物馆藏品研究的基础。该类研究主要聚焦藏品本身，从考古学、古生物学、材料学、历史学、艺术学等视角，探索藏品的历史价值和艺术价值。譬如，对一件西周时期的青铜器，研究人员可以从铸造工艺、器形、质地、装饰、铭文等方面，鉴别其真伪，发掘其艺术价值，总结其历史价值。

此外，研究藏品更应该探索其中所蕴含的文化精神。文物是历史的产物，每一件文物都镌刻着历史的印记，体现着中华民族的哲学智慧、审美情趣、精神追求、道德理念和人文价值，隐藏着中华民族伟大的创造精神、奋斗精神、团结精神和追梦精神。发掘文物背后的故事，弘扬中国精神，应该是博物馆藏品研究的题中应有之义。

二、藏品整理研究

从博物馆学的角度来说，藏品研究应主要聚焦于藏品的整理与展示。藏品整理研究，主要是指博物馆保管人员对藏品保管的方法和理论探讨，总结具有规律性的内容。比如，藏品征集的主要方法、需要注意的法律问题、藏品账目的登记与管理、藏品摄影的主要技巧分析、库房管理的主要内容、文物的修复与复仿制等。

随着智慧博物馆的兴起，藏品整理研究的范围也逐渐扩大，藏品从过去的单纯人工管理转向智能化、数字化管理。随着第一次全国可移动文物普查的结束，藏品数字化管理成为必然趋势。对于保管工作来说，藏品数字化研究方向应主要关注藏品的图像化处理、藏品网络化管理、藏品系统数据库建立、库房安全自动化控制、保管工作无纸化办公等。最终对全馆乃至全国藏品数字化管理模式进行探讨。

三、藏品展示研究

近年来，随着《国宝档案》《国家宝藏》等文博类节目的播出，社会民众对于文物的关注度越来越高。人们不仅限于在博物馆中领略文物的风采，更想了解文物背后的故事，更好地理解展陈内容。这为博物馆展陈，藏品的选择、展示与阐释，提出了更高的要求。

展览工作人员选择怎样的藏品，如何使用藏品，配合藏品的展柜、展台、灯光及相关辅助展品等，都是主要研究对象。

博物馆展览藏品，不仅具有艺术欣赏的价值，更有着宣传教育的意义。展陈工作人员应探讨如何使用藏品阐释展陈内容，传播科学知识，宣传中华文化，让藏品具有更广泛的可及性，引导观众更快捷、更高效地接收藏品所传递的信息，提高展览的参观性和参与性等问题。

如今的博物馆展览，已经逐渐摆脱陈旧的、说教式的展陈手段，转向体验式、沉浸式、开放式的展陈方式，以激发观众发现新的知识，并鼓励公众参与。对藏品诠释应以观众为中心，注重知识性、普及性、趣味性，真正地做到"让收藏在博物馆里的文物、陈列在广阔大地上的遗产、书写在古籍里的文字都活起来"。

四、藏品教育研究

现在博物馆的教育功能已经成为核心职能之一。藏品应成为博物馆开展教育工作的重要资源，在博物馆教育中发挥举足轻重的作用。

随着"让文物活起来"的意识逐渐被社会所接受，博物馆藏品的价值，从历史价值、科研价值、艺术价值逐渐扩大到教育价值，博物馆单纯通过学术研究、展览展示等手段，已很难满足观众对于藏品全方位了解的需求。

在研究和诠释藏品的同时，研究人员应通过相关学术成果，探讨、建立博物馆藏品公共教育新模式，发挥博物馆藏品对国民教育、精神文明创建、精神文化产品创作生产传播的重要作用，发掘藏品中蕴含的中华文化的"根"和"魂"，潜移默化地影响观众的情感认同和行为习惯，使他们接受科学技术教育、传统文化教育、爱国主义教育，乃至培养个人的人格、品性、礼仪、思想等，真正使依托于藏品研究的博物馆教育纳入国民教育体系。

第9问　藏品用于展览的几个问题

博物馆是文物收藏单位，过去一直认为，藏品在博物馆中能得到妥善保管，保证藏品安全是藏品工作的最终目的。但事实上，博物馆藏品保管的最终目的不是"藏"，而是"用"。其中，展览应该是博物馆利用藏品的最直接手段。这就要求藏品保管部门在原先工作的基础上，积极配合展览、社教等部门，积极做好藏品的出入库、借展等相关工作。

文物的出入库、借展主要由库房工作人员负责，应根据明晰、可查、安全、高效的原则，注意如下问题。

一、必须办理交接手续

藏品出入库与借展，一般出现在布展阶段。由展览部门提出申请，保管部门安排库房人员具体实施。

库房人员在将藏品交付提借人之前，必须彻底完成交接工作，确保藏品出库时，手续齐全、明白无误。藏品出库，最重要的就是填写藏品卡。已完成藏品数字化管理的博物馆，还要办理藏品出库的网上手续。无论是哪种方式，务必要注明提借日期、展览名称，由提借人亲笔签字，数字化管理系统中输入个人密码。

对于刚征集入馆，还未入库的藏品，原则上不能用于展览。如确是展览的必要展品，可由相关负责人员（征集或登编）与提借人办理借展手续，仍需提借人签字确认。

二、提借的藏品，必须具有藏品号等基本信息

藏品号是博物馆藏品的代码，如同公民身份证号，标志着"物"正式成为藏

品，记入藏品账目。在库房中的藏品，都有藏品号，即使是复制品，也有复制品号。在展览提借藏品时，库房人员应按号寻物。如出现提借人所给的藏品号与藏品名称不符时，应以藏品号为准，及时向提借人说明情况，要求其重新核查藏品号是否正确。

对于未编藏品号的非在库藏品，则不适合成为展品。如展览急需，保管部门可以加急编号，记录藏品基本信息后，办理借展手续。

藏品号也是展览完成、藏品入库时，所必须核对的重要信息。没有藏品号，藏品安全也会受到影响。

三、藏品现状应适合展览

藏品在征集入馆时，一般都会存在不同程度的人为或自然损坏，有些藏品经过修复后，可用于展览。有些藏品则破损严重，已不具备展示价值。对此，库房工作人员可在展览部门提交提接单时，预先告知。如确为展览所必需的藏品，有条件的情况下，可修复后再借展。

此外，在提借藏品时，会出现藏品正在修复、展览、外借等不在库中的情况。库房人员也应告知提借人，用类似藏品替换。

四、妥善保管相关物品

藏品出库用于展览后，藏品卡片应单独保管，注明展览名称，统一存放，以便藏品入库时查用。如果用于基本陈列或长期陈列，藏品的包装袋和囊匣等，可进行二次利用。包装上的藏品号要注意清除，以免与新标记的藏品号混淆。

当提借成套藏品中的一件或一部分时，库房人员应要求提借人提借全套藏品。如提借人无条件保存非上展藏品，可由库房人员在藏品卡上用铅笔注明提借部分，由提借人签字确认。未提借的藏品，由库房人员妥善保管。

五、藏品撤展后入库

库房人员在藏品撤展入库时，应严格遵循"卡物一致"原则。原件和卡片的藏品号一致，现状一致、件套数一致。尤其是藏品号和现状，库房人员务必仔细核对，确保万无一失。

藏品核对无误后，库房人员应在藏品卡片上签字，注明日期，有藏品数字管理系统的，应在系统中，藏品入库栏内输入个人密码，以示藏品完成入库手续。

藏品入库后，应尽快装回原包装袋或囊匣中，置于藏品柜（架）中妥善保管。不可长时间堆积在地面、桌面或文物运输车上，以保证藏品安全，避免管理混乱。

第10问　藏品征集应与博物馆定位相一致

藏品是博物馆的立馆之本，无论何种博物馆、以何种方式开办展览活动，均需要"物"的支撑，才能给予观众直观的感性认识和参与的体验乐趣，在对"物"的感知和认识中，接受知识信息。

藏品的概念不同于文物。从理论上来说，凡具有历史价值、科研价值或艺术价值的，可被博物馆收藏的物，都可以称为藏品。藏品可以是文物，也可以是现代艺术品、文物复制品、数字化的照片、影像，甚至人类活动留下的一切痕迹。

鉴于物数量多、范围广、种类丰富、构成复杂的特点，加之博物馆经费、库房、人力等有限，这就对博物馆藏品征集工作提出了现实问题，即确定藏品征集的方向。

藏品征集方向是开展藏品征集工作的基本指导思想，为藏品征集工作设定了基本目标。每个博物馆在确定藏品征集方向时，都应参考本馆性质、办馆方针、发展定位等，根据本馆的实际工作情况确定。

具体来说，博物馆主要分为综合性、纪念性和专门性三种类型。综合性的博物馆包括国家和地方（省、市、县）两级，该类博物馆征集藏品范围较宽，征集方向比较宽泛。从远古到近现代、从青铜器到数字影像、从本国到域外，都应成为征集的方向。不过，综合性博物馆的征集方向也并非没有明确的目标。比如地方综合博物馆，受到地域性的影响，主要征集具有地方特色、反映地方历史的藏品和地方考古发掘的文物。

纪念性博物馆，以近现代人物或重大历史事件的纪念馆居多。其办馆定位也比较明确，主要围绕相关人和事开展业务工作。藏品征集方向应根据博物馆的性质和定位，明确重点征集对象，有目的、有选择性地开展征集。但是，由于博物馆定位过于明确，反而限制了征集方向，可征集的、与博物馆定位有直接联系的藏品数量越来越少，难度也逐渐加大。所以，为征集工作能可持续发展，征集方向也应具备一定的灵活性，可适当扩大征集藏品的范围。

专门性博物馆又称为专题性博物馆，征集方向主要根据博物馆的专题方向而定。博物馆专题范围越宽泛，征集藏品的类型越丰富，数量越多。比如自然博物馆，其征集藏品方向主要是自然科学类藏品。如果是古生物博物馆，则博物馆定位明确，而征集方向也相对集中于自然科学类藏品中的古生物类。

藏品征集确定方向后，首先，将有助于构建有系统、有特色的藏品收藏体系。藏品是博物馆实物性的基础，藏品体系是评价博物馆藏品征集工作质量的重要标准。博物馆定位明确后，藏品征集也就同时具备了明确的方向和思路，经过数年或数十年的专门征集，就能建立起具有本馆特色的藏品体系，为本馆今后各项工作的开展奠定了藏品基础。

其次，明确的藏品征集方向有助于带动博物馆业务工作向纵深发展。博物馆的各项工作，基本上是围绕"藏品"展开的。博物馆展览需要藏品，完整、系统的藏品体系，可以降低展览策划的难度，编纂文字展纲内容丰富、结构稳定，保证布展和展览阶段展品齐全。博物馆藏品研究也逐渐体系化，在拥有丰富的藏品资源（专题特色藏品）的基础上，学术研究将更符合藏品特色和本馆特色，引导学术研究向专业化、精细化方向发展。创新博物馆文创工作，也需要藏品作为支撑，在充分发掘藏品的历史价值和艺术价值中，激发创意灵感，引领文创工作出新出彩。

再次，明确的藏品征集方向有助于确保保管工作正常、有序开展。征集工作是保管工作的第一步，征集方向确定后，征集藏品的基本类型相对固定，收藏环境、配套设施等也相对统一，有利于形成相对成熟的工作模式，便于藏品管理，确保了工作流畅、文物安全。

最后，明确的藏品征集方向有助于突出博物馆特色。现阶段，我国博物馆事业蓬勃发展，截至 2016 年，我国博物馆数量已有 4109 座，博物馆藏品 3 千余万件 / 套。鉴于如此庞大的规模，确定藏品征集方向，建立有本馆特色的藏品体系，无疑将从展览、学术等方面，凸显博物馆优势，有利于博物馆的对外开放，成为博物馆充分发展、提高人们文化生活消费的重要因素。

第 11 问　录音与口述史采集的重要性有哪些

录音和口述史是历史文献的一种，它以记录口头史料的方式，最大限度地还原历史，越来越受到史学工作者的关注与重视。围绕口述史展开的历史研究，已经成为历史研究的一种方法，尤其在近现代史研究方面被大量采用。

口述史在我国已经有上千年的历史，我们现在所能见到的《诗经》《尚书》《左传》《国语》《论语》等文献，最早都是通过口口相传后逐渐形成文字写入书中的。西汉初年，秦博士伏生口授《尚书》二十八篇，成为《今文尚书》。《论语》更是记录孔子及其弟子言行的书。

随着造纸术、印刷术的出现，尤其是人们经典意识的增强，口述史的作用逐渐被淡化，人们更多地从图书中获取历史信息。不过在少数民族地区，仍流传着口述史作品，如藏族的《格萨尔王传》、蒙古族的《江格尔》和柯尔克孜族的《玛纳斯》。

如今，录音、录像等技术日渐发展，采集相关材料较过去便利，加之对口述史料价值的重视，口述史材料已重回史学舞台。《我的见证：200位亲历抗战者口述历史》《"慰安妇"调查实录》《习近平的七年知青岁月》等著作，《百年小平》《国家记忆》等电视纪录片，为人们了解历史、研究历史发挥了重要作用。

录音和口述史的重要性主要体现在如下三个方面。

一、具有重要史料价值

口述史的述说者主要为历史事件的亲历人，或直接见证了历史事件的发生，或与重要人物关系密切，他们通常拥有掌握第一手材料的优势。将他们的口述材料加以记录和整理，可以作为文献史料的有力补充。

文字史料，包括文献、文书、档案等，是史学研究的主要资料来源，但一些重要的历史事件和历史人物，文字史料中存在略记或无记的情况，无法还原历史真相。而且随着时间的流逝，不少文字史料会自然损毁或散佚流失。当事人的口述，恰恰能弥补这些不足，历史上一些著名人物所做的口述在这方面的作用尤著。

但是，当我们记录和利用这些口述史料时，应始终保持科学精神和实事求是的态度。由于口述者年龄、受教育程度、家庭背景、所处位置、政治经历等不同，对历史事件或人物的记忆或许产生某些偏差甚至错误，或者故意隐瞒、忽略某些重要细节，或者看待历史的角度与别人不同。因此，单独的口述史不宜作为研究的唯一史料。必须在采集多人对同一事件或人物的口述史的基础上，增加文献、文物等作为旁证，予以综合研究，才能保证研究材料的全面性，确保研究结论的可信度。

二、"平民化"特点

口述史的讲述者，一般是重要历史事件中的重要参与者。比如我们现在所能看到的各类回忆录，大多为此类口述史料。但是，随着历史研究领域的扩大，尤其在近现代史方面，为了增加研究的厚度，拓宽研究的广度，研究者迫切需要更多的第一手资料。在此背景下，讲述内容由重要历史事件向社会生活的方方面面发展，讲述者范围由重要的历史亲历者向社会基层民众，即普通百姓发展，这些人的经历、行为和记忆各有不同，个人愿望、情感和心态等精神活动也各异，因此口述历史的角度和内容也会不同。从史学价值上说，每一份口述史都是唯一和独特的。

针对这样的特点，在采集录音和口述史材料时，应做到及时、准确、全面。因为讲述者会随着年龄增长，出现记忆力减退的情况，所以采访录音的时间越早，口述者的记忆越清晰，回忆面也越广，采集者所得到的口述史料的真实性、准确性越高。

三、展览价值

对于博物馆藏品征集工作，录音和口述史是极有价值的档案史料，博物馆藏品征集工作者有责任、有义务，为民族、为国家、为历史保存这些珍贵资料，成为馆藏的音像藏品。进一步发挥其历史价值和文物价值，为今后的学术研究工作提供更多方便。

同时，录音和口述史料也可作为必要的辅助展品用于博物馆展览，尤其适用于近代史主题展览。口述者可以讲述一段故事、叙述事件经过，其生动性和直观性，可以有效传递历史信息，吸引观众的注意力，增强展览的感染力和震撼力。

录音和口述史的采集方式主要为采访亲历者，以录音、录像、手记等方式予以记录。记录完成的口述史料，应加以整理，去除各种口头语、长时间的停顿、反复的断续、重复，避免前后时序混乱，以保证史料的连贯性。

在使用这些口述史料进行展览或学术研究时，应避免产生知识产权纠纷。因此在采访记录口述史料时，应与受访者签订相关合同，明确口述史料的拥有权、著作权，规避相关法律问题。

博物馆在保存这些口述史料时，应严格按照文物保管标准进行。特别是录音、录像应刻成光盘，或保存于移动设备后，置于光盘柜等专业储藏设备中，单独分库保管。每份文件拷贝多份，以防数据损坏、丢失。所有数据文件，都应记入总账中，以备查考。每张光盘单独编号，确保文件有序存放。

第12问　为何开展视觉资料的采集

随着时代的发展，视觉资料已逐渐成为博物馆藏品和展品的重要组成部分。它不仅改变了博物馆藏品结构，充实了藏品数量，也丰富了展览形式和内容，是展览不可或缺的一部分。

博物馆中的视觉资料，有广义和狭义之分。广义上的视觉资料，是指博物馆藏品和展品中，人们能通过视觉获取信息的，具有历史价值、科学研究价值等的实物。比如，观众在参观展览时，但凡在展厅中能看见的文物、图片、图表、照片、影像、视频等，能从中获取有价值信息的，均可视为视觉资料。而狭义的视觉资料，则为由照相机或摄像机拍摄的，主要为记录历史的照片、影像和视频等。视觉资料的载体（存储设备）为胶片、磁盘、光盘、USB闪存盘、移动硬盘等。这里所说的视觉资料，主要为狭义的视觉资料。

视觉资料在博物馆藏品征集和展览中具有如下价值。

一、视觉资料具有重要的文物价值

近代以来，人类已经经历了两次工业革命，极大地推进了科技的发展。科技创新所带来的生产力的提高，为人类社会的发展增添了活力，人类社会的发展进度和速度，是古人无法想象的。单纯地靠编撰史书，记录史事的方法，已难以详细记录人们的社会历史活动。照相机和摄像机等成像设备的发明，弥补了这一缺憾，逐渐成为近代以来记录历史的主要方式之一。照片和影像等视觉资料，生动地体现了当时的历史片段，记录了具有重要历史价值的瞬间，具有时代性、直观性、真实性等特点，无论从博物馆展陈角度还是学术研究角度，都为观众或研究者展现了历史画面，极具传播力、感染力和冲击力。这些都是传统的器物、文献等文物所难以企及的。

我们也许注意到，相对于古代史主题展览，近现代史主题展览中照片、影像等视觉资料的使用数量和频率明显提高，其中的重要原因就是充分发挥了视觉资料的文物价值，发掘了其中的历史信息。

二、视觉资料是重要的辅助展品

举办一个展览,所需的展品不仅限于文物,还应包括内容丰富、形式多样的辅助展品。视觉资料是重要的辅助展品,它的使用可以弥补文物所传递信息的不足,帮助观众理解文物,改善展览氛围,突出展览主题,具有重要的展览价值。

三、为展陈提供便利

视觉资料作为博物馆展览中的重要展品,其包含的历史信息最受策展人和学者重视,视觉资料的采集工作较一般的文物采集工作简单。由于文物具有不可再生性,在展陈时,要考虑文物本身的特性、展厅条件、展览时间等会有相应规定。而视觉资料是可再生的,即从理论上说,照片、影像等可以无限翻拍复制,不影响其传播历史信息。尤其是借展品时,文物的借展较为复杂,而视觉资料的借展较为快捷便利。如此,使用视觉资料在一定程度上降低了展览的成本,加快了策展、布展速度。现在,国内外有不少博物馆开设图片展,并且附带网上展馆,对于博物馆的宣传、教育工作发挥了重要作用。

视觉资料的采集方式主要有捐赠、购买、翻拍扫描等。捐赠的视觉资料,主要为历史照片、影像等,如著名摄影家的作品,底片主要由其本人或后人收藏,通过个人捐赠的方式,成为博物馆藏品。购买的视觉资料,主要为珍贵历史文物的照片、历史照片、历史影像、新闻资料、视频资料等。翻拍和扫描的视觉资料,一般由文博机构、新闻单位、研究机构等视觉资料所有者提供。拨交视觉资料的情况,如今较为少见。

四、征集后的保管工作

视觉资料的保管以照片为重点。保存照片主要以底片为重点。征集来的照片底片,在经过登编、记入账目后,应交由库房人员统一保管。

保存底片的库房,必须保证温湿度。一般情况下,库房温度保持在20℃,相对湿度保持在50%左右。库房内空气流通、通风、防霉、防尘、防晒。每张底片均应放入特制的防酸纸袋内,单独存放,防止粘连。纸袋外应写好底片名称、编号,方便查找。装有底片的纸袋,应竖立存放于小抽屉内。每个抽屉内的相片纸袋不宜太多,以免造成底片挤压。保管人员应时常注意包装纸袋的变质问题，并做好检查记录。若发现问题，应查明原因，及时采取补救措施。底片入藏后，应尽量减少使用频率，以避免对其造成损害。为此，可通过扫描、拷贝底片的方法，获得数码影像。必要时，可将数码影像打印成相片，方便展览、研究使用。

征集来的照片，应在完成登编工作后，及时放入相册内统一保管。相册应竖立存放，不应数册堆积平放，以免对照片挤压，造成粘连的情况。有条件的博物馆，可以扫描、拷贝原照片，获得其数字影像，做好数据备份，或者打印成新照片，以备展览、研究等使用。

第13问　为什么要重视征集藏品过程中的信息采集

藏品征集是博物馆藏品保管与研究工作的首要任务，藏品征集的质量、数量，征集藏品的方向、结构在很大程度上决定了博物馆的办馆性质及展陈特色，成为奠定办馆基础、凸显馆藏优势、提高研究水平的重要因素。

从藏品保管工作来说，征集是开端，是使实物、图像、资料等顺利入馆，成为馆藏的第一个环节。征集工作的规范化、专业化，有利于藏品的入藏保管。

藏品征集应注重信息采集，即在藏品征集过程中，对藏品的基本信息要素予以采集和记录，主要包括名称、年代、数量、尺寸、重量、质地、现状、来源、征集经过和流传经过等。这些信息主要为藏品的原始信息，记录在藏品入馆时的最初状态，也是今后藏品的登编、入库等保管工作、编撰档案乃至藏品研究等学术工作的基本依据。

信息采集主要应做到全、准、详、简。所谓"全"，即信息采集项应尽量全面，但凡能反映藏品特质的信息项目均应予以记录，尤其是基本信息，如名称、年代、质地等项目均应认真记录。藏品现状不仅需要手写，还应配以现状照片，确保留存藏品最初状态的图像资料。来源应注明捐赠、购买、拨交等。有些在征集过程中附带的相关材料，如能证明文物价值的论文、图书，捐赠者对藏品来源和流传的口述记录等，都应随其他基本信息予以保存。

所谓"准"，即藏品信息采集应准确。基本信息应确保填写无误，需要考证的信息项目，应认真研究，防止因个人疏忽大意，造成信息从源头上出现缺失或错误。征集经过和流传经过为考证文物价值等提供了宝贵资料。这种情况在革命文物征集工作中显得尤为突出。革命文物可以激发观众的爱国热情、振奋民族精神，它不同于古代历史文物，不以艺术性、欣赏性见长，而是阐述藏品背后所包含的故事。这些故事，通常需要捐赠者的讲述、相关资料的记载。准确记录这些信息，有助于对藏品价值的发掘和利用，对随后的藏品研究和博物馆展陈工作，起到了重要作用。同时，信息采集准确，也为鉴别文物真伪提供便利。比如大部分革命文物，很难用传统的文物鉴定方法鉴别其真伪。若在藏品征集过程中，准确记录藏品的来源和流传经过，做到来源正规、流传有序，征集过程清晰明了，可以直接证明藏品的真伪，这也是鉴别革命文物真伪的主要方法之一。

所谓"详"，即信息采集和记录应尽量详细。藏品征集是博物馆的基本业务，也是长期工作。随着时间的推移，藏品的数量会逐渐增多，征集人员也会出现变动。要了解藏品初始信息，尤其是整个征集过程，就需要查找征集信息记录。另外，藏品征集入馆后，还会经过登编、入库环节。在这些环节中，藏品会被登记入账、编撰藏品档案，详细、全面的藏品征集信息具有重要参考价值。在藏品研究时，研究者对藏品基本信息的掌握及对藏品价值的认识和总结，最终形成研究论文或专著，都离不开最初征集藏品时采集的信息。

所谓"简"，即藏品信息采集时应简明扼要，不宜冗繁。藏品采集信息项，应该准确、系统、完整，做到能充分体现藏品入馆时的基本状态即可。应避免记录与藏品征集无关的信息，减少记录与藏品征集联系不大的信息。在文字表述上应避免错词错句及含义不清易产生歧义的语句。在介绍征集经过和流传经过时，应抓住关键节点，逻辑清晰，言之有据。信息采集时应注意使用藏品保管专业语言，如记录纸质藏品现状，用折痕、破洞、破口、水渍、霉点、缺页等，必要时可辅之以现状照片，一般无须通过大段语言详细介绍现状。

藏品征集过程中的信息采集，归根到底就是记录藏品入馆时的基本情况，特别是藏品征集经过和流传经过。博物馆的藏品保管、展出和学术研究，都是以这些信息为基础开展的。除了掌握藏品信息采集的基本情况，藏品征集工作者更需要针对本馆的办馆方针、规模和征集工作实际情况，在具体实践中灵活掌握，最终形成具有本馆藏品保管特色的工作原则和方法。原则和方法一旦形成，即应具有稳定性和延续性，以保证藏品征集工作的规范有序开展。

第14问　我们的库房需要向公众开放吗

库房是博物馆收藏、整理、管理文物藏品的地方，有时又被称为藏品室、文物库等。文物藏品通过征集工作进入博物馆成为藏品后，会经过摄影、登编、入档等流程，最后进入库房，成为博物馆正式藏品。

对于普通观众，参观博物馆时，只能在展厅活动，欣赏展柜中的文物，参与展陈互动等。对于他们来说，博物馆库房是收藏珍宝、守护国家财产的"禁地"，很难有机会一睹库房真容。同时，他们对博物馆文物保管工作也充满了好奇，想了解博物馆保管人员日常是怎样工作的。

随着公众在博物馆消费方面的个性化、多样化，很多观众已经不满足于普通意义上的参观，他们想更深入、全方位地探寻博物馆。为了满足公众文化生活的新需要，博物馆有责任有义务，以观众为中心，做好公众文化服务工作，向观众开放库房，介绍本馆库房的基本情况、文物收藏保管软硬件条件及保管工作人员的基本工作内容。

库房开放应遵循目的明确、方法得当、有所侧重、循序渐进的原则，既要满足公众了解库房的需要，又不能妨碍保管人员正常工作，更不能损害文物安全。

一、目的明确

博物馆库房向公众开放，是完善公共文化服务体系、创新博物馆群众工作内容的重要举措。其目的在于向观众说明库房管理和文物保管基本知识、介绍文物的日常保养情况和文物保管人员的日常工作，主要以普及性为主，使观众了解库房工作基本情况。比如文物如何上架、排架、出入库。有条件的博物馆，甚至可以采用敞开式文物柜（架），让观众能直接看见文物的类型、数量、质量和摆放情况。

二、方法得当

鉴于库房保管文物的特殊性，博物馆在开放库房的同时，应注意方式方法，力求做到简单、有效、安全。有些遗址博物馆，库房就是考古现场，出土文物散布其中，这类库房可以通过安装玻璃墙面，观众可以很清晰地欣赏其中的藏品。

对于传统博物馆，囿于经费、库房硬件有限，虽然可以保证文物保管工作正常进行，却不适合与观众见面。在这种情况下，最好选择一类库房（如文献库），以其藏品为基础，开辟新的微型库房，展示库房的主要工作。或者在馆内开设文物标本室，该标本室应按照库房标准建设，将库藏文物放入室内，并做定期或不定期的更换，观众可通过预约的方式，进入标本室内，了解博物馆库房的一般情况，还可近距离欣赏藏品，有条件的博物馆还可允许部分观众近距离接触文物。

开放库房的博物馆，还应该尝试结合博物馆教育功能，通过新的藏品阐释手段来寻求新的观众。让观众在参观的同时，通过讲解员的讲述、与保管人员的交流，甚至在专业指导下亲自动手尝试，更好地理解保管工作的内容、细节、重点。比如，如何将征集来的文物变成博物馆藏品，怎样搬运文物，怎样办理出入库手续，怎样上展文物等。

结合库房开放工作，有条件的博物馆还应开发相应的线上教育，观众通过登录网站、关注公众号等方式，线上了解博物馆库房的基本情况，了解库房工作的基本内容。更可提供留言等功能，让观众表达对库房工作的看法，为库房工作提出宝贵意见。因不必考虑文物藏品的安全性，开放库房的线上教育活动应丰富多彩、互动性强。博物馆可开发相应游戏软件，让观众在线上做一回文物保管员、库房管理员，实际感受库房保管工作。

三、有所侧重

库房保管工作复杂烦琐，有些工作内容涉及文物，如上架排架、出入库等，对于观众来说最有吸引力。而另一些工作内容，如文物信息的电脑录入、库房的卫生打扫、囊匣的制作等不具有参观性，文物摄影拍照工作需要避光环境，观众也无法参观。所以在开放方面，应侧重于与文物有关、符合参观条件的工作环节。

部分博物馆，囿于展览的藏品数量有限，通过开放库房的方式，向观众展示更多的藏品，这样的库房应具备藏品展示功能。因此在藏品柜的选择、文物的摆放、灯光照明、保管人员的工作内容和方法等方面与一般性的保管工作都要有不同之处，以适应展示的需要。

四、循序渐进

库房开放，不仅要满足观众参观的需要，还要符合库房工作的实际规律，不能为了追求尽快开放，而忽视库房实际情况，尤其要考虑的是保管工作的安全性。比如，观众在参观库房时，博物馆要控制好人流量，避免出现人员拥挤、滞留等情况。参观库房时的流线设计要合理，出入口设置醒目。参观现场应安排工作人员，帮助疏导人流，禁止观众大声喧哗、吃喝打闹、使用闪光灯拍照、随意触摸库房设备设施等不文明行为。最重要的是要保证文物安全，确保文物不会损坏甚至遗失。同时，有些文物涉密，不仅不适合展览，也不适合向社会公开。开放库房时，工作人员要注意此类文物的安全性和隐蔽性。

博物馆库房向公众开放，要采取由易到难、由简到繁的方式，先注重文物安全，再考虑开放效果，通过不断实践，在借鉴国内外相关经验的基础上，最终探索出符合本馆库房实际情况的开放模式。

第15问　征集藏品中需要注意的法律问题有哪些

近年来，随着博物馆事业的蓬勃发展及社会对博物馆的关注度逐年提高，充实馆藏，凸显特色，强化博物馆对外展示功能和研究力度，推动博物馆文化创意发展，让文物活起来，成为博物馆藏品工作的重中之重。

藏品征集是博物馆藏品收藏、管理、展示、研究等工作的基础。征集的方式一般分为捐赠、征购、拨交、交换等。征集工作具有特殊性，即负责将非馆藏文物、艺术品等转为馆藏文物，这其中就涉及藏品所有权、使用权、著作权归属等法律问题。

一、藏品的合法性

根据《中华人民共和国文物保护法》《中华人民共和国文物保护法实施条例》等法律、法规，中华人民共和国境内地下、内水和领海中遗存的一切文物，属于国家所有。也就是说，一切在中国境内出土的文物，其所有权归属国家。在征集过程中，征集人员经常会遇到出土文物。原则上，出土文物在未经国家允许下，不具备私自流动的合法性，也不能以购买的方式成为博物馆藏品。

流传有序、合法的私人藏品，如所谓的"传家宝"，或者近现代个人的著作、艺术作品、遗物等，博物馆可根据文物保护相关法律、法规，以及《中华人民共和国公益事业捐赠法》《中华人民共和国合同法》等，通过个人捐赠、征购的方式，合法获得。

在征集港澳台地区文物及海外文物时，可通过购买或接受捐赠的方法获得。需要注意的是，大陆博物馆在收藏港澳台地区及海外收藏家转让或捐赠的文物时，应当与转让人或捐赠人签订相关协议书，明确双方的责任和义务，确保转让或捐赠行为的有效性和文物来源的合法性，并严格依照法律的规定完善对文物的保护和管理工作。

对于在港澳台地区与海外拍卖的中国文物，博物馆在征集时，应区别对待。对于流传有序、合法的传世文物，有经济实力的博物馆可参与拍卖。对于非法流失海外，如从中国劫掠而去的文物拍品，则不能参与拍卖、购买。

二、藏品的所有权

博物馆藏品所有权（物权）与藏品的著作权（知识产权）是两个截然不同的概念。《中华人民共和国文物保护法》规定，除了中国境内出土的文物以外，国有文物收藏单位，以及其他国家机关、部队和国有企业、事业组织等收藏、保管的文物，国家征集、购买的文物，公民、法人和其他组织捐赠给国家的文物，其所有权均属于国家，且不因其保管、收藏单位的终止或者变更而改变。简单来说，凡是通过正规合法的途径征集入馆（国有）的藏品，其所有权均属于国家，博物馆（国有）代为行使该权力。

鉴于藏品的国有性质，博物馆在藏品管理的每一个环节，均应严格按照工作流程，遵守相关工作制度，做到人物分离、人账分离、账物一致、流动明确，从制度上明确工作流程，从管理上规范个人权限，保证藏品从入馆至入库，甚至藏品注销，都有严格的审批手续，确保藏品安全。

三、藏品的使用权

博物馆在收藏、保管藏品时，有保护国家财产不受损失，确保藏品安全的责任和义务。因此，需安排足够数量的、专业的工作人员从事藏品的管理工作。此外，因展示和研究等的需要，博物馆需根据实际情况使用馆藏藏品，即文物的使用权。

文物使用权是博物馆征集工作中最重要、最需要明确的问题。这直接决定了博物馆对征集来的藏品的使用权限，影响到藏品保管等业务工作的顺利展开。在使用权中，最常见的就是著作权（知识产权）的归属。当博物馆征集现当代手稿、艺术品、摄影作品等藏品时，应予以考虑。根据我国现行的《中华人民共和国著作权法》，作品的著作权一般属于该作品的作者，具体包括：发表权、署名权、修改权、保护作品完整权、复制权、发行权、出租权、展览权、放映权、广播权、信息网络传播权、摄制权、改编权、翻译权、汇编权等。著作权人可以许可他人行使这些权利，也可以全部或者部分转让这些权利，从而依照约定或法律规定获得报酬。

针对以上情况，博物馆应采取相应的措施，尽量避免因著作权（知识产权）带来的法律问题和经济纠纷。

第一，通过捐赠或征购方式征集而来的现当代书画名家作品、名人手稿、摄影作品，而未明确其在著作权保护期限内的著作权归属时，博物馆与著作人签订书面合同，明确转让藏品著作权。在著作权保护期内，博物馆可对该藏品行使展览、复制、出版、出租、摄制、改编等权利。

第二，博物馆收藏的是未曾发表过、使用过的遗作作品原件，如果著作权者本人在生前或家属没有明确表示不发表、不使用，则博物馆享有该作品的著作权，不受著作权年限限制。同时，比如有部分重要手稿、作品，内容涉及国家机密、个人名誉，不论著作权本人或家属是否表示过不适合公开发表使用，博物馆都应本着保密的原则慎重对待。

第三，对于博物馆收藏的且无法确定著作权人或其家属的藏品，博物馆可享有该藏品的著作权。

智慧博物馆

"智，知也，事无不知谓之智。慧，解也，洞察万物谓之慧。""智慧"一词道出了智慧博物馆的内涵。它以信息技术为支撑，让博物馆更像一个真正的"人"，具有及时准确地获取全面信息的能力，依据现象分析、推理、理解、表达、判断和决策的能力。不仅如此，智慧博物馆将会变得越来越聪明，为公众提供随时随地、无所不在、因人而异的知识服务，让博物馆建筑真正实现从"以物为本"向"以人为本"的变革。目前，对智慧博物馆的界定尚无权威定义，为国家文物局及行业所公认的定义是：通过充分运用物联网、云计算、大数据、人工智能等新技术构建的以全面透彻的感知、宽带泛在的互联、智能融合的应用为特征的新型博物馆形态。

当代中国博物馆经历了由传统博物馆向数字博物馆的升级，正在探索从单纯的数字博物馆迈向更高层次的智慧博物馆。从信息交互的角度看，传统博物馆依靠实体的藏品陈列服务公众，数字博物馆将藏品及其他相关信息转化为"数字"形式，通过网络或数字体验进行更广泛的传播，但对观众体验和博物馆业务信息化程度的提升有限。而智慧博物馆以多模态感知"数据"替代数字博物馆静态单向采集的"数字"，通过在博物馆（群）中建立全面的动态感知，实时获取观众、管理者、藏品、展厅、库房等多种要素及其相互之间关系，形成了"物、人、数据"之间多元协同关系，搭建起可自我调节和优化的博物馆智能生态系统。这一系统解决了数字博物馆阶段存在的各自为政和信息孤岛问题，极大提升了博物馆智慧管理、智慧保护和智慧服务的能力。

智慧管理优化了传统博物馆管理模式和工作机制，应用藏品管理、展览陈列管理、数字化资源管理、观众管理等系统，使博物馆内、外部管理更加高效，决策更加科学。智慧保护基于预防性保护理念，实时监测控制文物保藏的环境指标，并实现文物修复全流程的信息化管理，大大提高了文物保护修复的科技水平。智慧服务应用传感网络、无线定位、虚拟现实、增强现实等技术手段，智能讲解以及网站等新媒体传播平台拉近公众与藏品的距离，提供更加个性化、人性化的服务。

智慧博物馆的建设是一项复杂的系统工程，不能一蹴而就，更不可盲目追求新技术而造成资源浪费和安全隐患，应始终坚持需求驱动和业务引领的原则，做好顶层设计，阶段实施、逐级建设，随需应变，不断创新完善。建成馆要在全面梳理、分析已有信息化应用系统和数字资源基础上，遵循统一架构，整合新旧系统，实现可持续发展。新建馆具有后发优势，能够借鉴经验，吸取教训，应用成熟的共性支持平台技术，按需开发个性创新应用系统，实现互联互通、高度集成、统一管理。

本部分相应内容结合了当前国家文物局相关政策方针、标准化工作和博物馆先进建设理念，国内外最新的博物馆数字化建设经验，特别是全国首批智慧博物馆试点建设工作试点单位的探索和实践，希望能够为相关从业人员带来一定启发。

第1问　为什么说智慧博物馆是未来的趋势

进入新时代以来，大数据、人工智能、信息化的飞速发展和智能产品的应用，已经改变了人们接收信息和学习的习惯，为顺应社会变革，博物馆在日常工作中也不断探索新科技带来的新变化，智慧博物馆的概念也应运而生。

一、智慧博物馆突破了时空限制

博物馆一直以来都给人以传统、古老、经典、刻板的印象，受到观念、场地、资金、人力的限制，博物馆的基本陈列通常几年之内是没有任何改变的，有些条件较差的博物馆甚至从建馆以后的十几年都不会有什么变化。能展现在观众面前的展品也仅仅是馆藏的冰山一角，这并非不愿展出，而是不能展出，有的是因为空间场地问题，有的是因为藏品脆弱无法展出。而智慧博物馆就可以真正打造出24小时为观众服务的博物馆，观众能获取的信息量也大得多。智慧博物馆对时空的突破，大大拓展了传统博物馆的传播功能。

二、智慧博物馆拉近了博物馆与观众的距离

现在人们接受信息的渠道与方式更加多元，随着互联网和智能设备的发展，智慧博物馆也是人们身边的博物馆。在家中、在路途上、在学校随时随地都可以欣赏到博物馆中珍贵的文物，观众近距离地观赏文物的精彩之处，了解文物背后的故事，学习文物中所反映出的文化、历史、艺术等知识。

三、智慧博物馆改变了博物馆从业人员的工作方式

博物馆的各项工作，无论是收藏、管理、研究、展示、教育都将由于智慧博物馆的发展而被重新激发活力，大多数业务工作也将借助数字化平台升级转型，它将为博物馆人带来新的工作模式和工作方法，也将更有助于人们创新型思维的产生和活跃。

智慧博物馆提高了研究人员的工作效率，能够更便捷地将不同地方的藏品做深度比较、研究，信息获取更为多元。对于脆弱的文物如纸质品、丝织品等可以随时反复观看研究。

第 2 问　智慧博物馆建设包括哪些方面

围绕博物馆的核心业务，智慧博物馆建设按业务需求及基础建设划分包括三个层面，第一是博物馆管理，第二是公众服务，第三是藏品保护。具体主要包括基础设施建设、基础支撑平台建设和智慧应用系统。

一、基础设施建设

基础设施建设主要包括基础硬件设备和网络设施。基础设施包括各类传感器、摄像头、展陈展示设备等。网络设施包括局域网机房建设以及网络的综合布线、交换机、路由器、服务器、计算机终端等组成网络部件之间的连通及设置。联网方式主要采用有线网络和无线网络两种形式。目前基于有线方式的局域网技术已经非常普及，而无线网络接入对有线网络构成了有益补充，使博物馆网络的构建和终端的移动更加灵活。对于博物馆的上网工程，基本选择百兆带宽的宽带网服务，通过代理服务器为每台联网的计算机设定 IP 地址进行带宽的分配，也可通过专线接入宽带网服务。对于新建博物馆建筑，局域网建设在综合布线工作中需要考虑博物馆今后网络扩展的可能性，尽量连接到各部门办公室和展厅，避免日后需求增加时带来不必要的工程量。为保障局域网中系统和数据的安全，必须设置安全机制阻止网络中非授权用户访问，还有必要进行数据备份，确保博物馆信息绝对安全。

二、基础支撑平台建设

基础支撑平台为智慧博物馆内部综合管理提供公共应用服务和公共信息服务。公共应用服务要为应用系统开发提供各种业务集成通用组件，可根据用户需要灵活选取，通过简单配置即可实现业务应用。常用应用服务有地理信息服务、安全服务、位置服务、设备管理服务、消息推送服务、云计算服务等。公共信息服务指为博物馆建设一个统一的数据中心，既采集博物馆全部的信息资源，形成公共数据库，又提供统一的数据信息服务，如数据收集、数据存储、大数据分析、数据展现、大数据管理、运维管理等。有了统一的数据中心，博物馆在数据建模、信息采集、加工处理、统一用户、数据交换、数据统计的过程中有统一的规范,最大限度地实现信息优化管理和资源共享,帮助使用者方便、快捷、规范地建立应用系统的数据结构,满足信息化建设需求。基础支撑平台主要包括统一数据中心、企业服务总线。

统一数据中心是统一的数据资源与交换应用服务平台系统,是对系统的各种结构化数据进行统一管理的平台,是实现系统数据共享、提供深层次数据挖掘、数据分析的重要基础。统一数据中心包括如下功能:①统一数据标准设计。统一数据标准设计是所有涉及的业务数据管理标准。数据标准规范了业务数据模式的设计,为业务数据"如何存,存什么,存哪儿"提供了详细的规范,一方面规范了这些数据的输入标准,另一方面规范了数据的应用程序。具体的建设内容包括数据的创建规则、数据的使用规则、共享数据模型设计、数据共享和交换的标准、数据中心存储的标准、业务系统数据模式的标准等。②共享数据中心。通过共享数据中心的建设,实现异构信息系统之间的数据交换和共享,明确业务系统与数据中心平台的接口规范;保证数据的准确一致;数据中心平台系统采用统一的交换解决方案实现应用间的数据共享,将分散在各部门的数据集中到一起,建立唯一、权威的全局数据库,为将来的决策支持系统提供统计分析数据,提供跨部门的综合信息服务。③数据巡检监测模块。系统可根据设定的数据质量管理、数据存储周期管理、数据报警等设定,对具体数据执行进行巡检,及时监控数据执行过程及数据集成服务的运行状况。系统对数据、数据标准设置提醒的各类报警规则,根据异常排查问题,对运行异常的数据进行报警,报警可直接发送至管理人员,报警需与统一消息系统的推送服务结合使用。④数据统计分析API接口。平台提供数据统计分析API(Application Programming Interface,应用程序接口)服务,为各种类型用户提供有效的个性化、多角度、综合性的统计查询和灵活报表支持;既可支持职能部门(如人事、外事、科研、财务等)的各项统计分析需求,也支持其他的业务系统(如展陈、弱电、后勤等)的各项统计分析需求。根据权限,不同的用户可以在统计分析中心查看、导出系统授权的报表。

应用总线系统源于企业服务总线的概念。企业服务总线(Enterprise Service Bus,ESB),是一个具有标准接口,实现了互联、通信、服务路由,支持实现面向服务的架构(Service Oriented Architecture,SOA)的企业应用整合方案。随着博物馆信息化的发展,各业务部门会应用很多子系统,如藏品管理系统、智能导览系统、会员管理系统等,通过企业服务总线系统可整合博物馆各业务子系统,打通不同子系统间通信与传播链路，解决博物馆内信息孤岛问题，还可以实现博物馆之间、博物馆与相关单位之间数据的互联互通。

以藏品数据为例，藏品的图片、文字描述、三维影像等数据由藏品管理系统统一管理。当智能导览系统、网站等其他系统需要使用藏品数据时，将通过在企业服务总线上注册的相关接口获取藏品相关数据。各系统间应用企业服务总线实现数据交换，提高了数据的使用效率，为智慧博物馆提供了稳定高效的数据支撑。

三、智慧应用系统

智慧应用系统根据博物馆业务按需定制，以实现智慧管理、智慧保护和智慧服务。一般包括藏品管理系统、票务管理系统、安防监控系统、陈列展览管理系统、观众管理系统、数字化资源管理系统、OA办公系统、智能导览系统、文物保护修复系统、文创产品管理系统网站门户平台及手机微信管理平台等系统。

（一）业务管理系统

OA系统，包括行政审批、日程安排、会议管理、移动审批等功能；藏品管理系统，包括藏品征集管理、藏品编目、藏品出入库管理、藏品检索、藏品统计等功能；藏品修复管理系统，包括修复文物登记、修复过程管理、修复材料管理等功能；展览管理系统，包括对展览档案的日程管理、实现展览全流程的信息化、智慧化管理；学术管理系统，包括科研学术成果、学术资源的管理等；数字资源管理，包括数字资源的检索、管理、发布、使用等；资产管理，包括资产采购、数字化固定资产管理等。

（二）公众服务管理系统

观众管理，如观众信息管理、客流量监控、观众实时定位、票务管理、闸机管理等；讲解员、志愿者管理系统，如讲解员调配、讲解统计分析、绩效考评等；智能导览系统，如语音讲解、参观游线推荐、藏品搜索、微信互动、分享交流等；票务管理系统，包括个人、团体、活动、讲解等服务的购票、预约等；社交管理系统，包括公共教育活动的管理、学习资源的利用等；虚拟博物馆，包括全景数字博物馆、VR观看模式、藏品图片及影音资料观看等功能。

四、数据库系统建设

数据库是将逻辑相关的数据组织起来的一个集合。数据库技术是一种用计算机管理数据的方法，它研究如何对数据进行编码、组织、分类、存储、检索、更新及维护。自20世纪60年代第一次引入数据库技术以来，数据库技术得到了长足的发展，在各个领域都可以看到数据库技术的应用，都使用数据库来存储、操纵和检索各类数据。在如今竞争激烈的社会和经济环境中，数据库技术将会显得更加重要。

在博物馆事业中引入数据库技术，利用数据库技术对博物馆藏品信息进行有效管理，将替代传统藏品卡片式的管理方式，大大提高藏品信息管理力度。博物馆藏品管理是博物馆一项基本工作，是博物馆一切业务工作的重点。数据库的使用还可以对所藏文物的价值进行技术保真，对其特有的价值特点进行数字化处理后的储存，成为鉴别真伪的依据。当然藏品数据库建设的最终目的是为了让大众在任何时间、任何地方通过网络共享文物藏品资源信息。

要对馆藏文物实行数据库管理，首先必须在数据库中建立馆藏文物目录，以便搜索查找，同时要跟进对馆藏文物的二维及三维数字化处理，即通过数码设备拍摄、扫描仪扫描等手段，把馆藏文物转化为数字信息，以便供大众进行调阅研究。因此，藏品数据库建设必须具备一定的标准。然而，目前藏品信息化管理工作标准不一，成为博物馆之间藏品信息资源共享的障碍，2001年，国家文物局通过了《博物馆藏品信息指标体系规范（试行）》和《博物馆藏品二维影像技术规范（试行）》，以解决藏品信息数据名称不统一的问题。为馆藏文物数据库管理系统的应用提供了依据。

五、多媒体技术应用

传统博物馆是以馆藏实物陈列为展示传播的主要形式，配合图片和文字等以静态的方式进行博物馆展陈一直是传统博物馆的主要方式。随着计算机技术、多媒体信息技术的迅猛发展，静态展陈方式已难以满足人们日益增长的对展陈方式多样化和通过互联网随时随地查阅馆藏资料的需求，运用多媒体技术拓宽博物馆展陈模式已势在必行。

随着信息化时代的到来，多媒体技术应用已经成为博物馆展陈中丰富的信息载体,它为博物馆的展陈提供了必要的技术手段和强大的支撑力量。多媒体展示采用了光、电、声等多媒体合成技术来表现展品中蕴含的深层次意义,增加了展示的可参与性,从而给受众留下深刻的印象,也强化了博物馆对公众的教育功能。

六、博物馆网站

依据博物馆网站的功能定位,网站应具备如下功能。

(一)传播交流平台

博物馆官方网站首先承载传播与交流的重任,通过网络将博物馆的相关信息(包括新闻、知识等信息)进行全世界范围的传播。在传播的过程中,可以进行信息的传递、交流与利用,从而达到社会文化传播的目的。

(二)服务引导平台

博物馆官方网站可能是社会大众第一次了解博物馆的窗口,在强调个性化的今天,面对庞大的各类信息数据,引导用户从"盲从"变为"我选择"是博物馆网站的一个重要职责。

(三)体验互动平台

博物馆官方网站不仅仅是一个展示窗口,更应该成为一个线上的社区,强调流量与粘合力的今天,如何抓住用户,留住用户,形成线上群落,网站就需要提供更加"活泼多样"的线上体验、参与、互动方式,从而实现建立博物馆线上社区的目标。

(四)资源聚合平台

博物馆所肩负的文化"传承"任务,体现在网站上就是资源聚合,从展览到藏品、从观点到人物、从期刊到影视、从纸质到数字化、从活动到演出、从课堂到讲堂等,这样的资源聚合不仅体现了博物馆海纳百川的理念,更增强了博物馆的影响力。

(五)功能汇聚入口

博物馆面向的群体是多样的,而面向不同的群体提供的功能与服务各不相同，既有前端的功能与服务，也有连接内部的各个非涉密的系统，同时还有考虑到跨平台的同步性，为了便于一站式管理，便于统一入口，博物馆的网站也是面向各类群体提供各类功能汇聚的入口。

第3问 智慧博物馆能为观众提供哪些服务

智慧博物馆是以实体博物馆为基础而建立的，不能脱离博物馆的基本职能，主要围绕展示、教育、收藏而提供服务。智慧博物馆更具优势的服务功能是数据分析功能。

从博物馆为观众服务的角度，智慧博物馆主要从以下几个方面来考虑。

一、满足观众求知欲

博物馆是面向公众开放的文化机构，博物馆观众的构成也是多种多样，年龄、职业、学历都有很大差异，而博物馆中的展品说明不可能面面俱到，数字化服务就可以针对不同观众群体储备有针对性的说明内容以供观众选择。

二、为观众提供导览服务

对于观众来说，初次到达某个博物馆，或是准备去博物馆参观，都希望先了解在博物馆中有哪些展览，有哪些文物值得去看。特别是对于大型博物馆来说，展览众多，参观路线复杂。智慧博物馆的导览服务可以解决此类问题，一是参观游线的选择，二是公众服务的需求，三是针对展品的详细解读。如馆内总体路线、展品展览时间、简介以及关联知识等；同时综合虚拟现实技术与终端技术，还能为观众提供全方位的观看体验，让观众在展览过程中全面感知展品的历史环境等。

导览服务的形式主要有三种：第一种是可移动终端，观众通过可移动终端可以详细了解展馆布局、展品信息；第二种是分布于场馆各明显位置的屏幕，播放的内容通常为展览信息、活动预告信息、讲座信息等，可以告知观众在什么位置有什么展览活动；第三种是位于服务台上方或是售票窗口上方的大屏幕，这里的信息通常为展馆票务信息，当前场馆内观众人数等，可以让观众对场馆的基本情况有所了解，也能知道场馆内的人是不是过多。

三、增强观众兴趣点

智慧博物馆让观众在参观时的交流与互动方式更加多样，大大增强了观众的兴趣点。无须到达博物馆，观众就可以在互联网上通过虚拟博物馆进行参观，在博物馆里，多媒体展项可以让观众与展品间进行互动，通过微信等多种方式，观众还可将博物馆里的体验分享给更多的人。通过新媒体的传播，将有更多观众走进博物馆。

四、持续提供知识服务

智慧博物馆可根据大数据对观众的参观行为进行分析，向特定观众推送相关信息。同时，还可以将博物馆的藏品和展览制作成课程，向无法前来的潜在观众做课程推送。利用网络平台，与其他观众进行知识交流与探讨，以促进自身知识水平的显著提升。

第4问 藏品数字化技术应用有哪些方式

相对于传统博物馆的收藏职能来说，藏品数字化也是智慧博物馆的核心业务之一，藏品信息数字化是智慧博物馆的重要基础。

数字化的藏品信息经过加工处理，可以支持多种技术应用，较为常见的有以下几种。

一、360度全息幻影成像系统

360度全息幻影成像系统是用一种将三维画面悬浮在柜体实景中的半空中成像系统，也被称为三维全息影像、全息三维成像，它是由透明材料制成的四面锥体，观众的视线能从任何一面穿透它，通过表面镜射和反射，观众能从锥形空间里看到自由飘浮的影像和图形。四个视频发射器将光信号发射到这个锥体中的特殊棱镜上，汇集到一起后形成具有真实维度空间的立体影像。

360度全息幻影成像系统在博物馆虚拟展厅中常有应用，它可以使立体影像不借助任何媒介而直接投影于特定的空间，忠实地再现现实中的物体或复原出存在于远古的物体。由于影像清晰可见、色彩还原度高，因此非常逼真，可以给受众以强烈的视觉冲击,仿佛置身其中,满足了受众对博物馆展览探索、猎奇的要求,提升了参观的体验性和娱乐性。

全息投影改变了传统的 3D 技术,以全新的方式给观众带来不一样的感觉,让观众抛弃多余的眼镜,还能更清晰地看到展示效果。

二、AR 体验系统

AR(增强现实)是一种通过摄像头对现实三维空间进行定位,从而在现实影像上叠加虚拟影像的技术。博物馆展品 AR 交互体验系统首先让观众通过手机或者平板电脑的摄像头影像识别出他正在观看的展品,对展品的三维空间位置进行实时定位,然后在手机或者平板电脑上启动一段关于这个展品的交互体验,如显示展品历史、显示相关展品等。

展品 AR 交互体验系统可以极大地增强参观博物馆的趣味性。当观众在博物馆中游览时,他不再只是被动地接收信息,而是能主动同展品进行交互,铺开一个新的展览维度,提升展览效果。以采金展台为例,可以在现实河道中设置"虚拟金子",观众通过拿着手机或者平板电脑瞄准某个区域扫描展台就能成功"淘金"。

三、VR 虚拟场景交互系统

VR(虚拟现实)是 2014 年开始在全球兴起的一种可以让用户体验虚拟世界的数字仿真技术。据美国 Digi-Capital 预测,VR 市场的规模在 2020 年将达到 1500 亿美金。习近平总书记在 2016 年 G20 峰会的主旨演讲中提到,要把虚拟现实技术作为下一阶段产业革命的重点之一。VR 技术具有打破时空限制还原场景、临场感强、交互性高的特点,已经在博物馆、旅游等行业中得到了广泛的应用。

通过高交互的方式向用户更有效地传达展览信息。传统的博物馆展示以静态展览,导游解说和视频介绍为主。这些展览方式缺乏新意,容易流于枯燥。而 VR 体验可以让观众参与一个场景,和场景互动,和场景中的人互动,甚至作为一个主角完成一个故事。从教育学的角度来说,这种让参与者全身心参与的体验,可以大大地提高观览的兴趣,从而提高信息传达的有效性,更好地实现博物馆的功能。

四、创意设计文物衍生品

利用扫描的文物 3D 数据，在这个基础上进行二次设计，衍生出各种具有创意气息和文化内涵的衍生品，将会变成博物馆的衍生品行业里面越来越重要的组成部分。文物模型已经具备文物的几何细节和彩色细节，而借助目前成熟的 3D 软件实现模型的雕刻和纹理编辑是非常成熟的实现方式，有的可以直接打印出成品，用于展示，用于留作纪念，开发出更广泛的功能。

第 5 问　博物馆官方网站的必备功能有哪些

一、博物馆网站针对人群

博物馆网站针对人群如表 1 所示。

表 1　博物馆网站针对人群

序号	类别	项目	细项	描述
1	外部	观众	普通观众	一般性的参观人员
2			学生观众	可分为小学、中学、大学等
3			儿童与家庭	学龄前为基准的群体
4			残障人士	特殊的群体
5			爱好者	民间的爱好者，达人
6		会员	普通会员	一般性的注册会员
7			高级会员	享有特权的付费会员
8			志愿者	提供公益性服务的人群
9			捐赠者	提供个人捐赠的人群
10		专家	专业型	权威的研究人员
11	内部	管理者	管理人员	博物馆中高层管理人员
12		工作人员	正式工	普通的工作人员
13			临时工	临时雇佣的工作人员
14		外聘人员	借调人员	临时借调的工作人员
15			专家	聘用的相关专家

二、网站构建整体框架

1. 用户层

博物馆网站需要面向的用户层是全覆盖状态，包括"以人为单位"的各类用户群，也包含"以机构为单位"的各类企事业单位。

在地域方面，按照主流语言体系应该分为中文（简体与繁体）和英文。

2. 终端层

博物馆网站不是单纯的 Web 型网站，应该可以通过多终端进行展现，包括传统的 PC 端、手机端、平板电脑以及智能电视等展示终端。在系统方面，要兼顾现有全部终端系统，主要包括 Windows 系统、IOS 系统、安卓系统。

3. 功能扩展

博物馆的网站在功能扩展层不是一个单一的功能，而是形成完整的闭环的功能群，为了达成用户的便捷目标，传播交流、服务引导、体验互动、资源聚合、功能汇聚五大功能群在横向之间是关联互通的。

4. 业务处理层

博物馆的业务处理层采取模块化、耦合机制，由各个独立支撑系统组成，各个系统的数据库独立。灵活的业务处理层设计，将有利于后期的功能扩展层的功能累加，数据采集层的数据抓取。

5. 数据采集层

博物馆网站的数据采集层的设定，是为了日后的博物馆的数据分享与管理，大数据分析与决策形成而独立设计的一个层面。博物馆网站所获取的各类数据，后端的各个业务系统通过数据采集层进行定向抓取，从而形成博物馆的大数据中心。

6. 基础架构层

博物馆网站的基础架构层是由网络安全设备、服务器系统、网络系统、软件支撑平台以及第三方数据接口组成。基础架构层确保网站运行的安全与稳定，以及后续增补功能的冗余度。

7. 接口与安全

开发与源代码的接口预留，以及安全体系都对应博物馆信息化整体的标准体系与安全体系建设，从而确保与博物馆整体信息化的管理体系一致。

三、博物馆网站的主要栏目

博物馆的官方网站是一座博物馆的重要传播窗口，可介绍博物馆的相关信息，通常需要具备以下栏目。

1. 博物馆概况

博物馆概况包括博物馆简介、发展沿革、组织架构、联系方式等，观众可以从中了解博物馆的基本信息。

2. 展览介绍（预告），包括固定陈列与临时展览

展览是博物馆的核心，在网站上也是主要的信息内容。以中国国家博物馆为例，在展览页面中，罗列了正在举办的展览和曾经举办过的展览。即使展览已经结束，观众也可以从网站上看到展览的精彩内容。

3. 藏品介绍

博物馆对藏品的数字采集加工之后，相关信息内容就可以发布在网站上。观众可以通过网站了解文物的详细信息，学习相关知识（图一、图二）。

图一 中国国家博物馆网站"博物馆概况"
（图片来源：http://www.chnmuseum.cn/）

图二 中国国家博物馆网站"展览介绍"
（图片来源：中国国家博物馆官网，http://www.chnmuseum.cn/zl/）

4. 动态信息

动态信息反映博物馆以及文博行业的新闻、大事、举行的日常重要活动，从中观众可以了解博物馆的活动情况（图三、图四）。

图三　中国国家博物馆网站"藏品介绍"　　图四　中国国家博物馆网站"动态信息"
（图片来源：http://www.chnmuseum.cn/）　　（图片来源：http://www.chnmuseum.cn/）

5. 课程、展览、活动预约

通过博物馆官网，观众可以预约展览参观、讲座、青少年课程等。

6. 学术论文

通过博物馆官网，观众可浏览相关学术论文（图五）。

图五　中国国家博物馆"学术论文列表"
（图片来源：http://www.chnmuseum.cn/）

第6问　如何规划展厅数字化管理

智慧博物馆 - 场馆智能管理系统主要是对博物馆开放区域的播放器、投影仪、电视、LED 屏的设备及内容、灯光、环境进行集中管理和控制，能够监控开放区域的各种设备运行的状态和相关运行信息，以方便管理人员及时发现故障并快速排除问题。在日常开馆和闭馆的工作日内，管理人员还可以按照不同的模式进行集中的管理和控制，大大提升效率。

展厅数字化管理有以下几点需求：第一是观众参观需求，第二是便于管理需求，第三是安全管理需求，第四是内容更新需求。

一、多媒体远程控制

中控系统不仅要保证对所有前端设备以及它的前端设备部分进行统一的监控管理，同时要保证整个计算机网络系统内的信息交互。

启停控制。能对前端的多媒体设备进行信号的开与关，并对多媒体设备的使用状况进行控制。操控完成相应多媒体显示设备的启动或关闭。可远程控制的设备包括：投影机、电脑主机、电视、播放机及多媒体屏等。

定时控制。可通过中控系统设定电视、投影的开关时间和播放内容。

无线触摸屏控制。通过 iPad 手持式触摸屏，随时随地自由控制电视和投影的开关并播放任意选择的视频。

多媒体运行记录。保存场馆内所有多媒体设备的运行记录，提供查询功能。将多媒体设备日常状态等信息根据一定的报表格式进行统计，并可选择相应的日期输出日报、月报或年报等。

二、多媒体内容播控

采用远程管理 + 本地管理相结合的控制与管理方式。

可以更新多媒体前端设备播放内容，控制多媒体设备节目的播放、暂停、重播、音量等。

对展厅的公告屏、展览屏设备进行控制，查看各类公共信息或要求相应的服务等，根据需求更新播放内容。

节目编排。所有正常播出的音视频通过管理中心进行编辑、排播，然后统一控制播出，所有管理模式可采用策略化机制，系统可做到真正的无人值守。遇有紧急状况、临时通知，可切换到预案状态。

三、灯光照明控制

展区照明监控。通过接口整合智能灯光系统，控制各个照明设备的启停，并设置设备照度。照明设备的运行状态也能够智能监控，可以实现对展区灯光设备的控制，包括展区总灯光（强电）和展项灯光（弱电），也可以通过中控室发送控制信息来实现与现场设备的实时连接。

照明运行记录。保存照明设备的运行记录，并提供搜索查询功能。

照明时间控制。对照明设备的开关时间，可以通过中控系统批量或单独设定，当到达设定时间，照明设备将自动实现开启和关闭。

展馆环境控制。可实现环境调温设备的控制，对空调、新风系统、电动窗帘等进行各种组态控制。

展馆环境监测。监测展馆的温度、湿度、二氧化碳浓度、甲醛、PM2.5。可提前设定标准范围值，当某一指标超过预设值时，系统会发出警告信号，以保证展馆的舒适度。

展馆环境历史记录。保存温度、湿度、二氧化碳浓度、甲醛、PM2.5等与展馆、展柜环境相关的历史记录，提供环境数据的统计和查询功能。

四、博物馆微环境监测系统

本部分主要参照馆藏可移动文物"预防性保护"理念的核心技术内涵，即采取有效的质量管理、监测、评估等预防措施，监测各种环境因素对文物的危害作用，为文物处于"稳定、洁净"的安全环境提供依据，进而对文物保存环境进行调控，阻止或延缓文物的物理和化学性质改变和文物劣化，达到长久保存文物的目的。

微环境监测系统建设，主要通过平台应用软件开发、技术标准研制、管理手册制订、技术培训和各级决策层管理制度制订等，建立馆藏文物保存环境监测管理体系；通过多种有效的调控措施不断改善博物馆微环境；形成馆藏文物保存环境质量评估、风险预警、决策调控机制；深入开展环境影响作用机制研究，制订馆藏文物保存环境质量标准；提高防范文物收藏保管风险的意识，尽可能对珍贵文物实现预防保护。

第7问　关于博物馆文化传播的APP开发

博物馆相关APP软件主要有以下几类：博物馆或展厅导览、展览再现、独立展项、电子图书。

（一）博物馆或展厅导览

此类APP既可以是整座博物馆的导览，也可以是某个特展的导览，软件的主要作用是帮助观众快速地获得对博物馆或展览的初步认识。例如，上海博物馆推出的针对移动终端的导览APP，打造远程、现场、移动三种应用场景的全时空导览服务体系（图六）。首期推出的导览涵盖青铜、雕塑、陶瓷、书法、绘画、家具六个陈列室的内容，能同时满足现场随身导览和离场持续参观需求。

上海博物馆移动导览根据观众的不同参观模式，提供"展品列表+定位""推荐路线+热门展品""地图定位+就近推荐"三种不同的导览方式，分别针对全面参观、精选参观和随意参观的分众需求。

图六　上海博物馆APP古代家具馆首页

在展品信息的输出方面，该导览APP力求兼顾"物的表达"与"人的沟通"。一方面根据展品的信息特性，"因器制宜"地采用静态图文、动态视频和AR增强现实等不同手段，化静态陈列为动态表达，还原它们原初的使用场景，让参观变得更直观、更生动；另一方面细分受众需求，不但提供语音与文字两种形式的展品基本信息介绍，满足观众观物听讲的多感官摄入，同时针对在陈列中不易展示或易被忽视的细节，提供了更为详尽的信息，如全卷展开的书画，器物的附件、款识和花纹细部，铭文题跋的注释等，而对每一独立器物相关的时代、工艺、流传以及关联文物背景也进行了多维度的展现（图七）。对于一些专业性较强的文物知识，还特别制作了相关专题如"明清家具的榫卯结构""青铜器古器名释读""明清主要颜色釉瓷器介绍""明清瓷瓶的主要造型""金铜佛像的失蜡法铸造"等，作为对展厅陈列的补充。

图七　APP上展品页面

（二）展览再现

展览再现APP利用三维全景拍摄技术打破时间、空间界限，观众可随时随地参观展览，还可以体验语音讲解、虚拟现实、展品欣赏等功能，博物馆借助数字技术打造永不落幕的展览。

故宫博物院"故宫展览"APP（图八），打造出线上展厅，用户使用平板电脑，轻动手指就可以看遍宫廷原状陈列、常设专馆、专题特展，让故宫博物院精品展览一览无余，深度体验传统艺术与宫廷文化的丰富内涵。软件内的展览展品信息全方位呈现，导览地图实现快速定位，以图搜图让搜索变得更有趣；展厅全景虚拟漫游，更有 VR 虚拟现实体验，观众足不出户也能获得如同亲临现场的感受；支持第三方登录的全新用户体系，收藏与分享一键即达。

图八　故宫博物院 APP "故宫展览"页面

（三）独立展项

故宫博物院陶瓷馆专门做了这样一款 APP（图九），以时间为轴，串联起陶瓷馆的展品，每件都配有高清图片和专家撰写的介绍，其中部分展品可以 360°环绕欣赏，便于观众查看藏品精美细节。

(四)电子图书

《紫禁城》既是一本期刊,又是一本电子期刊(图十)。北京故宫是中国明清两代的皇家宫殿,旧称为紫禁城,是中国古代宫廷建筑之精华。北京故宫被誉为世界五大宫(北京故宫、法国凡尔赛宫、英国白金汉宫、美国白宫、俄罗斯克里姆林宫)之首。《紫禁城》创刊于 1980 年,是由中华人民共和国文化部主管、故宫博物院主办、故宫出版社出版的文化艺术类期刊。利用故宫博物院得天独厚的文物与专家资源,依托故宫 180 万件文物藏品和明清紫禁城的皇家建筑群,关注学术发展前沿,热心引导和鼓励青年学者成长,注重保护和传承老一辈学者的研究成果。

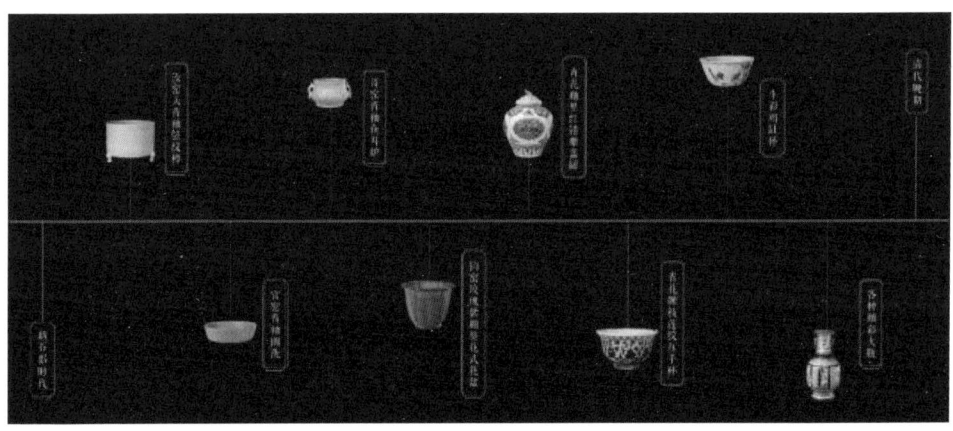

图九　故宫博物院 APP 陶瓷馆页面

智慧博物馆   195

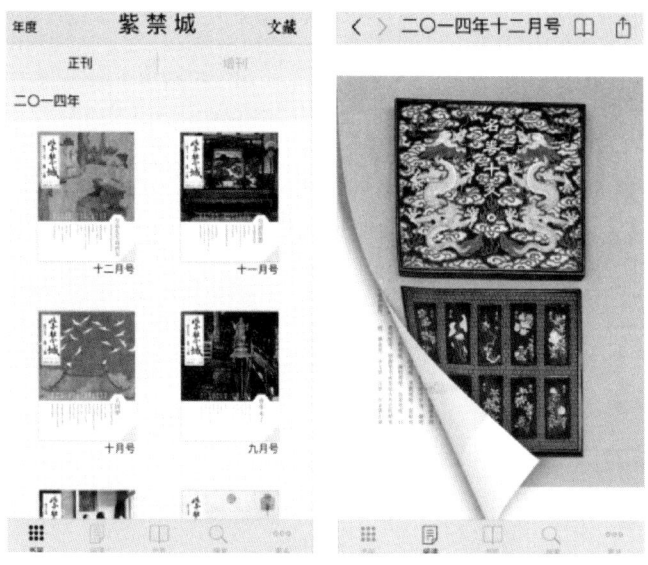

图十 《紫禁城》页面

第8问 藏品数字化工作应注意哪些问题

藏品数字化工作需根据博物馆规模及藏品特点配置适合的摄影设备和高清文物扫描复制设备，严格遵守相关规范要求的操作流程，确保人员和藏品的安全。藏品信息采集的拍摄和扫描过程建议注意以下问题。

（一）采集设备

·数码单反机身一台（600万像素以上）
·具有可以移动和俯仰镜头光轴的中焦距镜头一个（用于校正视差）
·电池两块
·闪光灯/三脚架（含云台）/摄影包一套
·背景纸/架一套
·影室灯一套（不少于三盏，每盏输出功率≥500WS，造型灯功率150W；调光范围全光到1/4级；有同步触发和闪光触发；含柔光箱），对于需要多段拼合的影像拍摄，建议采用重复性能好、色温稳定的数码闪灯系统

（二）拍摄环境

·专门的摄影场地，宜高大，有进深，面积不小于30平方米，高度≥3米，

如有条件，面积越大，高度越高越佳。

·场地宜选择阴凉干燥处，适于保护藏品与摄影设备。

·建议采用深浅不同的灰色背景拍摄不同色泽的藏品。

（三）拍摄要求

1. 立体藏品

·对扁平形器物一般拍摄正反两面，如有特殊信息，应加拍。

·对具有连续花纹、内壁铭文或其他特殊情况的文物（如不规则形状的文物）每隔 30~45 度拍一张。

·藏品如附有图纸或拓片的应加拍。

2. 平面藏品

·全形图像一张，尽量用一幅画面。

·无法在一张影像中记录全形的，以分段拍摄形式记录时，画面的接口重叠部分不得小于 0.5 厘米。

·对有铭文、款识等附加信息的平面藏品要加拍相关影像，如有特殊的装裱形式亦应对其做影像记录（如宋画以明代封套盛放，除拍摄画心外，对装裱部分亦应予以记录）。

·成套藏品必须拍摄组套图像，并加拍独件文物的全形图像。

（四）扫描采集

1. 扫描设备

光学分辨率不低于 4800×4800 的平板扫描仪一台。

2. 扫描规格

·按原件尺寸的 100% 扫描。

·使用 RGB 真彩色模式的位图表示法。

·珍贵品采用光学分辨率 600 dpi（含）以上 RGB 真彩色模式进行扫描；彩色深度达到每像素 24bits。

·普通品采用光学分辨率 300dpi（含）以上 RGB 真彩色模式进行扫描；彩色深度达到每像素 24bits。

3. 存储规格

· 三级以上文物采用 TIF 格式存储。
· 普通品采用 JPEG 格式存储，压缩后影像质量为"中"。
· 不得数件合扫于一幅影像之中。
· 扫描时必须涵盖原件外围至少 0.3 厘米的范围。
· 仅在原件尺寸大于 A4 的情况，才能将原件分部分扫描；将数据分为数部分扫描时，各扫描区域边缘必须有 1 厘米的重复扫描区。

4. 扫描数据加工规范

· 扫描仪应进行过色彩校正，确保扫描影像的色彩忠实于原影像载体。
· 对于获取的数据要根据原件进行修正（纠正歪斜的图像）、去痕（去除图像中由于原稿的问题所留下的污点、霉斑、刮痕等不属于藏品信息的缺陷，这些缺陷基本上存在于图像背景中，对于反映藏品信息部分的图像基本不做处理，以避免造成信息误差）。
· 拼合后每一部分的色调、对比度、明暗度要保持基本一致。

第 9 问　如何搭建网上博物馆

基于互联网技术+虚拟现实技术打造网上虚拟博物馆，把整个博物馆的真实场景通过三维激光扫描仪数字化后，通过对三维场景模型的后期建模和虚拟现实技术重建真实场景，利用互联网技术发布于网络上，打造美妙的具有沉浸感的在线欣赏体验。

三维虚拟参观服务系统采用 3D 虚拟参观与真实场景相结合的全新网上漫游模式，通过虚拟现实技术，以虚拟仿真展馆参观路线和交互式探索形式重现，实现三维场景、展品及动画、流媒体资源与网站发布的整合，通过网络三维互动技术将现实中的展馆用三维的形式呈现于互联网，并通过与数据库的连接，实现信息的搜索和管理，从而在无限的空间中承载无限的内容，搭建"永不落幕"的参观平台。后期可运用物联网技术并借助音视频等多向交互打造全国乃至全球展馆互联。

（一）三维重建

对于珍贵或具有典型意义的藏品可以利用三维建模技术对藏品进行三维重

建，通过计算机屏幕获得藏品的真实三维现实，加上逼真的纹理映射，组织虚拟展出。藏品以三维立体模型的形式展现，用户可以任意放大和缩小藏品，变化赏析角度，以不同的精度，从不同的角度观察藏品，获得真实的感受。

精选博物馆的一级藏品进行三维立体展示，并可以通过前台数据库发布系统进行定期更新、调整。提供藏品统一的列表和展示页面，在该页面可以查看和了解到藏品的详细信息，并可以设置角色扮演、动画展示、历史还原与多媒体结合，全方位展示藏品和诠释藏品的信息。

（二）虚拟动画

虚拟动画展示内容为藏品使用原理、生成环境、制作工艺等方面的信息，叙述隐藏在藏品之后的历史知识、文化信息。也可以以此为基础，制作成教育课件，充分调动青少年对藏品的兴趣，在娱乐中学习科学文化知识，达到寓教于乐的目的。

（三）虚拟行程系统

在虚拟博物馆中可通过二维码接口将个人的行程信息以可视化的方式在虚拟博物馆中进行展现，观众登录虚拟博物馆即可知晓自己在博物馆的历次参观情况。

第10问　在线预约系统开发应注意哪些问题

网上预约系统作为电子票务系统的扩展服务内容之一，已越来越广泛地被各个博物馆所采用，博物馆网上预约系统是博物馆信息化建设中电子商务的关键业务，可以实现网络营销、网络宣传、网络决策等功能；方便游客购票，有助于增加客流量。通过先进的技术手段，来提升博物馆的服务、降低运营成本，从而获得竞争优势，使得博物馆的整体资源得以充分发挥，并能积极响应观众需求，以帮助博物馆增强公众影响力。

（一）网上预约系统的意义

①电子商务平台将更好地将博物馆的馆藏资源展现给游客，拓展客户面，扩大博物馆的影响；

②游客不仅可以预订门票，还可以获得价格优惠。通过电子商务平台进行网

上支付，为观众带来更大的便利和实惠，从而调动社会公众参观收费主题展览的积极性；

③帮助主管单位规范博物馆营销业务，统一设计博物馆的文博形象，统一宣传博物馆的文化品牌，有效利用博物馆资源为公众提供高质量的文化服务，降低总体营销和销售成本，提高博物馆的营销效力；

④有效地营销博物馆的馆藏资源，促进旅游、宣教和相关文博馆藏产品、服务等行业的发展，提高博物馆在文博单位的地位；

⑤为博物馆信息化建设创造良好的社会环境，提高相关社会机构、组织和个人对博物馆投资建设的信心。

（二）网上预约系统主要功能

1. 信息查询及宣传推广

平台可以通过多种方式实现文博展览资源信息的宣传、推广，包括提供图文并茂的专题展览相关的介绍材料，共享其他文博相关单位的宣传资料等。

2. 主题展览售票

最佳性价比的门票定制服务，是吸引观众到博物馆电子商务平台的重要因素。游客可以直接购票，博物馆直接为游客提供服务，平台将成为博物馆收费展览门票销售的最佳渠道。

3. 费用支付及结算

可以为游客和博物馆之间提供订票结算服务和保障。

4. 咨询服务

提供有效的查询功能，游客可以通过不同的途径、办法、方式查询博物馆的相关信息。

5. 渠道宣传

使博物馆的文博资源接入其他文博单位或者国际主流文博展览的宣传、推广渠道。

6. 数据挖掘和决策支持

平台将为博物馆行业的进一步发展和管理决策提供有效的依据。

7. 与电子门票售检票管理系统无缝结合

网上预订系统通过数据接口，可与博物馆的电子门票售检票管理系统无缝结合。

第11问　智能讲解开发有哪些优势

相较于传统讲解设备，智能讲解系统具有以下优势。

第一，通过自动讲解话筒或团队智慧讲解发射机，实现讲解功能。可以通过后台设置将场馆内分为不同的讲解区域，通过逻辑群组的设置实现分区现场讲解，声音覆盖均匀、范围广。相邻讲解区域间声音淡入淡出，无缝、平滑切换。在相邻两个讲解区域切换时，可以自由设置前后两个区域同时放音时间。具有超强抗干扰能力，音质清晰。

第二，智能讲解系统通过有线、无线网络一体化设计，可接入场馆中的有线以太网络及WLAN无线网络，可与后台服务器及后台终端进行数据交互，实现智慧服务、智慧管理、智慧保护。

第三，场馆内被分为不同的讲解区域，其中的每一个讲解点位都是独立的小系统，如果在未来有展陈或者讲解区域的调整需求，可以直接通过后台管理终端调整逻辑群组设置，而无须改动任何布线及硬件系统。

第四，团队智慧讲解接收机的设备参数可以通过后台集中管理、设置功能。通过后台管理终端，经以太网络，可以实时设置整个场馆的每一台团队智慧讲解接收机的内置参数。如逻辑群组、音量、音调、均衡调整等关键参数。支持定期备份，必要时可以恢复。同时支持预先存储功能特性不同的参数设定，比如小团队接待模式、超大团队接待模式、领导VIP接待模式等，在需要变更时通过后台管理终端瞬时改变全馆所有主机的参数设定，快速转换接待模式，更好地满足不同接待任务需求。

第五，系统在运行过程中的动态信息，经网络实时传输汇总到后台服务器数据库，并可通过后台定位终端实时显示，查看讲解员及参观团队的所在位置，设备的工作状况等。通过后台管理终端可实现与讲解员手持智能设备或安装有"智能工作APP"的智能手机的实时信息发送，实现对讲解员、参观团队在整个参观路径上的实时定位、讲解状态实时监控和讲解员的远程任务分配、管理调度等功能。团队智慧讲解接收机支持对讲解内容实时录音、监听、存储。

第六，设备将动态信息实时传输到后台服务器端后，后台服务器可以对设备的使用情况进行统计、分析。每台团队智慧讲解接收机、每位讲解员的设备使用和讲解工作情况均有记录，可统计、分析使用频次、各点位讲解时间、累计工作时长等信息。通过实时监控系统设备的工作状态，配合录音存储功能，为讲解接待人员工作任务量统计、讲解效果监督、绩效管理等提供有效信息。

第七，后台服务器可以向讲解员手持智能设备或智能手机端的"智能工作APP"发送通知信息、广播信息、调度管理信息等内容，同样讲解员也可以主动向后台管理人员发送消息，进一步为所有进馆游客提供智慧化信息服务。

第八，为了达到掩盖噪声并创造一种轻松和谐气氛的目的，可以通过以太网连接团队智慧讲解接收主机，进行全 IP 分区数字化公共广播，替代讲解区域内的背景音乐和公共广播系统。

第12问　智慧博物馆中的票务系统有哪些特点

现在大多数博物馆都是免费参观，但是票务系统依然是博物馆运营管理中不可缺少的重要系统，通过票务系统，博物馆管理者可以了解到馆参观的观众信息，同时可以为博物馆运营提供可靠的数据支撑。博物馆票务管理系统作为一个综合性系统包括若干子系统，具有普通门票不具备的特性。

（一）保密性好，防止门票伪造

智慧博物馆中的电子门票，对每张门票的票号进行加密处理，由检票设备自动识别，可杜绝假票和废票。

（二）收费管理的全面电子化

各售票口的售票人数、检票通道的检票入场人数，可以实时反映在票务管理中心的电脑中，可以随时打印出各种所需的数据报表，根据报表数据可以及时掌握经营状况，并且及时发现存在的问题，从而改进工作，加强管理，实现最佳服务，以此达到最佳经济效益和社会效益。

（三）适应性强

系统具有开放式结构及模块化功能设计，系统可大可小，通道可多可少，功能可增可减，因此具有很强的系统适应性。

（四）良好的实时性

准确判断门票的合法性并查询、统计门票发售的数量、时间及客流量，可打印日、周、月、季、年报表，便于审核及科学化决策管理。同时，由于采用了工业级嵌入式检票处理技术，极大地加快了电子门票的验票及放行速度，确保了游客通行的实时性要求。

（五）管理的先进性

采用计算机控制和管理，极大地提高了工作效率和管理水平，有效地杜绝了财务上的漏洞，确保了博物馆的经济效益。同时，通过计算机统计报表处理，可得出每一阶段的游客流量分布情况，并通过条形、饼状、曲线图显示数据，清晰明了，便于领导查询、合理安排服务设施和服务项目，以达到博物馆内部的科学化管理。

（六）系统安全机制

电子门票管理系统安全机制包括以下几个方面。

·电子门票信息加密：采用密码学中的加密技术对电子门票信息进行三层加密。

硬件加密：系统所用电脑都需要通过加密锁认证、电脑密码验证、后台管理审批等多层严格控制，即使专业人员也无法解密。软件加密：电子门票通过专门的条码生成文件加密生成，外来条码无法进入本系统。整个系统也进行了操作员密码登录、后台管理电脑审批、数据库加密等多重加密措施。

·有效期限制：对于电子门票，可规定其使用期限，在有效时间内按规定的次数检票入场。

·重复进入控制：系统支持二次入馆，对允许重复进入的电子门票采取人像比对或指纹验证的方式，确保门票只能由本人使用。

·客流量高峰期措施：在客流量高峰到来前，可采用提前出票的方式，缓解售票环节的客流量压力。可扩展应急移动检票设备，增加检票通道，提高游客入馆速度。高峰期也可将通道闸机的闸门置于常开状态，检票后直接入馆，由工作人员监管并维持秩序。票务系统特有的多人票检票方式，可使团体游客多人共用一票，一次检票，准确计数多人入馆，可大大提高团队游客的入馆速度。

第13问　智慧博物馆中的大数据应用有哪些

随着云时代的来临，大数据也吸引了越来越多的关注。博物馆通过对传统数据收集、存储分析，为博物馆的运营管理提供了更多可参考依据，特别是可以对观众提供更多有效的信息传播。

一、藏品研究管理

藏品是博物馆的基础，也是博物馆的基本业务之一，通过对藏品的数字化信息进行储存分析，为藏品研究提供更便利的条件。在文物保护方面大数据也发挥了其重要作用，利用物联网与大数据的技术运用，实时监测文物保护环境的温度、湿度、光照等信息。

自2012年起，国家文物局开始了长达5年的第一次全国可移动文物普查，普查覆盖我国境内全部国有单位。据《第一次全国可移动文物普查工作报告》（国务院第一次全国可移动文物普查工作办公室编，文物出版社，2017年），全国拥有可移动文物共计10815万件/套，其中珍贵文物占比6%，数量最大的依次是钱币、古籍图书、档案文书、陶器、瓷器，占比超过七成，普查期间新发现新认定文物700万件/套。普查按照统一标准为每件文物赋予永久、唯一的22位数字编码，建立起文物实物、藏品档案、电子信息关联一体的"文物身份证"编码和数据管理系统，实现文物资源标准化、动态化管理。

二、服务体系管理

博物馆的服务目标和服务对象就是观众。观众对于博物馆而言，也是其赖以生存的社会基础，观众的数据是博物馆所有数据中最重要的一部分。通过各种途径收集到的观众参观数据中，除观众留言是一种非格式化的数据之外，其余格式化数据都可进行分析、利用，这对提升博物馆的服务质量有非常大的帮助。

在上海博物馆展示的样本试验中，显示664名实时观众最青睐陶瓷馆和青铜馆，而家具馆人数相对较少，观众密度和参观轨迹都可由计算机实时捕捉。大数据的价值在于，在未来的博物馆里，热门文物和冷门文物分配比例，观众的参观流线，都会更加科学地设置。通过直观的图表，未来博物馆的管理措施可以基于大数据施行，博物馆的数据画像将驱动馆方调整策略，依托馆藏为观众提供更精准的服务（图十一）。

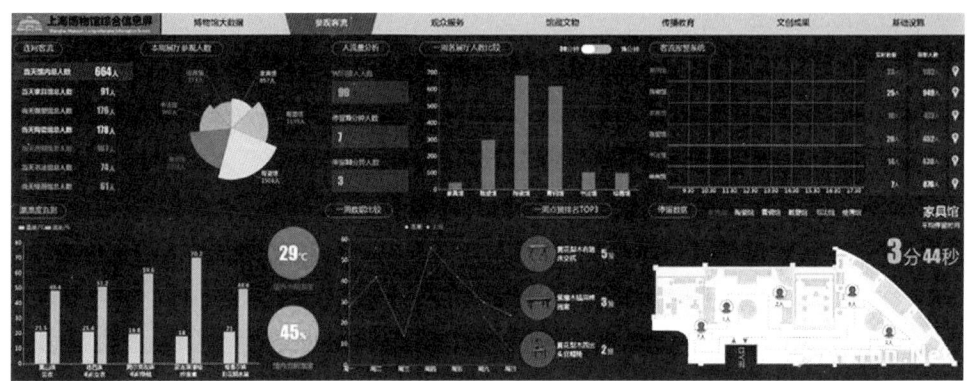

图十一　上海博物馆数字中心观众参观客流数据界面
（图片来源：https://news.artron.net/20180504/n999991.html）

第14问　对重点展品的数字化解读方式有哪些

重点展品是策展人表达展览主题的重要媒介，具有较高的历史价值和艺术价值，在展览的叙事和传播中起到不可或缺的作用。重点展品的数字化解读可尝试从内容和手段出发，利用数字化技术突破时间及空间的限制，挖掘展品背后的故事，用更具互动性的多样化方式加以解读。

一、从内容角度解读

·叙事。通过数字化可以将展品的来龙去脉准确清晰地展示给参观者，也可以将掌握的文物资料以讲故事的形式加以展示，增加博物馆教育的亲和力；对研究者而言，可以便捷地获取博物馆发布的资料。

·解构。对于具体的展品本身，可以从不同的角度、不同的方向，甚至从历史的演变进程中展示与解析展品，使观众深入其中，由表及里地了解展品。

·延展。对展品的展示已经不限于博物馆，可以随时随地借助于数字化形式进入展区，进入博物馆，进而人们可以从爱好出发建立自己的掌上博物馆。

二、利用不同的形式手段

· 触屏。目前博物馆使用较多的是在数字终端安装触屏，通过手触屏幕了解展品及其背后的故事。

· 手机二维码（导览机）。智能手机的广泛应用可以使人们通过进入博物馆扫码了解相关信息。

· 视频。随着数字技术与网络的结合，视频的应用在博物馆广泛使用，形象的视觉效果使观众对展品的认知更直接。

· 互动体验。互动体验的形式众多，借助多媒体、数字技术，运用前沿技术和整个展览设计融为一体。以甘肃省博物馆的"甘肃丝绸之路文明展"的《文物带您走丝路》互动体验项目为例，结合了多种形式手段，充分还原了重点展品的历史背景和使用方式（图十二）。其中，丝绸之路动态展示屏以一幅数字长卷的触屏再现了丝绸之路上，一队队骆驼背负着胡桃、漆器、茶叶、石榴等物资来往于东西方的重要城池之间的情景，古老的丝绸之路生动地呈现在人们的眼前。在丝路珍品文物展示屏前，观众只要触摸一下历史年代，屏幕便展示那一年代的丝路文物，并可以360度全景观看，浏览相关信息，还可用手机扫码听讲解。这一长方形的屏幕上收录和展现了丝绸之路对应年代的甘肃省博物馆馆藏的重要文物。观众还可以扫描二维码下载甘肃省博物馆微信公众号，在"语音导览"栏的"看文物听讲解"中，铜奔马、驿使图、木独角兽、竹木写春秋、黄河古象等文物，以图片、文字、音频相互融合地展示出来。

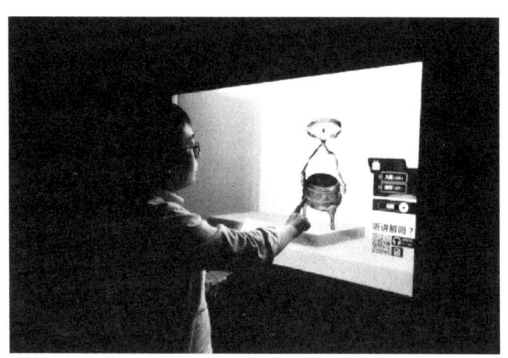

图十二　甘肃省博物馆《文物带您走丝路》互动体验项目
（图片来源：每日甘肃网，《让人们爱上博物馆，甘肃省博物馆智慧化服务让文物"活"起来》，http://gansu.gansudaily.com.cn/system/2018/05/17/016965925.shtml）

第15问 如何实现观众的实时定位

目前实现观众的实时定位主要是采用 WLAN、iBeacon 蓝牙无线定位等多种技术实现的。在有无线局域网覆盖的地方，基于无线定位引擎进行实时的三点定位，并且通过算法进行校正。同时基于电子地图，从这些设备实时获取位置数据，并推送给移动终端。

一、技术原理

WIFI 定位系统是基于标准的 IEEE 802.11 无线局域网（WLAN）。定位算法是基于接收到 WIFI 信号的强度（RSSI）。在覆盖无线局域网的地方，定位终端周期性地发出信号，无线局域网访问点（AP）接收到信号后，将信号传送给定位服务器。定位服务器根据信号的强弱判断出标签距离 AP 的位置，通过定位终端到至少 3 个 AP 的距离可以算出定位终端的位置，在无线 AP 密布的区域准确度是最高的，但并非越密越好，一般终端在某一位置可与 4 或 5 颗无线 AP 通讯为最佳。

定位精度是和定位器分布密度、环境、定位对象的干扰有关的。为提高定位精度，定位系统采用历史移动轨迹、增加 AP 定位器、修正信号突变等方法尽量在算法上降低干扰带来的定位误差。

定位系统基础构架主要由 WIFI 网络、终端、定位引擎和监控平台组成。定位引擎和监控软件通过集成在定位服务器 AP 收集无线信号信息，然后转发给定位服务器，再由定位服务器根据定位算法计算出终端的位置。定位原理如下图所示。

二、应用案例

上海博物馆展厅采用 WLAN 无线定位、iBeacon 蓝牙等多种复合技术实现对观众的实时定位，定位精度在 1~3 米以内，可实时反映观众轨迹、密度和点位（图十三）。以明清家具馆 AP 接入人数展示为例，可实时展示当前明清家具馆内的观众数量情况和观众移动轨迹，以及在家具馆停留 15 分钟和 30 分钟以上的人数，以及具体热门展品前人数累积和时间累积的情况等[1]（图十四）。

---

[1] 刘健：《博物馆大数据运用初探——以上海博物馆数据中心项目为例》，《文物保护与考古科学》2017 年第 3 期。

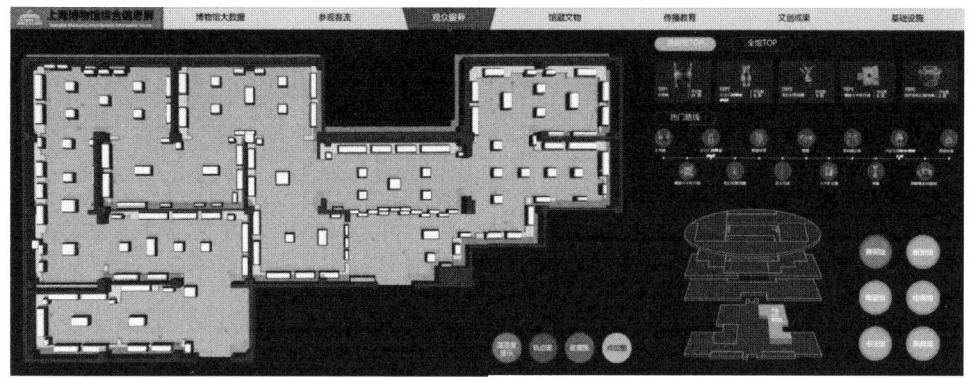

图十三　上海博物馆数字中心观众服务数据界面
（图片来源：上海博物馆微信公众号《给我一双慧眼吧：上海博物馆数据中心初步建成》）

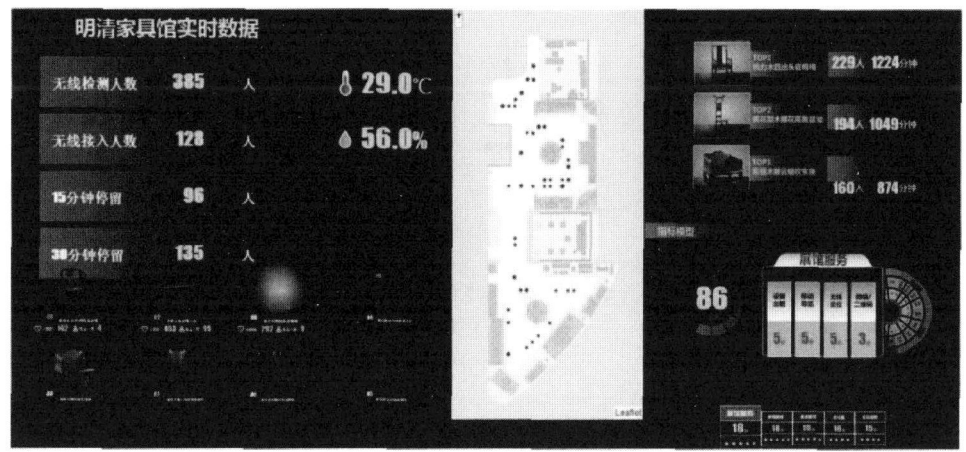

图十四　上海博物馆明清家具馆实时数据显示
（图片来源：刘健《博物馆大数据运用初探——以上海博物馆数据中心项目为例》，《文物保护与考古科学》2017 年第 3 期）

观众实时定位系统可具备的功能如下。

· 支持实时定位展现：实时定位展厅内每个观众的位置

· 支持区域热图：选定时间段内，进行区域热图展现，分析人流密集点与动线

· 支持行进轨迹：选定时间段内，对某特定观众行进轨迹进行展现

· 支持指定馆区、指定藏品或展位的观众分析：对观众参观的藏品或展位进行分析，时间上包括时段、日、周、月、季、年等，空间上可按楼层、区域进行分析，还可与其他任意时间的指标进行比较

· 支持指定馆区观众驻留时长分析：对观众在指定馆区停留时间进行分析，

时间上包括时段、日、周、月、季、年等，空间上可按楼层、区域进行分析，还可与其他任意时间的指标进行比较

· 展馆热图分析：可呈现 15 分钟或 30 分钟热点图、日均"人流量"热点图、日均"停留时间"热点图

· 展馆 / 藏品关注度排名分析：展馆 / 藏品流量排名、展馆或藏品客流停留时间排名等

第 16 问　智慧博物馆如何实现对参观人数的监控及预警

目前，智慧博物馆主要通过身份证取票检票、客流统计摄像头、WIFI 定位、人脸识别等设备的设计部署，及时获取准确的客流量数据、观众分布等信息，博物馆将能够更加快速和科学地采取分流疏散、错峰、限流、预警等应对措施，在安全管理中占据主动。另外，通过历史客流数据，可以为博物馆经营管理提供数据支持，辅助管理分析，优化营运服务。

一、技术原理

（一）客流数据采集

客流分析系统基于运动目标智能跟踪与识别技术，并通过基于特征点提取的聚类方法，然后采用特征识别方法，精确检测出通过该区域的客流量数据。

（二）客流数据传输

分析完成的数据，以 5 分钟为单位传输到数据 / 报表服务器的数据库中进行保存，由于数据每 5 分钟传输一次，每次只传输该通道的出入人数。

（三）客流数据汇总分析

客流分析系统通过读取数据库中的数据进行全面的数据分析。可根据历史客流数据和当前客流信息，对不同时段和不同区域客流数据进行汇总、挖掘、对比与分析，输出多种类型图表，为管理人员提高管理效率和进行管理决策提供诸多有价值的信息。

（四）客流监控及预警功能

双向客流量统计：通过在各区域、各通道的客流统计辅助设备，获得客流量数据，并实时传输到服务器参与统计分析。

支持单、双向的客流统计：实时、自动、连续、准确的统计进出馆内各出入口的客流数据。

统计各区域、各通道在一段时间内的客流情况：包括任意时段客流统计、每天客流统计、一周客流统计、周客流量对比、月度客流统计以及年度客流统计。

（五）数据对比分析

提供多维度客流数据统计报表功能，实现任意时间维度和物理维度的客流数据查询比对，可按分、时、日、周、月、年进行客流数据同比分析和环比分析，支持不同出入口的客流量比对，统计结果可以饼状、曲线、柱状、EXCEL等多种图形报表展现。

（六）客流预警及联动

根据预先设置的客流量告警级别和阈值，可对博物馆总体客流量、展厅及重点区域进行监控预警。

当馆内人员数量超出博物馆承载上限时，自动向监控中心发出预警信息并向相关领导发送预警短信；安保人员按照监控中心的指示，控制出入口闸机通道开启或关闭，以便实现对滞留观众的疏导分流。

通过智能视频分析技术以及 WIFI 定位技术，对各展厅及特殊区域人群密集度进行统计、监测。设置人员预警数量，当展厅内客流数量达到限定数值时，可以实现自动安防报警功能，提醒馆内工作人员采取措施限制人员流入并进行展厅客流疏导，以便有效控制区域人员密度。

二、应用趋势

近年来，随着人工智能技术的发展，人脸识别客流分析技术将成为未来智慧博物馆客流量统计分析的新手段，利用人脸图像采集及检测、人脸图像预处理、人脸图像特征提取以及人脸识别匹配技术提取客流量的属性，既丰富了传统客流量数据的多样化，也提升了客流统计数据分析的价值。同时与 BIM 安防平台结合显示具体报警信息，实时掌控建筑所有预警，迅速响应，进度跟踪，结果审核，保护建筑资产和生命安全。

以下列举几点人工智能+BIM客流分析的核心功能以及价值点。

（一）客流分析统计

应用计算机视觉前沿技术，自动排除一天内或者短时间内重复进入的观众，精准判断统计到馆的观众数量，弥补了传统客流统计无法排除徘徊、循环以及工作人员的短板。此功能避免了传统客流统计在无法识别进馆观众身份情况下，造成多次统计而产生的一定程度误差。

（二）观众性别、年龄分析

性别、年龄分析，按照日期、时间、节假日、天气、特定活动等进行查询分析。能够精准统计和分析观众的年龄比例、性别比例，以及通过特定区域位置分析观众浏览藏品路径，从而预知特定年龄、性别的观众对某类藏品的喜好程度。

（三）优质观众分析统计

通过人脸识别技术，对每个进馆观众进行人脸分析和记忆，精确地统计出观众的重复进入次数及时间。用户可以自主查询观众进馆频率，如若观众是首次到访，则被记录为新观众；若是两次以上的到访观众则被记录为老观众，并且自动统计每天新老观众比例，帮助博物馆分析观众回头率。

（四）自动识别VIP观众

通过人脸识别，自动分析客流量当中的VIP观众，以及将VIP观众历史到馆记录和相关信息推送至手机APP提醒，实现精准服务，促进博物馆与观众的互动。也可以用于分析VIP观众到馆频率、参观习惯和文化消费水平，掌握观众的习惯和接受范围进行针对性的推荐，提升观众的兴趣，从而促进文化消费。

（五）智能预警提醒

通过对比分析人脸匹配观众信息，进行智能预警提醒，并且与BIM安防平台结合显示具体报警信息，实时掌控建筑所有预警，迅速响应，进度跟踪，结果审核，保护建筑资产和生命安全，管理者第一时间即可掌握监控点位的位置信息、现场信息，解决传统模式的信息来源单一、传达易延误等问题。

第17问 智慧博物馆如何实现远程教学

通过"互联网+教育"的理念,对教育资源进行线上线下的整合,建立一体化的博物馆教学平台,通过音频、视频(直播或录像)以及包括实时和非实时在内的计算机技术进行远程教学。远程教学课件制作要注意三个关键点:一是课件遵循 SCORM(Sharable Content Object Reference Model)标准。SCORM 是在线教学领域的一套标准,这套标准的目的是为了让不同软件制作的课件在任何学习平台上都能顺畅运行。因此博物馆课件的制作首先要使用遵循 SCORM 标准的工具。二是注意课件的系列性、创新性。博物馆针对学习者的不同需求和课程建设要求,设计开发教育课程,如探索 STEAM 教育[科学(Science)、技术(Technology)、工程(Engineering)、艺术(Art)、数学(Maths)融合起来的教学]、创客教育等新教育模式,对课程体系、知识点体系、知识点划分和描述等进行建模。同时,博物馆教育者应为观众学习者设计一个高度交互的、富有弹性的学习环境,然后结合相应的学习课程和学习策略,由学习者根据学习目标自定步调,进行主动的知识构建,并最终完成学习任务。三是形成线上线下相结合的博物馆社会教育闭环。充分发挥博物馆研究和教育优势,形成博物馆线上教育与线下体验相结合的教育体系,让博物馆实地展览教育、网络拓展教育、博物馆活动体验教育有机结合,相互促进。

一、技术功能

(一)选课中心

主要为学员提供各个相关课程资源的介绍和选择参考。能够将管理员和用户上传的、推荐的资源通过选课中心进行集中展示,包括"最新资源、推荐资源、热门资源"以及管理员设置的资源栏目。学员能够按日、周等查看各种课程的概要情况,为选择某门课程做一定的参考,同时学员可以先行试学。

(二)在线课堂

可为各类人群服务的在线课堂,提供数字课堂、学习单等不同形式的科教内容,课程支持断点式记忆、渐进式学习。用户选择课程进行预约、学习;可对课程进行评价、反馈；分享、交流课程资源；还可通过获得积分兑换课程资源。

（三）考试大厅

考试大厅提供智能组合试卷的功能，将博物馆的题库进行随机组合形成考题。学员考试结束后，针对答错的题目，系统将自动提示此道题对应的知识点，并推送与此知识点相关的视频课程，引导学员进行学习。考试成绩达到预设的分数线，学员即可获得相应的"微学历"。

（四）课程秀

支持共享课程创建，充分发动每个学员贡献自己的优秀课件。将平台学员、教师、专家等上传的各类课程资源按照 SCORM 标准进行封装并展示，这些资源可设置为收费项目或免费项目，具有完善的分类标引、付费支付、评论和评分体系。用户可通过参与线上线下活动赢取积分，兑换相应资源或奖品，形成线上线下闭环服务。

（五）个人中心

个人中心记录学员学习全过程。学员可以通过参与课程培训获取学分，也可以通过考试获取相应的"微学历"，学分的不同分值及"微学历"的不同等级可由管理员根据业务需求灵活设定。

（六）资源管理

资源管理可以使教育资源自由共享，还可以培养和提高观众获取各种学习信息的能力。管理包括基于 SCORM 标准课件包导入导出功能；提供课件制作工具、课件资源库；支持视频、flash、图片、word、ppt 等课件资源。

二、应用案例

上海自然博物馆 MOOC 科普资源云平台是一个以 MOOC（慕课）为核心的特色资源服务平台，包括视频动画、科学绘画、藏品、语音导览、科普文章等（图十五）。平台还将通过建立一套统一的分类规则、形成一个统一的数据接口来实现对其他科普公众平台、科普场馆、教育基地优质资源的整合、共享，确保用户获得更便捷的学习体验。平台创新了主动参与互动导引的 MOOC 教育新模式，实现平台资源的主题式检索，针对青少年推出鸟类主题慕课，包含课程导学、教学视频、拓展资料、学习检测、互动讨论、效果评估等功能模块，逐步形成"以博物馆精品课程助力素质教育、以体验式主题活动激发探究热情、以衍生化展教资源分享科学新知"的生动局面。

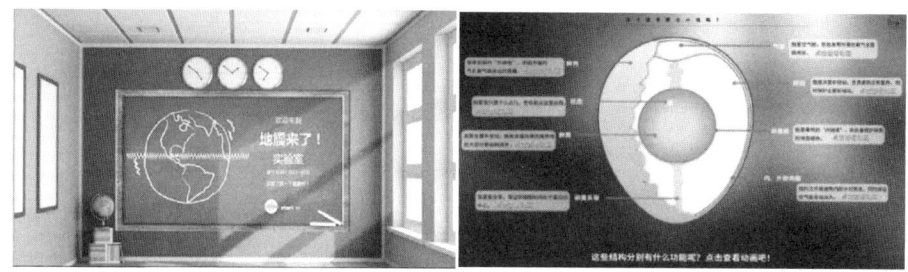

图十五 "自然探索在线"课程

（图片来源：上海自然博物馆微信公众号，《自博馆出"网游"了》）

运营保障

近年来，我国文化旅游消费持续升温，博物馆已成为新晋的"网红"打卡圣地。博物馆作为公益性文化机构，既要着眼于传播先进思想和优秀文化，又要满足公众的审美情趣和心理需求。

本章节通过对博物馆体系进行深入的调研和分析，同时借鉴故宫博物院、首都博物馆、上海博物馆、湖南省博物馆、苏州博物馆、荷兰梵高博物馆、大英博物馆、日本东京国立美术馆、阿姆斯特丹市立艺术馆等国内外知名博物馆的丰富经验，解答开放服务体系的主要内容与建立视觉识别系统方式；优化参观流线设计与做好开放讲解接待服务；强化志愿者管理制度与完善突发事件应急预案；制定大型临展接待方案与合理化空间利用；做好物业招标工作与开发文创衍生品，推动馆内商业经营；确立新馆和地域文化关系与设定科技化个性服务，以及开放图书馆、实验室等配套设施与合理化商业定位等方面，对16个运营保障中的常见问题进行了重点说明，以期对新馆在新时期如何实现创新发展，打破地域和时空限制，通过多元化手段持续提升管理水平并为游客提供更加优质的服务提供有效指导和帮助。

第1问　开放服务体系的内容主要有哪些

博物馆作为公益性文化机构，既要着眼于传播先进思想和优秀文化，又要满足于公众审美情趣和心理需求。展览是博物馆吸引观众的主要产品，而做好服务，把产品更好地推向社会，让更多的观众接受这个产品，并从中受益，这是博物馆的主要目的，也是博物馆的中心工作。对博物馆来说，展览是常态，开放服务工作也是常态，并且是博物馆工作中非常重要的一环。

按照常规博物馆的职能设置，开放服务工作通常分为预约服务、票务服务、安检服务、寄存服务、咨询服务、租赁服务、导览服务、讲解服务和投诉接待服务[1]。

一、预约服务

博物馆的预约服务主要包括开放服务信息的咨询、预约登记等内容，主要通过电话和网络的方式实现。

（一）主要工作内容

1. 提供对外开放的信息咨询，包括场馆的一般信息、开放时间、门票价格、优惠条件、展览和活动信息、地址、公交线路、网址和联系电话等。

2. 接受观众参观预约，并根据参观预约排期，填写参观预约记录，内容包括参观者姓名、单位、人数、参观时间、联系电话、需求等。

3. 每天将预约参观计划报送相关部门。

（二）工作要求

1. 接听迅速，主动热情。
2. 接听电话时使用普通话，吐字清晰，语速适中，表达流利，内容准确。
3. 记录详细、准确，并及时报送有关部门。

---

[1] 刘超英、崔学谙主编：《博物馆工作规范（试行）》，文物出版社，2015年，第77—88页。

（三）筹备注意事项

1. 根据场馆实际情况，对每天的观众人数设置合理限值，并对分配到电话和网络预约的人数进行设置。
2. 根据场馆实际情况，设置团队参观数量限额。
3. 做出应对预约数量过多的预案。
4. 提前制定相应的工作职责和流程，并对预约服务人员进行相关培训及考核。

二、票务服务

票务服务主要包括门票的领取、保管、发放、销售及票款管理等工作。

（一）主要工作内容

1. 负责门票的领取、保管、发送和销售工作。
2. 密切关注售票情况，并对发放和售票数量进行控制。
3. 负责发放、销售门票的统计及上报工作。
4. 负责与票务相关问题的解答。

（二）工作要求

1. 熟知门票种类、价格、购票须知及优惠范围。
2. 提前做好准备工作，妥善保管门票、收据、备用金、票款等。
3. 态度和蔼，用语礼貌，工作快捷。
4. 认真统计，做到票款相符，准确无误。

（三）筹备注意事项

1. 制作完备的财务管理系统。
2. 由于目前博物馆常规展览是免费对外开放，可不制作免费票据，凭有效证件入馆。
3. 对于有价票据，需要提前进行票据的设计和制作。
4. 提前制定相应的票务服务职责和工作流程，并对相关人员进行培训。

三、安检服务

博物馆在入口处对入馆人员进行安全检查，禁止携带易燃、易爆、易腐、有毒物品和金属利器、武器等违禁物品入馆。

（一）主要工作内容

1. 负责安检设备的管理、使用和维护，发现问题及时报修。
2. 负责检查入馆人员是否携带违禁物品，排除安全隐患。
3. 负责维持安检秩序，做好观众疏导工作。

（二）工作要求

1. 熟练掌握安检设备的使用。
2. 安检人员具有较好的沟通能力。
3. 发现违禁物品，及时处理并上报。

（三）筹备注意事项

1. 根据设置的参观流线，在入口处设置必要的安检措施。
2. 根据场馆预估的每天观众数额，设置合理的安检仪器和安检人员的数量，确保观众能够快速、有序地进入场馆。
3. 提前制定安检服务的工作职责和流程，对相关人员进行培训。

四、寄存服务

博物馆为携带行李或背包的观众提供寄存服务。

（一）主要工作内容

1. 提供自助存包柜，供小件物品寄存。
2. 大件物品一般可到人工服务台寄存，并设有专人看管。

（二）工作要求

1. 工作人员提醒观众，不存贵重物品。
2. 提醒观众妥善保管寄存凭证，以凭证领取物品。若凭证丢失，工作人员仔细询问其所存物品的特征,记录并核准身份后,可提取。

3. 工作人员每天闭馆前检查自助存包柜是否清空,若存在遗留物品,及时上报处理。

(三)筹备注意事项

1. 在场馆入口附近,寻找合适地点设置自助存包柜。
2. 设置大件物品寄存处。
3. 寄存处可在馆内,也可在馆外,要求人性化,尽量方便观众存取。
4. 提前制定寄存服务的工作职责和流程,并对相关人员进行培训。

五、咨询服务

在博物馆内,为观众提供各种咨询服务,包括回答问询、发放资料、传达重要信息、临时广播等。

(一)主要工作内容

1. 回答观众的各种问询事宜。
2. 摆放宣传资料及展览信息,并定时巡查补充。
3. 完成临时广播任务。
4. 负责收集、整理观众关注的问题和意见。

(二)工作要求

1. 具备良好的语言沟通能力,要求使用普通话,并能运用英语等主要语种与外籍观众沟通。
2. 熟悉博物馆的公共设施、基本陈列、临时展览等相关资讯,满足观众的问询要求。
3. 解答内容要求准确、详尽,对不清楚的问题应在查询后及时给予答复。
4. 定期汇总观众意见和建议,并报送相关部门。

(三)筹备注意事项

1. 设计并印刷宣传资料。
2. 拟定作为参考的问答标准。

3.制定咨询服务的工作职责和工作流程，并对相关人员进行培训。

六、租赁服务

博物馆为方便观众参观而提供的包括语音导览器、轮椅等设备的租赁服务。

（一）主要工作内容

1.领取和保管语音导览器、轮椅等设备。
2.办理租赁手续，并介绍设备使用方法。
3.检查验收归还的设备，并退还押金。

（二）工作要求

1.提前检查设备情况，确保设备完好。
2.办理租赁手续，核准有效证件，唱收唱付收取费用、验钞并出具凭证。
3.确保租赁账目清楚，手续完备。
4.认真检查归还设备，如设备完好则依凭证退还押金；如设备损坏，视损坏程度按相关规定要求赔偿。

（三）筹备注意事项

1.在大堂规划出咨询台的区域，并考虑到设备的储存空间。
2.制定租赁服务的工作职责和工作流程，并对相关人员进行培训。

七、导览服务

博物馆的大堂进出口，以及扶梯或电梯处等服务功能多样化的区域，容易出现观众停留聚集或问讯等需求，造成安全隐患。因此，在这些区域设置导览人员，有效地疏导观众，确保通道畅通，观众能有序参观。

（一）主要工作内容

1.维持所管辖区域的参观秩序，避免观众聚集。
2.扶梯上、下区域提醒观众注意安全，特别是禁止孩童跑闹，以免发生危险。

3. 分发宣传资料。

4. 回答观众的问询。

（二）工作要求

1. 微笑、热情、主动。

2. 维持秩序，疏导观众，及时劝阻追逐嬉戏、大声喧哗等不良行为。

3. 熟悉有关展览和活动相关资讯，耐心回答观众提问。

4. 关注有需求的观众，主动为其提供方便。

（三）筹备注意事项

1. 根据场馆实际情况和观众参观流线情况，在合理区域（主要在大堂出入口、扶梯上下口、每层的主要过道等位置）设置导览人员，从而确定导览人员的数量。

2. 制定导览服务的工作职责和工作流程，并对相关人员进行培训。

3. 制定突发事件应急处理预案，并对相关人员进行培训。

八、讲 解 服 务

博物馆讲解是以陈列展览和文物展品为依据，由讲解人员对讲解内容进行提炼，运用语言艺术、讲解技能和诚挚感情，直接有针对性地向观众传播知识并与观众进行信息交流的教育活动。

（一）主要工作内容

1. 带领观众参观过程中对参观环境和展览内容进行即时讲解。

2. 解释和传播文物展品信息，与观众进行情感交流。

3. 引导观众将参观获得的感性认识，上升为对主题思想的理性认识，领会展览的深层含义。

（二）工作要求

1. 熟悉展览内容，把握讲解重点。

2. 了解观众需求，因人施讲。

3. 掌握语言技巧，普通话清晰，掌握英语等外国语种。

4. 掌握讲解技巧，激发观众兴趣。

（三）筹备注意事项

1. 开展讲解员的招聘、培训事宜。
2. 需提前根据展览内容，整理讲解词。
3. 加强讲解员对展览内容的理解和对讲解词的转化，提升讲解技巧。
4. 根据展馆数量和预计观众接待量，确定讲解员的数量。
5. 制定讲解服务的工作职责和工作流程，并对相关人员进行培训。

九、投诉接待服务

观众进入博物馆，即有权对其在参观过程中感觉到的任何不便或不适提出投诉，而馆方则需要听取其意见和合理建议，并及时做出相应的处置措施。

（一）主要工作内容

1. 受理观众投诉的各类问题。
2. 了解投诉内容、原因、具体事实，对涉及部门、人员及投诉者姓名、联系方式等做详细记录，并及时上报。
3. 反馈处理结果，并记录存档。

（二）工作要求

1. 需耐心听取投诉者的意见，并如实记录。
2. 妥善处理投诉，尽量不要在观众活动区域内处理投诉。所有投诉尽量在观众离开博物馆前处理完毕，并将处理结果及时上报。
3. 定期将投诉问题、处理结果和反馈情况分类，并以书面形式上报有关部门。

（三）筹备注意事项

1. 在空间规划时，预留出处理投诉事宜的空间。
2. 提前做出应对各类投诉的预案。
3. 制定投诉接待服务的工作职责和工作流程，并对相关人员进行培训。

第2问　如何做好新馆的视觉识别系统

一、博物馆视觉识别系统的意义

视觉识别系统的英文全称是 Vision Identity，简称 VI，是企业机构形象的视觉传递形式，通过一系列形象设计将品牌的价值理念、行为规范、文化内涵等传达给公众。同样，作为文化机构的博物馆，一套优秀的视觉识别系统能够准确传达博物馆核心内涵、文化特征、价值理念，树立和推广博物馆整体品牌形象，为观众提供必要的服务指引和良好的参观体验，还可在一定程度上引领公众的审美，从而提高博物馆的文化影响力，促进博物馆的优质发展[1]。

博物馆的视觉识别系统设计是最外在、最直接、最具有传播力和感染力的设计。该设计是将博物馆标志的基本要素，通过不断地强化，形成博物馆固有的视觉形象，将博物馆的理念、精神，通过视觉符号设计，有效地推广博物馆的知名度和形象。博物馆在做视觉识别系统时，需要最大限度地结合博物馆自身的定位及特色，在此基础上提炼出博物馆所要向公众展示的形象，这通常需要通过专业的设计公司来完成。

二、视觉识别系统的主要内容

博物馆视觉识别系统是运用统一的视觉符号来展示博物馆形象，突出博物馆个性的视觉形象系统，原则上包括基础设计和应用设计两部分。

（一）基础设计

基础部分是以博物馆标识为核心的形象系统，它包括博物馆标志、标准字、标准色、核心图形及其组合规范。基础部分既要用具体的符号形象来表达博物馆的内容与理念，又要作为各项设计的先导和基础，实现统一的品牌形象。

标识是博物馆形象的核心，是博物馆整体形象的第一识别。标识的设计元素来源于符号化文字、建筑外观、主题象征物等，各类型博物馆标识也具有所在领

---

[1] 赵抒清：《浅析博物馆的视觉识别系统及发展趋势》，《湖南省博物馆馆刊》（第十二辑），岳麓书社，2016年，第671—680页。

域的行业特征。一个优秀的博物馆标识可以充分体现博物馆宗旨、文化内涵、主题内容、地域特色，带给观众清晰的引导和良好的参与体验，并在一定程度上引领大众的审美，最终助力于博物馆的发展。

博物馆名称标准字在视觉识别系统中可以单独出现，也可以和标识图形一起使用（图一、图二）。核心图形是与标识同等重要的核心视觉元素，是将博物馆所有视觉元素连接在一起的重要纽带，以具有统一性、灵活性、丰富性的形象突出博物馆的品牌文化。它可结合基础元素、应用元素运用到博物馆相关的各类物料上，如博物馆票证、工作人员服饰、网站与社交媒体、出版物、文创产品、建筑及景观等场景，在不同媒介应用中增强博物馆品牌的视觉延展性。标准色是标识的延展应用，帮助标识在实际应用中起到丰富视觉效果、统一视觉形象的双重作用。

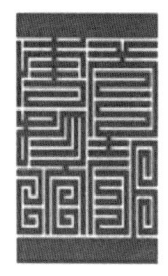

图一　首都博物馆馆标

图二　上海博物馆馆标

（二）应用设计

应用系统是基础部分确定后，在不同应用载体、环境、场合中使用的具体设计方案，通过在各应用项目上按照一定规则的组合，达到同一性，起到系统加强博物馆整体视觉影响力的作用。大致包含办公事务系统、导视系统、服饰系统、广告系统、印刷出版系统、文创产品与包装系统、网页系统等内容。

以荷兰梵高博物馆视觉识别系统基础部分设计为例，采用梵高画作中代表性的漩涡状笔触和明快用色作为核心元素、辅助色，与博物馆英文全称标识组合使用，具有强烈的可识别性。由基础部分延展出的应用设计广泛地服务于博物馆视觉的方方面面，塑造了独特、一致的品牌表达，仿佛从中可以感受到梵高作品中生生不息的力量。

三、博物馆导视系统的主要内容

　　导视系统是视觉识别设计应用部分的一项重要内容，是为了实现导向服务功能，传达博物馆空间结构信息的系统设计，不仅要符合平面设计的基本原理，还强调信息在空间语境中表达的逻辑性、艺术性和文化性。

　　博物馆导视系统必须通过一定的载体，利用文字、图示、色彩及造型等表现手法来实现。其标识类型大致分为：识别、指示、资讯、引导和监管。同时在空间上划分为室外与室内两部分。室外标识应为参观者提供明确的方向指引，以及提供给驾车者易于辨识的道路指示标志和车辆停放场地的信息。具体包括博物馆广场及周边环境的信息总索引图，博物馆广场上的人行、车行指引，还有博物馆建筑立面上的标识或落地标识，它们由远及近，引导观众快速定位，有序入馆。室内标识包括博物馆内部总体平面索引图、各楼层平面图、各节点方向指引、展厅及各功能区信息标识、展厅内部提示符号等，帮助观众合理规划参观流线，获得便捷、无障碍、人性化的参观体验。平面索引图应为参观者提供场馆内的简明参观路线，并于图上清楚标示展厅、服务中心、卫生间、电梯、餐饮场所和购物点等场所信息，且所有这些场所都应在场馆内有醒目的指示标识，便于参观者随时查看（图三）。

图三　荷兰梵高博物馆视觉识别系统

（图片来源：https://www.totaldesign.com/werk/van-gogh-op-een-podium/）

四、博物馆导视系统的设计原则

近年来，到博物馆参观的人数逐年上升，节假日更是人潮涌动，博物馆的接待能力面临着严峻考验；而做好博物馆的导视系统能够对观众进行有效疏导，从而避免产生拥堵现象。博物馆在设计导视系统时，需要注意以下几点[1]。

（一）准确性原则

标识的根本目的在于将信息清晰、明确地传递给使用者，不允许有任何的错误、模糊或有歧义的表达，需要让人能在极短的时间内获取准确的信息。

（二）统一性原则

博物馆导向标识系统要与博物馆的CIS（形象识别系统）、文化品牌统一，与博物馆的信息管理系统统一。通过统一标识元素在空间中的重复出现，强化观众认知，让观众能够在博物馆中跟随导向标识自觉行走、参观。导向标识的元素除了文字、图示、色彩外，还包括相同的版式、材质等。通过材质或设计手法的统一串联，给观众带来整体系统的感受，便于对主题性的传播。

（三）层级性原则

按照展览内容的主次，对信息元素进行收集和重组，对通过导向图形符号为展示的各部分划分等级，并列的同一等级可设置同一类型的图示符号，增强导向标识的可读性、层次性和系统性，使人们对空间的认知更加清晰，在空间中移动得更加自由。在设计手法上，为了区分信息的主次性，可以在重要节点的导视系统设计上，采用醒目的视觉语言，利用视觉语言的刺激增强参观者的记忆，提高空间主次顺序的视认性。

（四）艺术性原则

导向标识包含着审美功能，它应该成为博物馆文化的一部分，同时彰显出博物馆的文化艺术特色，一个有着形式美感的导向标识本身就会让更多受众关注博物馆，而精湛、考究的工艺也会给观众带来现代技术美的享受。

---

[1] 郭媛媛：《博物馆导向标识系统的人性化设计》，《工业设计》2011年第12期。

（五）考虑特殊人群的原则

博物馆在设计导向标识系统时，需要考虑到特殊人群在标识使用过程中可能遇到的各种困难，并想办法给予解决，使他们也可以通过导向标识系统的指示，得到准确的信息和精神的愉悦。

第3问　如何做好博物馆的观众流线设计

流线这一概念来源于建筑设计的概念，在建筑领域指人在空间中移动的行为轨迹，流线设计的依据在于人的行为方式，即把人的活动串联起来，使空间的格局满足人的需要。可以说流线设计是功能需求的体现。参观者的参观路线，即为博物馆展示空间中的流线，亦被称为参观流线。

一、参观流线的灵活性和系统性

参观流线的方便得当很大程度上取决于博物馆的陈列布局，如果陈列布局合理，参观就会流线明确、系统，没有人流交叉，比较灵活。观众可以自由参观，不必走回头路，也便于疏散。参观流线的设计主要取决于以下两个方面。

一是展览面积影响。不同的博物馆对参观流线有着不同要求，并非所有的博物馆都要求参观流线的系统性和灵活性，或者系统性和灵活性的程度相同。一般来说陈列面积在2000平方米左右的博物馆，就不一定要强调灵活性，因为观众在很短的时间内就可以参观完毕，不会感觉到疲劳。如果博物馆规模较大，展品较多，则需要注意灵活性的要求。

二是博物馆类型影响。参观流线的系统性要求程度，则与博物馆的类型有很大关联，例如历史类的博物馆，其陈列内容逻辑性较严密，强调先后顺序，所以参观流线的系统性就较强；自然类、艺术类博物馆的陈列展品一般是独立体系，没有或是较少有系统、固定顺序的有机联系，所以就不太强调参观流线的顺序性，显得比较灵活。

二、出入口的设置要合理化、人性化

博物馆的出入口是接纳和疏散观众的瓶颈地带，在设计和建设时要充分考虑

功能，不能只一味地强调建筑的美观，而忽略了功能上的便利。博物馆经常在短时间内观众骤增，因此，出入口处要指示明确、观众安检入馆参观和离开的线路合理，充分预留安检设备、排队进场的空间。

此外，在博物馆建筑许可的条件下，设置多个出入口，这样可以快速地分流，让观众可以迅速入馆，减少排队等待时间。例如，湖南省博物馆新馆入口充分预留排队进场的空间，并设置不同方位入口，这样能将近千名观众在极短的时间内快速地分流到不同展厅，大大减少了等待时间，让观众从踏进博物馆的第一刻起，就感受到现代化场馆和设施带来的便利和快捷（图四）。

图四　湖南省博物馆

（图片来源：湖南省博物馆官网，http://www.hnmuseum.com/zh-hans/content/%E6%A6%82%E5%86%B5）

三、不同观众群体的流线设计

一个博物馆不能只有一条观众流线，需要根据不同参观群体进行区分。按参观群体的不同，大致可以分为散客流线、团队流线、贵宾流线、无障碍通道等。

（一）散客流线

散客是博物馆最主要的参观群体，占的比重也最大。在设计散客流线时，要注意流线尽量简单、标识清晰，能够引导观众有序参观。

（二）团队流线

团队可分为旅游团、青少年团体等。在设计进馆入口时可以区别于散客入口通道，设置专门的团队入口。进馆后，可根据馆内观众在各展馆的分布量，引导团队先参观人数较少的展览，进行适当的分流。

（三）贵宾流线

贵宾通道应有别于其他通道，特别考虑其私密性和安全性。要注意停车场、贵宾休息室与要参观的展厅的位置关系，应尽量与其他流线区分开。

（四）无障碍通道

无障碍通道也是博物馆必须要考虑的。针对不同类型的残疾人，博物馆无障碍流线设计应解决其行、看、听、操作使用、休息交流等方面的需求，设计重点是通用设施或专项无障碍设施以及无障碍服务。如馆内修建无障碍通道、盲道；设立专供盲人的展室、视听室、专用电梯、专用厕所等，展示和标识设计的信息表达明确、易懂，以及为聋哑残疾观众提供手语服务等。

四、流线设计要求

不管针对哪种参观群体，博物馆在做流线设计时，都应尽量满足下列几个条件：第一，参观者无须思考参观路线，其注意力主要集中于展品和展示内容上，在参观过程中由展项信息和设计好的路线给出方向指示；第二，流线设计应清晰明确，避免重复看或遗漏展项信息；第三，保证人流通畅，防止人流相互对流或者重复行走的现象发生。具体到流线设计需满足的基本功能需求则可归纳为：以一条唯一导向的流线为主贯穿整个展示空间，避免过多的分岔路口，并根据展示资料的信息量合理地充满展示空间。避免因不同流线之间的相互交叉导致人流拥堵和碰撞，造成不必要的观展干扰。

第4问 一线接待人员如何做好开放接待服务

观众走进博物馆体验博物馆的文化氛围，体会学到新知识的满足，感受新发现的欣喜，享受优雅的环境。博物馆提供给观众一个轻松愉快的学习课堂、一个舒适宜人的休息场所，在紧张的工作学习之余，在娱乐中受教育。因此，博物馆在开展形式多样、内容丰富的展览教育活动外，还需要面向社会、面向观众，提供周到全面、精细入微的人性化服务。特别是一线接待人员的态度、语言和举止，不仅代表个人修养，更体现着博物馆的形象。因此，提升博物馆开放接待服务已成为博物馆工作的一项重要内容，也是博物馆人提高自身素质的重要措施。

一、坚持"以人为本"的服务理念

博物馆开放服务指博物馆在开放时间和开放区域内给观众提供的票务、咨询、展览、教育、安全、保洁、经营等活动或保障。来博物馆参观的观众第一感知就是开放服务接待工作，可以说一线接待人员的服务质量直接反映了一座博物馆的管理水平和管理理念。做好开放接待工作最重要的就是要坚持"以人为本"的服务理念，以一片"赤诚之心"提供人性化、多元化的服务项目，及时、妥善处理各种问题，从细微之处让公众"宾至如归"。随着移动互联网等信息技术的不断发展，博物馆开放服务的硬件设施也在不断更新，这就要求一线接待人员"内外兼修"，不断适应新技术、新设备，为观众提供更优质的服务。

工作人员上岗前应经过培训，取得相应资格证书，规范着装，佩戴统一的工作标识。观众有服务需求时所接触到的第一位工作人员要尽自己所能地给观众提供服务或解决问题。通过对开放区工作人员进行礼仪、外语、手语，以及相关宗教、民族习惯、禁忌知识等内容的培训，帮助其适应工作中可能遇到的各种情况。

二、完善服务规范和流程

（一）梳理服务事项，设置服务岗位

博物馆的一线接待服务工作主要集中在开放服务部门，包括预约、票务、安检、寄存、咨询、租赁、导览、讲解和投诉接待等。此外，还包括安保部负责的安全巡查等工作，物业管理部负责的保洁、绿化和设备设施维护等工作，文创产品、商品销售、餐饮服务等工作。

博物馆需要结合自身的情况，从观众进馆参观的流线开始对服务流程和服务事项按照类别和项目逐一梳理，并设置服务岗位及每个岗位的员工数量，从而达到岗位全覆盖。在梳理过程中，要注意不仅包括人对人直接提供的服务，还包括机器设备对人直接提供的服务。

（二）建立服务标准，制定岗位说明书

需要对各个环节所涉及的事项分别进行服务前、服务中和服务后的梳理，明确每个环节及每个阶段的工作内容、工作职责和所需要达到的标准，并将标准细

化且以制度形式巩固下来。在建立标准的时候，应参考我国《博物馆开放服务规范》，同时充分考虑博物馆的实际情况，让馆内相关人员充分参与和讨论，使标准的产生经过"协商—起草—修改—试行—再修改—颁布"的过程，只有这样才能保证该标准能获得博物馆大多数员工的认同和支持。

用每个一线服务岗位对应一张岗位说明书的形式，将岗位员工的工作职责、责任区域和工作标准在一张表格内进行明确规定，同时确定每一个岗位员工的上级管理人员。此外，还要利用平面图的形式标示出每一个岗位的责任区域。这样做有三个好处：一是可以在人员招聘的时候让应聘人员一目了然地知道自己所要担负的工作任务和需要达到的工作标准；二是可以作为新入职员工的培训教材，让新员工清楚地知道自己的工作范围和工作标准；三是若有员工岗位调换，只要拿到新岗位的岗位说明书，就能够全面了解本岗位的所有工作内容、标准，责任区域以及向上对谁负责，这就达到了责任区域空间上的无缝连接[①]。

（三）分级、分类实施培训

对新入职员工应进行各类规章制度的培训，进行拟任岗位工作的培训，对仪容仪表、行为、语言等通用规范进行培训；针对不同岗位实际业务需求聘请专业老师开展分类业务培训和综合素质培训。培训人员应包括讲解员、楼层管理员、展厅服务人员、安保人员、物业人员等在内的所有开放服务的一线人员。对有发展潜力的员工以及部分中层管理岗位人员可以实行走出去，到国内其他大型博物馆，甚至世界知名博物馆进行考察培训。

（四）建立绩效考核机制

馆方可将员工的工作时间、出勤情况、岗位状态等多项指标进行量化，实行多层次、多种类的督导检查，对员工的表现、任务完成等情况用数据图表的形式统计出来。对绩效成绩好的员工进行绩效奖励；对表现不好的员工，视其表现向相关业务管理部门发出问题通知单，情节严重者可调换新的人员。鼓励员工能够真正积极、负责、认真地工作。

---

① 秦东升、高艳军：《浅议博物馆的公共服务与管理》，《首都博物馆论丛·2013》，北京燕山出版社，2013年，第121—125页。

第5问　如何做好讲解服务

讲解是沟通博物馆与观众的桥梁，是社会教育工作中直接面对观众的、最重要的环节之一。

一、讲解的概念

博物馆讲解是以陈列展览和文物展品为依据，由讲解人员对讲解内容进行提炼，运用语言艺术、讲解技能和诚挚感情，直接有针对性地向观众传播知识并与其交流的教育活动。讲解质量决定着公众获得的信息量和对博物馆的满意度[1]。

二、讲解在博物馆教育中的定位

讲解是博物馆普遍采用的一种教育形式，也是博物馆教育中最基础、典型和至关重要的一项工作。想要做好讲解工作，我们首先需要明确讲解在博物馆教育中的定位。

博物馆的讲解是以导览服务的形式，在展厅中面向观众开展的现场教学活动。讲解应当具有以下教育要素。

（一）阐释

阐释是博物馆讲解的基础要求，主要对象是展品和展览。展品是构成展览的基本元素，对展品阐释的任务是向观众科学而准确地解读展品的概念与内涵；展览是由展品构成的知识系统，对展览阐释的任务是帮助观众将由单件展品而获取的个别概念连接成为有关展览的完整知识，同时深入表述展览的内容和情感，升华展览的主题。需要注意的是，展品和展览并无截然的区分，对两者的阐释没有先后顺序，究竟是由个别的展品到整体的展览还是相反，均应视观众情况和展览的特点而定。

---

[1] 单霁翔：《提升博物馆讲解服务质量的思考》，《敦煌研究》2013年第6期。

（二）引导

作为面向观众的展厅现场教学活动，讲解应当充分发挥面对面的特点，尽可能地以积极引导的方式阐释展品和展览，启发观众深入观察事物或图像，帮助观众将眼前所见与自身经验建立起关联而积极思考；引导观众参与博物馆体验活动，将体验与情感伴随纳入学习的过程，巩固学习经验；激发观众学习的意愿、鼓励观众对探索未知世界的兴趣。

（三）对话交流

讲解是博物馆与观众建立互动、互信关系，加深了解并进入对方精神世界的良好机会。在讲解的过程中，讲解人员应当尽可能地开展与观众的交流，了解观众的兴趣与学习方式，了解观众对博物馆的观感、建议和要求，同时使观众加深对博物馆的了解，争取社会对博物馆事业的理解和支持。

三、讲解服务的方式

（一）免费讲解和收费讲解

免费讲解是指博物馆为观众提供的不收取费用的讲解服务。根据《博物馆开放服务规范》，博物馆应为观众提供一定数量的免费讲解服务。为了让更多的观众享受到博物馆的讲解服务，提倡博物馆实行免费讲解。针对普通观众，一般可采用定时、定点的方式进行免费讲解；一定数量以上的社会团体、学生等群体，可通过预约的方式享受免费讲解。

收费讲解是指博物馆根据不同类型观众的需求所提供的有偿讲解服务。收费标准应与观众人数、讲解语种、讲解的人员、讲解的内容及时长相适应。由于博物馆是具有一定公益性质的社会机构，讲解服务又是一种社会教育行为，因此讲解的收费标准不宜过高。

（二）适时讲解、定时讲解和预约讲解

适时讲解是指当观众进入博物馆，并办理好相关手续后，博物馆及时为观众提供的讲解服务。这个主要针对的是收费讲解服务。

定时讲解是指博物馆在规定时间提供的讲解服务，一般是免费讲解。博物馆

应该在大堂醒目的位置设置公告牌,将定时讲解的时间、内容等信息公布出来,便于观众了解。

预约讲解是指观众通过电话、网络或现场预约的方式,提前与博物馆联系讲解服务。预约讲解是博物馆为观众提供的人性化服务,也有利于博物馆讲解员的排班事宜。

(三)人工讲解和电子设备导览讲解

人工讲解是指由讲解人员为观众提供的面对面的讲解服务。

电子设备导览讲解是观众运用电子设备自行收听讲解服务。观众可根据参观情况自行控制电子设备或直接扫描二维码来收听语音讲解服务,这样比较灵活自由,但缺乏互动,且语音讲解内容都是一样的,不能根据参观者的年龄、知识背景等因素的不同而采用差异化的讲解内容和方式。

四、讲解词的撰写

(一)讲解词撰写的要点

讲解词是讲解员进行讲解时的主要依据。讲解词的内容需紧扣陈列的主题思想,涵盖陈列的重点内容,挖掘展品的深刻内涵并进行提炼升华。同时,尽可能丰富和拓展内容,对展品信息进行横向的辐射联系以及纵向的比较研究,不要就事说事,就物讲物。讲解词宜深入浅出,尽量口语化,尽量避免使用书面语言和文言文,尽量避开多音多义词,多用短句子,少用长句子。

为了更好地诠释陈列及其蕴含的文化内涵,讲解员最好参与到策展、展览论证以及布展的全过程,充分了解陈列的内容和形式,进行藏品研究,并能够结合学术研究的最新动态、观众反馈意见等,根据不同类型观众的需求和审美习惯等,因人施讲,不断优化讲解内容。

(二)因人施讲

针对不同的人群和场合的讲解词应具有不同特点。

1. 针对未成年人

宜浅显易懂、深入浅出,强调趣味性和互动性。通过一些小故事和新奇的事物来活跃气氛,调动未成年人参观的积极性,激发他们的求知欲和学习兴趣。

2. 针对专家学者

适宜介绍最新的研究成果、学术动态，避轻就重，突出重点。可以偏重对某一专题的深度挖掘。讲解词要逻辑清晰，论证严谨，体现学术性、权威性。讲解时，可以适当增加交流对话，以达到知识互补的效果。

3. 针对普通观众

应兼顾观众学习和娱乐等多种参观目的，知识性和趣味性相结合。尽可能做到内容全面、轻重适度、轻松愉快、交流互动，以达到传播知识、引起关注、启发思考的目的。

4. 针对特殊观众

宜突出个性化、人性化的特点，体现博物馆的社会关爱和人文关怀，做到语言精练、重点突出、用语规范、针对性强，根据施讲对象的不同，对内容进行深浅长短的调整。在对贵宾、外宾讲解时，还要特别注意国际惯例、称呼、礼仪、时间控制等问题。

五、讲解员的自我提升

讲解员所起到的传播知识、答疑解惑、咨询引导的作用是"语音导览机"等现代化设备无法比拟和替代的。讲解员可以说是博物馆的主要形象代表，人们对于讲解员的要求和期望值也越来越高，这也就要求讲解员要不断地提升自己。

（一）讲解员要善于学习

讲解工作是一项与时俱进的工作，虽然文物不会变，历史不会变，但随着科学技术的发展，文物保护工作的不断深入，会不断地涌现出新发现、新论点、新方向。而且随着社会公众文化素养的不断提高，观众可能已经从其他渠道获取了与展览相关的信息，这就要求讲解员提供的知识信息应更具有针对性，更加全面和系统，这样才能对观众的知识储备起到补充、深化、旁证的作用，才能对观众具有吸引力。所以，我们需要充分认识到，不是一本讲解词就可以通吃天下的，讲解资料需要经常更新。这就要求讲解员保持高度的敏感性，在最快的时间里将与文物、展品相关的学术成果有选择地融入宣教活动和展厅讲解中，做到"陈列未变，讲解先变"。

（二）讲解员要做好观众的组织[1]

组织好观众是正常展开讲解工作的基础。只有在组织好观众的基础上，讲解员才有可能发挥出正常的讲解水平。这一点在面对人数较多的大型团队时更要做好，否则观众像逛商场似的，各看各的，自顾自话，无视讲解员的存在，那讲解员也就很难把握讲解重心，比较尴尬。因此，做好观众的组织尤为重要。

首先，重视第一印象，主动沟通。讲解员在与观众接触的第一时间，给大家留下亲切热情的好印象，使观众宾至如归。同时，讲解员要主动与领队或陪同人员沟通，问清有关的时间要求，做到心中有数。

其次，选择重点，讲出特色。讲解员可以根据参观人群的不同，比如他们来自的国家、省份、民族，从事的职业，文化程度，来馆参观目的等，选择出馆内其有可能感兴趣的内容进行重点讲解，突出特色。

最后，察言观色，适时调整讲解节奏。讲解过程中，讲解员要随时注意观察观众的反应，当观众已经四处观望、耐心不足时，就得加快讲解节奏；当观众感兴趣时，可适度延长停留时间，重点介绍，并等待掉队的观众跟上。

总的来说，讲解员应以亲近、自然、热情的方式组织好观众，在照顾观众情绪的前提下，有的放矢，因人施讲，充分展现讲解员的风采和魅力。

（三）讲解员要善于总结

讲解员在日常的讲解工作或学习中，不只是将收获的知识和心得储备起来，更应该随时进行归纳总结，这是讲解水平得以提高的关键所在。

第6问　如何做好志愿者的管理工作

博物馆志愿者，即义务为博物馆工作的人员。通常是指不计报酬，根据博物馆的实际需要和他们自身的兴趣与技能，自愿参加博物馆工作，主动为博物馆提供服务、知识和专业技能支持，并使自身某方面的价值得以实现的社会个体或群体。博物馆志愿者绝不仅仅是让博物馆拥有更多工作人员这么简单，他们的存在不但能够充分地发挥博物馆功能，提升服务的数量和质量，更增加了博物馆与观众之间的联系，对促进博物馆真正融入社会，完善自身职能有着重要的作用和意义。

---

[1] 唐琳：《现代博物馆讲解艺术》，中西书局，2014年，第27—30页。

一、严格甄选志愿者

事实上,并不是任何人都能胜任博物馆志愿者工作,文化程度过低不行,工作太忙不行,责任心不够不行,馆方需要严格挑选志愿者。首先,博物馆需要根据服务项目和服务方式设置志愿者岗位,分析这些岗位需要什么样的工作方法,要求志愿者拥有什么样的技能或提供什么样的服务等,将这些作为招募志愿者的基本依据。然后通过社会公开招募,应聘者经过申请、面试、培训、考核、见习、转正等程序,才能真正成为博物馆的志愿者。

二、加强志愿者的培训

志愿者的培训需要花费大量时间,需要管理者在策划和实施培训时精心设置课程,制定合理的培训计划,事先告知志愿者培训的内容、目标、形式和时间安排。培训通常采用面授和线上教学相结合的方式,面授有现场培训和实地考察两种方式,面对面的集中授课使志愿者能够持续学习相关技能,熟悉工作环境并与工作人员和其他志愿者建立联系,而选择优秀博物馆进行实地考察可以起到学习和激励、奖励的作用。对于不能长期接受培训的志愿者,还可将无须面授的内容,如博物馆历史沿革、馆藏知识、规章制度等采用在线课程的形式教授并考核,便于志愿者灵活安排学习时间。

培训内容大体可以分为基础培训和专业培训。其中,基础培训主要介绍博物馆知识、志愿者知识、行为规范、基本礼仪、紧急情况等方面内容,培养志愿者的博物馆意识、公益意识、服务意识、责任意识。通过基础培训也有利于消除志愿者对博物馆的陌生感和焦虑感。专业培训是根据志愿者具体服务岗位进行培训,如相关展厅专业知识、讲解服务、观众服务等,主要介绍岗位的基本知识、工作任务、业务流程、紧急情况处理措施和团队管理等方面内容,使志愿者熟悉其工作职责和范围,掌握相关专业知识及技能。经过基础培训和专业培训后,在志愿者的工作实践中,检验培训效果和存在的问题,并及时纠正,从而达到最佳服务效果。

三、进行有效的时间管理

为了便于志愿者的时间安排和志愿服务的有序进行,对志愿者的工作时间进行有效管理和统筹规划是至关重要的。第一，志愿者服务负责人员需要在招聘面试时与志愿者讨论项目所需的工作时间和可行的时间安排。第二，在具体工作开展前，与志愿者商定具体的时间安排，可采用时间表的形式统筹整个志愿者团队的上岗时间。第三，各项目实施前负责人要再次与志愿者确认，如遇特殊情况请假或项目时间变动，亟须增加志愿者情况时，能够及时地替补备选人员。第四，做好志愿服务时间记录。志愿者每日管理中最重要的环节是时间记录。这不仅便于志愿者了解自己每日的工作时长，也能为志愿者评定奖励提供依据。时间记录表可采用表格形式，设计要尽量简明，以方便志愿者和博物馆准确记录。第五，建立及时的反馈机制。志愿者负责人要定期对志愿者工作进行回顾，可以是非正式交谈，也可以是集中交流讨论，目的是了解志愿者的工作状态，倾听志愿者的工作体验，及时地为志愿者提供帮助，解决问题。除了对志愿者工作进行回顾，负责人还应建立起志愿者评估体系，以把握整个志愿者工作的情况。

四、建立有效激励机制

根据马斯洛需求层次理论，人的需求可分为五种，像阶梯一样从低到高，分别为：生理需求、安全需求、情感和归属需求、尊重需求、自我实现需求。我们可以看出，志愿者所追求的不是物质报酬，而是偏向于精神层面的需求。因此，只有让志愿者在团队中不断感受到幸福和价值，才能使之坚定地长期从事志愿服务。

向志愿者表示感谢和认可的方式有很多种，比如口头表达谢意，书面发出感谢信，定期开展各种讲座、考察、交流、培训等活动，策划和组织大型的表彰活动，让志愿者感受到博物馆对他们的重视和尊重，激发他们的服务热情。

例如，故宫博物院每年都对优秀志愿者进行表彰和奖励，共评选出"志愿服务满1000小时"、"志愿服务优秀"和"定时定岗全勤"三个奖项。其中，"定时定岗全勤"最为难得，需要志愿者全年每周均在固定时间到达固定岗位，为观众提供讲解咨询。此外，还为对故宫博物院志愿工作做出突出贡献的个人授予"最美志愿者"称号，以表彰他们为广大观众所付出的时间、精力和高水平的志愿服务。

五、案例：苏州博物馆志愿者管理[1][2]

（一）自我管理机制

苏州博物馆志愿社成立于 2006 年 12 月，经过十多年的实践和发展，它不仅有了较为完善的规章制度，也形成了有特色的自我管理机制，成为业界标杆。志愿社几乎承担了志愿者团队的所有行政管理工作，而博物馆的角色则转变为监督者与"舵手"。近几年，苏州博物馆志愿者的挑选、培训和考核工作都是由志愿社的自主管理机构志愿者管理委员会来决定和主导的。

（二）新志愿者招募

苏州博物馆志愿者的招新工作每年进行一次，招聘的岗位包括讲解服务、社会教育、文物普查、问卷调查、古籍整理、展厅引导等，但每年还是以讲解服务岗位的招募和培训为主。

苏州博物馆志愿者全年接受报名，报名方式有两种：一是网络报名，二是现场报名。每年 3 月初开始启动新志愿者招募，流程主要包括面试、培训、见习资格考核、见习、上岗考核、上岗六个环节。由于能够在周二至周五到博物馆服务的志愿者比较少，在周末到博物馆服务的志愿者相对较多，因此，服务时间是馆方重点考虑的一个因素，馆方希望能有更多新人加入周二至周五的服务。除了满足时间需求外，馆方还会考虑志愿者的知识背景、学历、职业、年龄、志愿服务理念和经验等因素。

（三）新志愿者的培训

最早的时候，新志愿者的培训是由博物馆方主导并负责完成的。随着志愿社自主管理机制的不断完善和发展，现在的新人培训都是由资深志愿者组成的讲师团负责完成。培训包括十多次文博基础课程和数次深入展厅讲解课程。培训围绕志愿者精神与内涵、文物基础知识、苏州博物馆建筑及馆藏、讲解技巧及冲突处

---

[1] 陈敏、李喆：《博物馆志愿者自主管理机制探索——以苏州博物馆为例》，《经济与社会发展》2016 年第 4 期。

[2] 蒋菡：《构建博物馆志愿者管理的长效机制——以苏州博物馆为例》，《中国博物馆》2012 年第 3 期。

理等多方面进行，以培养志愿者多方面的知识和能力，为期两个月。

（四）志愿者的时间管理

苏州博物馆对志愿者的出勤时间按岗位设置了不同的要求：如讲解岗位是每月讲解3次，全年32次；引导岗位是每月6小时，全年64小时；教育岗位是出勤达到教育活动总数的2/3，每季度统计1次等。

此外，馆方还实行志愿者年检注册制，每年1月份对上一年度服务数量进行统计并公示，符合出勤要求者通过年检，不符合要求者则将解除志愿服务关系。年检制度避免了团队中挂名却不来服务的情况，在统一的标准下对所有志愿者实现了公平，同时也使团队人数不至于过度膨胀，从而减轻博物馆的管理负担。

（五）激励机制

苏州博物馆除保障志愿者的基本权益外，还设计了多种表彰方式，如：每两个月在馆方刊物和网络上刊登服务时长前20位志愿者的名单，收集观众对志愿者的评价并发布在网络上，对服务满一定年限、满一定小时数的志愿者分级别授予徽章和称号等。此外，馆方还通过各种途径和方式给予志愿者不同形式的学习机会，每年坚持举办深入展厅、交流研讨、名家沙龙等多种形式的学习活动。

博物馆志愿者报名表（样本）

姓　　名：＿＿＿＿＿＿　　性　　别：＿＿＿＿＿＿

出生日期：＿＿年＿＿月＿＿日　身份证号：＿＿＿＿＿＿

身　　高：＿＿＿＿＿厘米　　体　　重：＿＿＿＿＿公斤

文化程度：＿＿＿＿＿＿　　毕业院校：＿＿＿＿＿＿　　（贴照片处）

所学专业：＿＿＿＿＿＿　　工作单位：＿＿＿＿＿＿

职　　务：＿＿＿＿＿＿　　联系电话：＿＿＿＿＿＿

常用邮箱：＿＿＿＿＿＿　　微信号码：＿＿＿＿＿＿

专长爱好：＿＿＿＿＿＿＿＿＿＿＿＿＿＿＿＿＿＿＿＿

外语语种及等级：＿＿＿＿＿＿＿　计算机等级：＿＿＿＿＿＿

紧急联系人：＿＿＿＿＿　关系：＿＿＿＿＿紧急联系人电话：＿＿＿＿

家庭住址：＿＿＿＿＿＿＿＿＿＿＿＿＿＿＿＿＿＿＿＿＿

可服务时间：

	周二	周三	周四	周五	周六	周日
上午						
下午						

是否能接受临时通知？　　□是　　□否

您愿意每周参与志愿者工作的时数：＿＿＿＿＿

您愿意从事的志愿者服务岗位：（请打√，可多选）

□讲解导览　□教育活动策划　□环境秩序维护　□编辑设计　□摄影摄像

□文献翻译　□人事管理　□文创开发　□藏品登记　□新媒体运用

□陈列展览　其他＿＿＿＿＿＿＿＿＿＿＿＿＿＿＿＿＿＿＿

请列出先前的志愿者工作经验：

＿＿＿＿＿＿＿＿＿＿＿＿＿＿＿＿＿＿＿＿＿＿＿＿＿＿

＿＿＿＿＿＿＿＿＿＿＿＿＿＿＿＿＿＿＿＿＿＿＿＿＿＿

备注：

1. 将此表格邮寄至：

2. 地址：

3. 或将电子申请表发送至电子邮箱：

志愿者面试调查问卷（样本）

志愿者姓名：_____   面试官：_____

您对该志愿者岗位最大的兴趣点在哪里？

您以前是否做过志愿者？如做过，在此过程中您最享受的是什么？

您以前是否参加过其他有组织的活动？

对您来说，理想的志愿者工作是怎样的？为什么？

您能否简要讲述一下您所具备的与该志愿者岗位有关的经验？

您在此项志愿者工作中的个人目标是什么？

您有什么问题需要向我们询问？

讲解员培训备忘录（样本）

姓名：＿＿＿＿＿＿＿＿＿＿＿＿＿＿

1. 得到讲解手册

    日期：＿＿＿＿＿＿＿＿＿＿＿＿＿＿

2. 第一次跟随讲解员的实地学习

    跟随的人：＿＿＿＿＿＿＿＿＿＿

    日期：＿＿＿＿＿＿＿＿＿＿＿＿＿＿

3. 第二次跟随讲解员的实地学习

    跟随的人：＿＿＿＿＿＿＿＿＿＿

    日期：＿＿＿＿＿＿＿＿＿＿＿＿＿＿

4. 第三次跟随讲解员的实地学习

    跟随的人：＿＿＿＿＿＿＿＿＿＿

    日期：＿＿＿＿＿＿＿＿＿＿＿＿＿＿

5. 完成讲解知识测验

    见证人：＿＿＿＿＿＿＿＿＿＿＿

    日期：＿＿＿＿＿＿＿＿＿＿＿＿＿＿

6. 在讲解员的跟随下完成第一次讲解工作

    见证人：＿＿＿＿＿＿＿＿＿＿＿

    日期：＿＿＿＿＿＿＿＿＿＿＿＿＿＿

7. 第一次独自进行讲解工作

    见证人：＿＿＿＿＿＿＿＿＿＿＿

    日期：＿＿＿＿＿＿＿＿＿＿＿＿＿＿

所有培训完成于：＿＿＿＿＿＿＿＿＿＿

工作人员签名：＿＿＿＿＿＿＿＿＿＿

志愿者时间统计表（样本）

日期	姓名	开始时间	结束时间	工作内容	工作时长	记录人

志愿者项目评估表（样本）

1. 您在××××博物馆已工作多久？
   A. 少于1年　　　　B. 1~2年　　　　C. 2~5年　　　　D. 大于5年
2. 您的志愿者职位及职责是否有人向您作说明？
   A. 完全说明　　　　B. 部分说明　　　　C. 没有说明
3. 志愿者培训是否足以让您了解您的工作职责？
   A. 非常充足　　　　B. 充足　　　　C. 比较充足　　　　D. 不充足
4. 您认为您在多大程度上履行了志愿者职责？
   A. 完全履行　　　　B. 部分履行　　　　C. 没有履行
5. 您是否得到了工作人员的支持？
   A. 非常支持　　　　B. 支持　　　　C. 部分支持　　　　D. 不支持
6. 您是否会推荐您的朋友或家人来做我们机构的志愿者？
   A. 是　　　　B. 否

若否，请解释原因：
_____
_____
_____

7. 总的来说，您对您的志愿者工作经历是否满意？
   A. 非常满意　　　　B. 满意　　　　C. 不满意
8. 为使志愿者服务经历更愉快，您认为我们还有哪些可以改进的地方？
_____
_____
_____

9. 在志愿者工作过程中，您感到最享受和最愉悦的是什么？
_____
_____
_____

志愿者评估表（由志愿者直接主管完成）（样本）

姓名：＿＿＿＿＿＿＿＿＿＿＿＿　　职位：＿＿＿＿＿＿＿＿＿＿

评估时间段：＿＿＿＿＿＿＿＿　　工作总时数：＿＿＿＿＿＿＿＿＿

主管：＿＿＿＿＿＿＿＿＿＿＿＿

分数：1分：需要提高；2分：一般；3分：好；4分：很好；5分：非常好；N/A：没有合适的说法

1. 专业性和观众服务
　　＿＿＿＿＿＿理解并支持博物馆使命
　　＿＿＿＿＿＿与公众保持良好关系
　　＿＿＿＿＿＿能理性冷静地处理棘手问题
　　＿＿＿＿＿＿能为博物馆观众提供热情周到的服务，并产生共鸣
评论：
＿＿＿＿＿＿＿＿＿＿＿＿＿＿＿＿＿＿＿＿＿＿＿＿＿＿＿＿＿＿＿＿＿＿＿＿
＿＿＿＿＿＿＿＿＿＿＿＿＿＿＿＿＿＿＿＿＿＿＿＿＿＿＿＿＿＿＿＿＿＿＿＿
＿＿＿＿＿＿＿＿＿＿＿＿＿＿＿＿＿＿＿＿＿＿＿＿＿＿＿＿＿＿＿＿＿＿＿＿

2. 责任心
　　＿＿＿＿＿＿工作准时且遵照时间安排表行事
　　＿＿＿＿＿＿参加持续性的培训
　　＿＿＿＿＿＿在需要的时候能注意到细节
　　＿＿＿＿＿＿对新的工作职责有兴趣
评论：
＿＿＿＿＿＿＿＿＿＿＿＿＿＿＿＿＿＿＿＿＿＿＿＿＿＿＿＿＿＿＿＿＿＿＿＿
＿＿＿＿＿＿＿＿＿＿＿＿＿＿＿＿＿＿＿＿＿＿＿＿＿＿＿＿＿＿＿＿＿＿＿＿
＿＿＿＿＿＿＿＿＿＿＿＿＿＿＿＿＿＿＿＿＿＿＿＿＿＿＿＿＿＿＿＿＿＿＿＿

3. 工作效益
　　＿＿＿＿＿＿接受学习更多博物馆相关信息的机会
　　＿＿＿＿＿＿根据所安排的工作做事

_____在存在疑问的时候乐意提问

_____对重要信息进行分享和交流

评论：

_____

_____

_____

员工与志愿者一起工作的好处有：

_____

_____

_____

其他说明：

_____

_____

_____

主管签名：_____ 日期：_____

志愿者签名：_____ 日期：_____

第 7 问　如何做好突发事件应急预案的编制工作

博物馆意外事件，是指发生在博物馆内部造成人身伤亡或物质损失的意外变故或灾祸（如：文物被破坏、被盗、被抢，火灾，古建坍塌，观众斗殴、受伤等）。这是所说的"意外事件"具有意外性和突发性。为了预防与控制突发事件，在事前、事发与事后，应把握规律，科学应对，进行管理与采取措施，以达到避免或减少突发事件所造成的损失，即为突发事件应急管理。具体指在危机突发事件的事前预防、事发应对、事中处置和善后管理等过程中，建立必要的突发事件应急应对机制，采取一系列必要措施，保障生命及财产安全，维护安全秩序等有关活动。

一、博物馆突发事件的主要类型[①]

（一）信誉危机

信誉是博物馆在长期服务社会的过程中，公众对博物馆服务的整体印象和评价。在日常的博物馆服务中可能由于服务质量或沟通不畅引起服务纠纷或公众对博物馆展览及服务需求满意程度不高以及其他因素，而出现对博物馆形象造成不利影响的事件即属信誉危机。我们可将信誉危机分为两类：一是服务类危机。如因服务质量或员工素质问题或员工处事不当而引起的纠纷，因故暂停开放展览而引起的纠纷或由于缺乏沟通渠道或沟通不及时、不全面导致公众对博物馆产生误解而引起的危机等。二是媒介类危机。如媒体追踪报道或报道不实或报道有误或网络博客跟帖等而引起的危机等。

（二）灾害危机

我们可以把潜在的能造成或者可能造成重大人员伤亡、财产损失、环境破坏和严重社会危害、危及安全的紧急事件称为灾害危机。灾害危机引起的突发事件可分为四类：一是自然灾害（如地震、台风、洪水等），二是事故灾难（如火灾、爆炸、设备故障等），三是重大公共卫生事件（如重大食物中毒、群体性不明原因疾病等），四是重大社会治安事件（如管理秩序混乱、观众拥挤踩踏、斗殴凶

---

① 梁志敏：《博物馆突发事件应急管理》，《中国文物报》2013 年 7 月 10 日第 6 版。

杀、文物被盗窃抢劫等），这些灾害是会造成或可能造成巨大损失、危及安全的突发事件。

二、博物馆应急预案编制的原则

（一）文物和古建筑安全第一的原则

以预防为主，及时发现隐患，防止突发事件（尤其是人为突发事件）的发生。

（二）以人为本的原则

充分考虑观众的生命安全，使观众能够在第一时间转移到安全地带。

（三）切实可行的原则

预案制定要从博物馆实际出发，确保预案具有针对性和可操作性，能够快速反应。

三、博物馆应急预案的编制

博物馆为了预防和应对这些突发事件，编写科学有效的应急预案，那么需要做好以下几点：一是清晰，明确做什么、谁来做、怎么做；二是简要，在清晰的前提下，内容越简要越好，预案一定要体现为应急服务；三是全面，需要的信息要全面，若内容过多，可以直接作为预案的附件；四是畅通，预案要考虑好关联单位的关系，包括关联部门或上下级之间的衔接。

应急预案的编制是一个复杂的过程，并不是某个人能独立完成的，需要成立以博物馆主要负责人为领导的应急预案编制工作组，并且明确编制任务，职责分工，制定工作计划。参照《国务院有关部门和单位制定和修订突发公共事件应急预案框架指南》（国办函〔2004〕33号），应急预案主要有7块内容：总则、组织指挥体系及职责、预警和预防机制、应急响应、后期处置、保障措施、附则。

（一）总则

在应急预案总则中必须明确本应急预案的适用范围，以及事故的类型、级别，着重说明本预案与其上下、平行应急预案的关系，并明确具体地提出应急工作原则。

（二）组织指挥体系及职责

以突发性事件应急响应全过程为主线，明确突发性事件发生、报警、响应、结束、善后处置等环节的主管部门和人员，以及其他参与部门和人员的职责、权利和义务。成立组织指挥机构，如馆级指挥机构、部室级指挥机构、安保指挥机构、临时指挥机构。总指挥由单位法人担任，副总指挥由负责安保工作的主管领导担任，班子成员协同合作，共同研究确定突发事件的处置决策，控制事态发展，做好善后处理的安排。

（三）预警和预防机制

这是突发事件应急管理的首要环节。如果预防工作到位，根据日常收集到的信息，及时采取有效的防范措施，则可以避免危机的发生，即使发生突发事件，也可使突发事件造成的影响或损失减少到最小程度。

要做好突发事件的预防，首先需要建立信息监测、收集和分析制度，每天对搜集到的信息，及时加以分析和处理，把隐患消灭在萌芽状态。其中，重点要收集与监测以下信息：社会公众、媒介对博物馆展览等业务及其公众服务的反馈信息；定期对博物馆各个环节进行危机检查监测的信息。其次，博物馆可以充分利用数字化管理平台，使信息传递及反馈更高效、快捷。最后，需要明确预警级别的确定原则、信息的确认与发布程序等。按照突发公共事件严重性和紧急程度，建议分为一般（Ⅳ级）、较重（Ⅲ级）、严重（Ⅱ级）和特别严重（Ⅰ级）四级预警，颜色依次为蓝色、黄色、橙色和红色。

（四）应急响应

应急响应是突发事件应急处置的核心环节，针对事件的预警等级，启动相对应等级的预案。阐明突发事件发生后通报的组织、顺序、时间要求、主要联系人及备用联系人。制定详细、科学的应对突发事件处置方案，明确应急指挥、应急行动、资源调配、应急避险、扩大应急等响应程序。明确应急终止的条件，在事故现场得以控制，环境符合有关标准，导致次生、衍生事故隐患消除后，经事故现场应急指挥机构批准后，现场应急结束。

（五）后期处置

主要包括受损文物的价值评估和修复保护，伤亡群众的医疗救治，污染物处理，事故后果影响消除，善后赔偿，灾后重建，整理突发事件调查报告，追究事故原因及责任，奖惩有关人员，经验教训总结及改进建议，修改和完善应急预案等。

（六）保障措施

做好各类应急保障措施，如通信与信息保障（建立报警和信息传递机制，保持联系渠道畅通，信息传达迅速、清晰）；应急队伍保障（建立突发事件应急处置队伍，在指挥机构统一指挥下，岗位责任到人，迅速投入预案部署的职责任务中）；应急物资保障（建立突发事件救援物资储备制度，将足够的应急物资储存在交通便利、贮存安全的区域）；经费保障（建立应急经费保障机制，专款专用，及时到位）；宣传和培训保障（做好应急知识技能培训和定期演练工作）等。

（七）附则

为了使应急预案简洁明了，应急程序清晰实用，便于应急人员掌握，可将其与应急相关的文件绘制成相关附件。附件内容包括：宣传、培训和演习，奖惩，名词术语解释，预案实施时间，制定与解释部门，预案管理与更新，应急组织机构文件、应急组织通讯录、应急行动图表、应急制度、计划、方案、名单和记录等。

应急预案编制完成后，需要组织专家开展预案的评审工作，包括内部评审和外部评审，以确保应急预案的科学性、合理性。同时需要开展应急预案的宣传、教育和培训，落实应急队伍和应急资源，并定期检查，适时组织开展应急演练，不断更新和完善应急预案，做到预防与应急相结合，从而最大限度地减轻突发事件造成的损失。

第8问 如何做好大型临时展览的接待方案

博物馆对外开放工作除要做好日常的对外接待服务工作外，还经常要面临很多大型临时展览和重要的接待任务。针对各类重大活动，博物馆应根据自己的环境和实际接待情况，制订接待工作流程并根据流程规定的要求制订详细的接待方案,提前组织员工学习、演练,提升员工临场操作能力。

一、确定展览信息

确定大型临时展览具体的名称、展出时间、展览地点、是否有重要文物展品、收费形式等信息;确定展览开幕式的具体时间、地点以及重要来宾信息,从而确定当天的接待和安保等级;确定该时间段,馆内其他展览的相关信息。然后结合博物馆自身的情况制定接待方案。

二、相关宣传

馆方提前通过网络、媒体向社会合理进行展览信息和参观方式的宣传,让大众知晓展览相关的信息。特别是观看临展需要提前预约时,务必清晰地告知观众。展陈部门根据展览内容设计该临展的专属门票和宣传资料,并提前制作出来,确保数量充足。

三、确定开幕式相关方案

确定开幕式的时间、地点、舞台搭建、灯光音响以及重要来宾等信息。检查各项安全情况,确保搭建物的稳固、安全,排除所有安全隐患。根据来宾的重要程度,确定接待的安全等级,准备警戒线,提前圈出区域,并摆放相关桌椅。

确定贵宾的车辆流线、车辆停靠点及入馆后的步行流线,准备好贵宾休息室,并在各个区域安排相应的服务人员和安保人员。

四、社教活动的确定

若展览配置相应的社教活动,需要提前检查社教人员是否到位,相应的物料是否齐全,活动区域是否存在安全隐患等信息,根据社教活动的排期,合理安排接待服务人员,确保活动现场的安全、有序。

五、讲解员的培训

根据展览的相关内容,提前对讲解员进行培训,熟练掌握展览的专业知识、文物信息和相关背景情况等信息。并对相关的讲解策略和技巧进行培训，例如：按照参观者重要程度的不同，将讲解员进行分级，必要时可以请专家进行讲解；按照参观时间长短的不同，设计不同的参观讲解路线；按照参观者年龄的不同，调整讲解词，使受众更容易接受。

根据展期及预约情况，对讲解员，特别是志愿者讲解员进行合理排班，确保讲解服务的顺利提供。

六、其他员工的相关培训

组织临展区服务人员和其他相关岗位人员培训，确保员工提前了解展览信息和参观方式，做好接待人员思想工作，提高员工对接待任务的重视程度。提前对开放区域，特别是临展区域内的设备、设施情况，安防情况，环境卫生情况等进行全面检查，若有发现问题及时调整，确保展厅符合对外开放的要求。具体要求如下。

1. 岗位接待人员穿正装上岗，服务周到、保持微笑、礼貌热情。按到岗时间提前到岗，并检查设备设施的情况。

2. 各岗位接待人员按相应规格和礼节接待宾客入馆参观。

3. 控制好进馆参观人数、展厅人数，若馆内或展厅内观众数量达到预设的合理限值时，则需要进行疏导或限流，避免出现拥挤。

4. 提前做好各区域的安全检查和设备维护工作，并在展馆开放期间增加开放管理、安全保卫和设备设施维护等方面的巡视工作。

5. 预约及售票人员根据实际接待情况，合理安排预约和售票工作，尽量避免出现拥挤现象。确有必要时，应及时告知馆外观众当日门票所剩额度。

七、接待工作应急预案

（一）需要全馆封闭接待的情况

博物馆举办大型活动，若有重要宾客来访，可能需要全馆封闭接待的，则需要做好相应的准备。

1. 馆方需要提前在网站、APP 和微信公众号上进行公示，并在馆内放置公告牌，将闭馆的具体时间告知公众。

2. 安排好观众的预约和解释工作。

3. 闭馆当天，需要加派人手做好外围观众的解释和疏导工作，避免出现纠纷。

4. 提前准备参观路线方案，按上级要求做好相应规格接待以及讲解工作。

（二）馆外人员过多的情况

当馆外观众聚集较多时，开放人员需要迅速采取措施。

1. 若博物馆有其他入口，可由工作人员分组、逐批地将部分观众分流至其他入口，加快观众进馆速度。

2. 增派工作人员维持现场秩序，发放免费资料，对观众进行劝导和安抚，保证观众有序入场。

3. 若预约或买票观众太多，则可采取分时段参观的方式，同时可增派讲解员引领观众参观，加速馆内人员流动。

（三）馆内参观人员过多的情况

当展厅内观众过多时，开放人员可采取如下措施。

1. 可由楼层主管将本楼层观众疏导至本区域其他楼层，在楼层入口处设立警戒，停止向本展厅放行观众。

2. 当展厅内出现人员拥挤现象时，由楼层主管及时通知值班经理，由值班经理负责将观众向其他区域展厅疏散，讲解员根据值班经理指挥，有针对性地引领观众，加速区域内观众流动。

3. 当馆内各展厅均接近饱和时，应暂时停止观众入馆，分时段放行观众入馆参观，并加派工作人员做好服务和安抚工作。

第9问　如何有效地利用公共服务空间

一般而言，陈列区是博物馆核心的功能空间，与之相对的，在博物馆中公众可以到达的一切非陈列区的空间都可以称为公共服务空间。根据功能不同，公共服务空间包括入口服务空间（包括领票、安检、存包、问询、器材租用等功能）、休息空间（包括集中或分散的休息区）、餐饮服务空间（餐厅、小卖部等）、商业服务空间（纪念品商店、书店等）、休闲活动空间（咖啡厅、多媒体室、活动室等）。可以看出，公共服务空间是一个多功能的应用空间，它的空间氛围、实用性、人性化等方面的品质，很大程度上决定了公众对于博物馆的印象。

观众到博物馆的目的和服务需求各有所不同，如有的人来博物馆的目的是参观展览，有的是陪孩子学习娱乐，有的参加培训、文化活动或者是借助博物馆这个文化平台会友交流。因此，公众服务空间的设置需要考虑到这些因素。

一、入口服务空间

博物馆一般规模较大，其入口服务空间通常由门厅、序厅和中央大厅等空间组成，处于建筑空间序列的核心位置，同时也是博物馆内外空间的交汇之处。这个区域集中了多重功能：领票、安检是出于安全和管理需求；存包、问询、器材租用等则是为方便公众参观提供的最基本的服务。这也就造成了该区域人流量大、人员密度高的特点。

入口门厅各部分的布局和局部的流线组织是提高服务公众的效率、避免流线交叉拥堵的重要因素。观众在入口门厅空间活动的特点主要是人流量较持续，且各办理业务点都有可能出现人员短时间较为集中的情况。因此，馆方可以考虑在入口附近观众的主要进出流线一侧，采用集合问询、存包、器材租用等功能的"游客服务中心"的形式，可以集约高效地为入馆人流提供一站式的服务，避免游客不知所措地在各个服务点之间的流动。例如阿姆斯特丹市立艺术馆门厅内的游客服务中心采用方体造型，四面分别对应售票、寄存、问询、资料取阅等功能，合理分散了人流，提高了观众接待效率（图五）。

图五　阿姆斯特丹市立艺术馆门厅

此外，还需要考虑预留排队等待的空间，一方面可以增大门厅内部空间的面积；另一方面充分利用入口门廊、悬挑屋顶等结构，为观众提供遮阳挡雨的排队等候空间。日本东京国立美术馆新馆在这方面是一个较好的案例，建筑主入口外有一圆形的单层盖顶，通过连廊与主体建筑相连，使该亭子外沿宽敞的挑檐可作为入馆观众排队等待的空间。

二、休息空间

1933年梅尔顿提出的"博物馆疲劳"现象，主要指的是观众在参观的过程中，逐渐出现的精力衰竭、注意力不集中、产生疲劳感的现象。博物馆疲劳的产生，既有生理因素，也有心理因素。因此，博物馆的休息空间的设置要对此有所考虑，才能最大限度地帮助观众缓解疲劳，愉悦地进行参观。

大型博物馆的休息空间分布于各处观众活动场所，最常见的是位于中庭、公共走廊的一侧，安排条凳供观众临时休息，这样布置灵活方便，随时随地可以满足观众的休息需求。若有条件的博物馆，可以在建筑的某些角辟出一些具有围合感的空间，避开主要流线，提供一个较为安静的休息场所。同时，在这些空间可以放置书籍或展示多媒体等，方便观众在休息时阅读，给观众提供了休息、赏景、了解相关知识的一举多得的空间。

博物馆展厅多为封闭空间，人长时间观展会产生疲劳感，因此，室外休息空间的营造也是十分有益的。如苏州博物馆新馆在展区间精巧地设计了若干庭园，使游人在参观间隙很自然地便可重返自然空间。

三、餐饮服务空间

餐饮服务空间的设置是为观众在就餐时段提供基本的饮食服务，以补充体力，适当休息。受制于博物馆各功能分区的面积分配比例，餐厅及其厨房所占面积一般来说不会很大，因此更应该注重餐厅环境的打造和饮食特色的塑造，使之成为环境优雅、富有文化气息的餐厅，从而让餐厅成为博物馆的一张名片。如广西壮族自治区博物馆，主楼后部的民族文物苑自然环境优美，空间开敞，其餐厅提供各种特色美食，在各个经营时段均有很大的客流量，深受观众好评。

四、商业服务空间

商业服务空间的主要形式为销售纪念品和博物馆相关衍生产品的商店、书店及其他收费的服务设施等。如今，博物馆的文创产品越来越丰富，相关的书籍、文具、服饰、各种小装饰物等文化产品琳琅满目，商店的规模较以往也有所增长。按照通常的布局方式，多是将商店安排在观众流线的最后，以适应观众在参观完展馆后选购纪念品。如中国国家博物馆、首都博物馆、上海博物馆、吉林省博物院等，在首层或负一层设置出专门的、甚至完整的房间，作为纪念品商店使用。首都博物馆除了在负一层设置商店外，基本在每个常设展览的展厅结尾处还设有一个空间，销售与该展览相关的纪念品，方便观众进行选购。

五、休闲活动空间

随着消费文化的兴起，博物馆的文化娱乐消费功能逐渐在博物馆的运营中占据重要位置。运营模式的改变，让博物馆的休闲消费空间可以面向城市打开，为城市里的人们提供休闲消费服务。传统的茶座、咖啡厅等交流空间需要更具特点和开放性，而随着儿童活动室、多媒体活动室等多种类型的活动空间加入，也正在慢慢地丰富着博物馆休闲的内涵和方式。如首都博物馆设置了约200平方米的儿童活动室，可供家长和儿童参加博物馆举办的各种社教活动；南京博物院和首都博物馆均设置了戏台和较大的观赏区，每天均有传统戏曲表演，吸引大量观众驻足欣赏（图六）。

图六　南京博物院老茶馆

（图片来源：南京博物院官网，http://www.njmuseum.com/zh/reviewDetails?id=522）

第10问　博物馆物业招标需要注意的要点有哪些

当前，国内博物馆的物业管理主要是通过招标引进社会物业服务公司。在物业管理上，通常是博物馆配备自己的物业管理人才，对物业进行统筹方面的管理，但物业日常的运作还是需要物业公司来操作，因此，能否通过招标引进口碑好、管理规范的物业公司是决定博物馆物业管理水平的至关重要的因素。

一、项目预算经费充足

（一）确定招标限额

在项目招投标工作中，投标人作为经济体，实现经济利益是其商业行为的基本准则，因此，在有意向参与竞标和符合竞标资质的前提下，招标限额是其最大和最终的衡量标准。而对博物馆这类政府财政资金的使用单位来说，预算资金的使用规范和使用效率是预算经费制定的重要考量，这首先需要了解可供使用的资金额度上限。需求范围越宽广、内容越详细和专业，要求资金额度就越大。反之，可供使用资金额度越小，需求范围和内容就应进行相应的压缩。

（二）确定招标限价

按照市场行情和当地政府对不同工种的工资、社保、医保、公积金、税收等要求，有时候还要结合一般潜在投标人的管理费、收益率等，制定出所需物业服务岗位的工资标准和单项服务费用；再结合拟招标期限和潜在工资上升幅度或通货膨胀率，计算出单位时间内的招标限价。这种分部项限价可以是最高限价，可以是最低限价，也可以是一个限价范围，但必须小于总限价。通常这项工作可以请专门的评估机构进行。最后由财政部门的审计科室核定，作为申请预算的依据。

是否需要明确分部分项限价，馆方必须考虑到该部项的重要性和在实际管理运行过程中是否会造成缺失与不足。比如某博物馆的开放安全任务非常繁重，在招标用户需求中明确该部项的限价和比例，可以让投标人理解该单位开放工作的重要性，保障人员、设备和资金的投入。

二、确定博物馆物业管理的边界

博物馆物业管理招标文件用户需求的编制，不是简单的岗位人数和预算价格等的加减法，而是需要对整个场馆的运维进行全面的了解，对所需物业服务内容进行梳理和细化。按照业务衔接的需求,博物馆在划定物业管理边界时,通常包括以下几个方面[①]。

(一)物业管理的共性层面

博物馆物业管理有着物业管理的共性,即物业管理的辅助性服务和一般普遍性权责范围,包括安保、绿化、保洁、水电维护等。

安保主要是指博物馆出入口的安检,展馆内外的安全巡逻、秩序维护,中央监控以及停车场管理等。

保洁主要是指展馆内外的卫生清洁工作,包括除尘打蜡消毒、垃圾清运、展厅内展柜以及内外墙面等日常清洁或专业清洁工作。

绿化是指展馆内外(包括办公区和展览区)的绿化布置和养护工作。

水电维护主要是指负责博物馆除文物以外的所有公用设施、办公设备、建筑物、市政公用设施、构筑物等的维修维护。其中,展厅内的展览内容通常由展览服务公司负责维修维护。

(二)物业管理的个性化需求

博物馆物业管理有其具体管理对象和要求的个性,相较于其他类型的物业,博物馆物业承担着博物馆开放接待服务的大部分工作,包括售票、检票、寄存、咨询、导览、展厅服务以及常规讲解等工作人员,都可以由物业公司统一招聘并进行人员的人事管理,但业务管理通常是由博物馆安排馆方人员进行管理,加强工作人员专业技能培训。因此,在编制用户需求文件前,需要对博物馆的物业面积、场馆基本情况、博物馆服务基本内容、观众数量和流量分布、建筑和设备设施基本情况、日常维护保养等情况都了然于胸。

三、物业公司与服务单位通力合作

面对分工越来越细、专业化越来越强的现代博物馆,博物馆物业管理逐渐成为一项越来越专业化的工作,它要求物业公司与服务对象进行亲密的对接和积极的合作。而博物馆中,物业服务的对象是各有专业需求的不同区域,这就要求博物馆不同部门或员工必须发挥积极有效的作用,通力合作。

---

① 罗春林:《博物馆物业招标,你知道多少?》,《中国物业管理》2018年第2期。

四、用户需求书的编制

物业管理边界划定后，根据各工种职责范围，参考博物馆的面积、预期的观众流量、设备设施的使用寿命和检修频率等具体情况，编制详细的用户需求书。在用户需求书的编制中，需要注意以下几个要点。

1. 应列明具体的物业概况，包括用途、面积、详细的设备设施等，物业管理总体要求，工作职责和范围，常规工作的内容，月度季度半年及年度等周期性工作的内容。

2. 关于人员的要求，应明确总人数和各工种的具体人数，不同岗位人员的年龄、学历、职称、特殊工种上岗证、性别等要求要详细注明。

3. 明确各项工作应达到的质量标准、要求和效果，指标可以参照国家及行业相关标准。所有的物业工作必须要求有记录可查并分类归档。

4. 明确物业各工种上岗的要求，包括着装和物资、工具及器具的配备等。

5. 明确由物业方出资购买的低值易耗品和维修物资，日常消耗品，主要是清洁卫生用品、纸巾、纸杯等。若物料不能详细界定的，可以考虑以规定月度最高限额及单件最高限额的办法来约束双方。

6. 公众责任的落实，博物馆开放后，相应的公众责任最好由博物馆及物业方同时购买相关的公众责任保险，以规避可能存在的经济赔偿风险。

第11问　博物馆文创产品的设计和销售有何讲究

一、博物馆文创产品的概念

博物馆文创产品是博物馆与文化创意产业融合发展的产物，是依据博物馆文物等创意、创新、创造衍生出的新业态、新产品，并依靠团队通过技术、创意和产业化的方式开发和营销。博物馆文创产品不仅具有文化属性，还具有社会属性和商品属性，能够兼具历史价值、艺术价值和科学价值。

目前的博物馆文创产品大致包括几种类型：第一，复仿制品。所占比重较大，如常见的复制青铜器、雕塑等，经常作为国礼赠予外国政要。第二，文物再造产品。围绕文物本身，造型、色彩、纹饰，进行故事提炼、价值挖掘，加入创意设计，提高附加值。如北京故宫博物院的朝珠耳机。第三，思维创意产品、利用创新思维制造全新产品，例如台北故宫博物院爆红的"朕知道了"创意胶带。第四，虚实结合产品。采用 AR 和 VR 等互动技术的明信片、书等。例如陕西历史博物馆推出的文物魔卡，手机扫一扫，虚拟文物就会映入眼帘。在功能价值上主要有纪念品、办公用品、家具日用品、服饰、科技用品、工艺品等。

二、国家鼓励文创的政策

为做好文创开发工作，从 2016 年开始国家密集出台了相关政策措施，主要聚焦于文博创意产品开发、人才建设和资金财政支持。主要包括 2016 年 3 月《国务院关于进一步加强文物工作的指导意见》（国发〔2016〕17 号），倡导大力发展文博创意产业，在经营管理上，鼓励"社会资本广泛参与研发、经营等活动"；2016 年 5 月《关于推动文化文物单位文化创意产品开发的若干意见》（国办发〔2016〕36 号），提出在确保博物馆公共服务职能的前提下，"实现社会效益和经济效益相统一"；2017 年 2 月《国家文物事业发展"十三五"规划》提出打造一批"具有示范带动作用的文化创意产品开发项目和优秀企业"；《国家艺术基金"十三五"时期资助规划》专门提出将对文博创意产品提供支持等。

三、我国文创发展问题及借鉴

当前，我国博物馆文创产品开发还存在着一些问题，主要有产品品种单一、雷同、质量良莠不齐、地区发展不均匀、缺乏复合型人才。究其根本可归结为财政制度制约研发积极性、缺乏专业团队和制作生产链、缺乏对厂商的筛选和质量监督机制。从而导致文创产品无法体现创意和文化内涵。

"他山之石，可以攻玉"，国外顶尖博物馆的做法值得研究和借鉴。

（一）加强自身创收能力

以英国为代表的欧洲国家的博物馆由于近年来财政支持所限，博物馆往往投入大量人力和精力在自身创收的项目上，文创产品收入在总收入中占有很大的比重。

（二）主题开发

国外博物馆文创产品成主题系列开发，并划分档次。例如大英博物馆将"明星藏品"进行了"衣食住行"一条龙系列开发，如罗塞塔石碑系列，就包括了 U 盘、围巾、杯子、手机壳、钢笔、时钟等；还有将流行元素 IP 与博物馆文物结合，如由小黄鸭开发出北欧海盗小鸭、罗马武士小鸭、古埃及小鸭等小黄鸭系列。卢浮宫也以"蒙娜丽莎"为主题设计了一系列文创产品，包括导览册、文具、家居产品等。

大英博物馆文创产品主要来源于三个渠道：一种是由全球采购组的人员设计，再由厂商制作生产；一种是直接从厂商进货；还有一种是根据临时展览的策划，向设计师提供一些文化元素和展览内容，设计师据此创作，然后再交给厂商生产。销量较好的产品会被保留为固定文创产品，进行长期销售。

（三）经营模式

大英博物馆文创产品由博物馆下设的公司自主经营，以协议约束。双方谈定当年的销售计划，如果该公司超额，则超额部分按 10% 进行提成。2017 年大英博物馆进驻中国市场，天猫店年销售额超百万，不仅与女鞋品牌 BeLLE 合作，推出联名鞋款，还与淘宝聚划算合作做淘宝直播，向广大中国淘宝用户介绍文创产品的设计灵感。美国大都会艺术博物馆不仅在馆内销售，还在世界各地建立了 16 家实体店。卢浮宫由法国国家博物馆协会负责产品设计和开发，卢浮宫负责提供意见和产品把关，然后再由协会负责联系厂商进行生产，产品由卢浮宫负责销售，销售所得收益按照协商比例进行分成，比如卢浮宫在首饰类产品上收取 11%、图书类产品收取 8% 的比例分成。

四、博物馆文创发展方向和策略

（一）建立文创产品资源库

扩大文物资源开放，建立文物资源大数据平台，按照明星藏品、特色藏品与一般藏品分类，为文创产品开发提供资料基础。

（二）广纳和培育复合型人才

博物馆文创产品开发与销售包含若干专业环节，博物馆应拓宽人才建设渠道，通过外部引进、内部培养等方式，培育"高端创意研发、经营管理、营销推广"复合型人才。

（三）打造人气创意产品

博物馆文创产品已经从过去简单将文物印在产品上，发展到创意取胜的阶段。台北故宫博物院的"朕知道了"胶带、北京故宫博物院的朝珠耳机……这些产品充满了创意的火花，满足了新消费人群个性化的购物需求。博物馆应该充分挖掘文物内涵，尤其要对明星产品进行主题性系列设计，将传统元素与新潮思维结合在一起，满足不同人群的购物需求。

（四）拓展多元化经营发展方式

2015年以来，北京故宫博物院牵头与阿里巴巴、腾讯等互联网巨头合作，共同开发博物馆IP产品。苏州博物馆文创销售坚持"线上线下并重，国内国外联动"的销售策略，一方面开通微信和淘宝店，参与年度促销，另一方面广泛接触国内国外展会，推销文创产品。博物馆应该有效借助社会力量推动产品营销、促进销售。将元素提取、研发设计、厂商制作、产品销售等进行分解打包，与社会力量合作，形成更加合理高效的生产链条，实现资源整合。

第12问 "互联网+"时代背景下博物馆如何建立个性化接待服务

随着经济全球化的蔓延、大数据时代的到来以及互联网技术突飞猛进地发展，互联网以空前的规模和速度渗透到社会各个领域，广泛影响着人们的学习、工作以及生活方式。这也意味着当下社会，传统行业的产品和服务皆能与互联网信息技术进行融合、协同发展，对于博物馆的接待服务也不例外。

博物馆的传统接待服务，从安设休息凳椅、卫生间、饮水机等一些基础设施，到为观众提供讲解、调查观众需求、合理布置展览线路等，虽然也都体现出服务观众的宗旨，但在当今社会，这已经不能满足观众的需求，因此，博物馆引入了互联网技术，通过大数据和互联网技术，为观众提供个性化服务。

一般而言，博物馆观众体验可分为参观前、参观中和参观后三个服务阶段。为了更好地满足观众的参观体验需求，每个阶段都应该做好相应的服务。

一、参观前服务

参观前的服务主要以资讯、门票服务为主，传统人工窗口作为观众与博物馆的第一接触点，服务效率低、信息量少、排队拥挤。如今，绝大多数博物馆都有自己的网站、手机APP或微信平台，观众随时可以了解参观信息、售票状态和他人推荐与评价,现场可以走专用通道入馆参观,不用再排队买票,这样不仅分流拥挤的人群,还提供了更深入客观的咨询信息。

很多用户习惯去一个地方之前,先通过各种途径了解目的地,针对用户的这一需求,博物馆应当先进行市场调查,收集观众需要,将这些信息进行编辑制作,放在网站、手机APP或微信平台上,同时可以利用平台定期向用户推送博物馆信息,让用户第一时间了解到自身关注的展览信息,使用户可以有效地依据自身的兴趣爱好、时间条件、交通条件等前往博物馆参观。

二、参观中服务

参观中的服务主要以深度导览和知识服务为主,包括参观引导、讲解服务、互动体验、文物鉴赏等,传统情况下是讲解员一对多服务、环境嘈杂且精细度低,参观路线统一、静态展品缺乏互动,但加入互联网技术后,我们可以在这些方面做得更好。

(一)个性化导览服务

由于观众的年龄、偏好、知识背景以及可用参观时间等都不同,因此,观众在博物馆参观的需求也不一样,因此,博物馆可以先通过市场调查,了解清楚各类观众的需求,然后制定不同的参观流线,包括展品推荐、路线规划和个性化多媒体信息等。观众可以根据自己的喜好来选择路线,为观众创造更富吸引力、更具有个性化的游览体验。

(二)藏品数字化服务

对馆藏文物进行数字化扫描,通过一系列专业软件进行后期设计制作和建模。高清的文物模型可以将文物的各个细节完美地还原,然后综合利用三维展示、虚拟现实与增强现实、大屏与环幕显示、触摸交互多媒体等技术,观众就可以通过电脑或手机,直接获得文物藏品信息和互动体验服务。

(三)创新互动体验

随着时间的推移,博物馆的互动体验也在不断地突破原有模式,以观众为出发点和最终目标,充分开发服务的基本功能,不断开拓市场,促进博物馆互动体验效果的提升,实现博物馆的良性发展。

例如南京博物院在2016年"5.18国际博物馆日"的"南博奇妙夜"活动，主题是"倾听一座博物院"，南京博物院展现给公众的是各种声音：原始粗犷的石器打击乐、清宫钟表的整点报时声，其他还有昆曲音乐、抬轿子的声音等，观众足足欣赏了一个晚上。还通过江苏广电交广频道播放了两个星期，公众好评如潮。

三、参观后服务

（一）分享交流

参观后是以分享交流、纪念品购买及休息娱乐服务为主，观众可以通过手机APP或微信平台、朋友圈，分享自己的参观体验、心得，或者将意见反馈给馆方。

（二）观众行为分析

从观众踏入博物馆内即可利用观众行为分析系统进行实时分析，借助智能导览和微信导览收集的相关数据，包括观众的年龄、参观时间、观展路径、关注展品、信息回馈等内容，观众行为分析系统可自动进行分类检索、分析、输出，使管理者更为直观地了解观众行为及喜好，从而适当调整馆内展陈内容及服务事项。

第13问　新馆筹建中的图书馆应该是什么角色

图书馆与博物馆是人类文明进程中知识研究、储备与传播的两大重要形式。作为公共文化服务机构的不同载体，它们基于各自的资源特点，具有不同的文化服务模式。详见下表[①]（表1）。

表1　图书馆与博物馆的服务资源、服务手段与学术方向一览

	服务资源	服务手段	学术方向
图书馆	文献资源	文献借阅、信息搜集、咨询服务、互动讲座、网络信息	有效利用图书馆资源
博物馆	藏品资源	展示陈列、公众教育、互动、讲座、网络信息	利用实物研究人类历史文明发展，研究博物馆规律

---

① 王宁：《博物馆与图书馆公共文化服务体系融合式发展探析——以河南博物院与河南省图书馆和少儿图书馆为例》，《中国博物馆》2016年第4期。

但图书馆和博物馆两者之间也有很强的关联性。早在清末民国中国图书馆与博物馆形成的初期两者即常常相互依存合体,如今"博物馆内图书馆、图书馆内博物馆"的现象也已屡见不鲜。北京故宫博物院图书馆、中国国家博物馆图书馆都具有一定的代表性。博物馆与图书馆虽然分别侧重于实体馆藏和文献馆藏,但由于其资源建设的互补性,两者的关系从"合一"到"分体"再到"共享"。不同于博物馆与图书馆之间的平行合作,博物馆内的图书馆建设有其自己的机构特点,主要表现在以下几个方面。

一、博物馆内图书馆的定位应以公共性为旨归

关于博物馆内的图书馆,常见的认识是将馆内图书馆定位为"提供馆内人员科研、娱乐、休息场地,并负责收藏、管理、保存馆内图书,最终服务博物馆日常工作与科研的场所"[①],即强调其作为内部资料室的职能。应该指出,图书馆不仅仅是一个内部机构,应视为所在博物馆公共开放空间的有机部分,成为博物馆公共文化服务职能的必要环节。

二、博物馆内图书馆的文献内容建设应有明确指向

博物馆内图书馆的文献内容建设并不是漫无章法的,常见一些博物馆的图书将一些成功学、管理学的畅销书,与专业书籍混杂在一起,不但没有形成自己的馆藏风格,反而会影响其专业性建设。馆内文献内容的建设应从三个维度入手。首先,涉及相关学术领域的专业性馆藏,在学术论著和基础文献的累积上应形成自己的特色。比如台北故宫博物院图书文献馆成立于20世纪90年代末期,其馆藏涵盖清朝文献、历朝古籍、内阁文件、军机文件等内容。其次,博物馆本体研究的资料库,可供研究者参阅。博物馆在展馆建设中的档案文件、策展过程中的档案与成果文件、馆藏文物的信息档案、学术研究档案与成果等,都是社会研究者了解、认识和研究博物馆的窗口。最后,相关普及性的读物与社教资料。为使馆藏满足更广大观众的阅读和检索要求,与博物馆宗旨有关的普及性读物也应设有专区。总之,博物馆内图书馆应该是层次丰富但指向明确的,是类别多样但有所侧重的。

---

① 陈丽萍:《博物馆图书资料工作探索》,《文物世界》2016年第6期。

三、博物馆内图书馆的属性应当多元

博物馆内的图书馆不仅应具备阅读和检索功能,它还应是一种集阅读、展示、社教等职能于一体的多元性的公共文化空间。图书馆在空间特性上与展厅不同,其展览主要的文物类别是以图书文献为基本导向,以图文展板为主要类别,但也可以视空间之丰俭举办小微文物展览。博物馆内图书馆的办展形式可灵活多样,重点在于其展览内容应与图书馆的主题阅读区的设计以及相关的社教活动统一考虑,作为综合性的整体项目加以策划。观众可以在读书的过程中观展,也可以在观展的过程中读书,展览、主题阅读、社教活动应形成一个综合的信息输出体。

四、博物馆内图书馆应是智慧博物馆建设的主要载体

在物联网、云计算、大数据和移动通信技术兴起与发展的基础上,以物、人、数据动态双向多元信息传递模式为核心的智慧博物馆建设为文物收藏、专业研究、典藏保管、修复保护、陈列展示、宣传教育等构筑了一个高效组织、管理、检索和建设大规模文博典藏资源共享的信息资源基础平台。有研究者指出,博物馆内图书馆应积极为观众提供参考咨询服务,分析观众在项目中的显性、隐性信息需求,按需制定参考咨询服务计划和流程,高效地提供文献资源、检索策略、分析统计,组织、建议中途数据的管理,结合自身特点,发挥自身优势,协助展览的筹备[①]。这不仅说明馆内图书馆建设应紧密关联其他核心业务建设,也意指图书馆应充分发挥自身的数字资源检索优势的必要性。结合自身特点,充分嵌合到新时代智慧博物馆的建设中,也是新建馆的图书馆应该把握的重要定位。

第14问 怎样看待博物馆的商业经营

国际博物馆协会维也纳会议将博物馆定义为"一个为社会及其发展服务的、向公众开放的非营利性常设机构,为教育、研究、欣赏的目的征集、保护、研究、传播并展出人类及人类环境的物质及非物质遗产"。然而,不以营利为目的,

---

① 陶成:《关于博物馆内图书馆辅助展览筹备的思考》,《博物馆研究》2017年第4期。

并非是不能盈利，为了保证博物馆的可持续发展，从国际上看，多数国家博物馆的生存并不完全依赖财政拨款，还需要通过开展符合博物馆宗旨、满足观众需求的商业经营活动，筹集更多发展资金以保障博物馆顺畅运行。

就博物馆的商业化现象而言，并非中国独有，世界各国博物馆的商业化比我国更成熟。在英国和法国，博物馆的商业化推动更多的是源于政府的政策措施；在美国，博物馆的商业化运作更多采用市场的手段[①]。在我国，政府在推动博物馆商业化上的作用必不可少。2016 年 5 月发布的《国务院办公厅转发文化部等部门关于推动文化文物单位文化创意产品开发若干意见的通知》中提到，要充分调动诸如博物馆等文化文物单位的积极性；发挥其在市场当中的自主作用；在对文化资源进行梳理与共享的同时，加大力度开发文创产品；积极探索文化创意产品的营销体系；注重文化创意品牌的知识产权保护；促进文化创意产品开发的跨界融合。

全球范围看，博物馆的收入来源主要有政府补助款、捐款、遗赠、门票收入、借出馆藏收入、展览项目赞助收入、慈善交易活动收入、会员费、售卖商品收入、餐饮收入、场地租赁收入、投资收入等方式。博物馆主要的商业路径有文创产品、IP 授权、品牌营销。

在文创产品开发方面，故宫博物院相比于国内其他博物馆而言是比较成功的。故宫博物院通过与相关机构合作开发的方式，对博物馆的馆藏资源以及其他资源进文创开发，形成了其独特的文创开发和保护模式。

IP 授权方面，艺术博物馆要更加有利一些，例如通过与时尚品牌联名推出产品或开设主题店。在品牌营销上，博物馆多借助媒体的力量，针对某一合作事件，如联名款产品、电视节目、人气活动等，通过社交网络发酵，提升产品的话题力，从而促成消费风潮。

随着博物馆与商业结合的越来越紧密，关于博物馆如何拿捏商业化行为的讨论日益激烈，例如商业模式单一、产品过度娱乐化以及在博物馆中举办商业活动的尺度，在社会上引起了广泛热议。事实上，在博物馆中举办商业活动是博物馆筹措经费的一种商用手段。但即便在西方，博物馆举办商业活动也是有原则的。美国大都会艺术博物馆前馆长托马斯·霍文曾明确提出：博物馆可以开展商业活动，但是商业化不是也不应该成为博物馆的追求。在不同级别、不同地区的博物馆中，举办商业活动的尺度又是不同的。博物馆举办商业活动要与博物馆自身的

---

① 王星星：《论博物馆的商品化权及其法律保护》，《中国博物馆》2017 年第 1 期。

地位风格相符合，要有助于塑造博物馆的正面形象，而不是造成负面影响。作为保存物质性文化遗产的专门场所，商业活动的风格最好与博物馆的风格相似或者相近。例如，在历史类博物馆可以举办一些经典图书发布会，而在设计博物馆，可以做一场时装发布会。同时，博物馆适宜办何种活动也需要考虑细节问题。文物的"安全第一"则被视为行业的金科玉律。活动所使用的相关器材、灯光都必须确保安全。总之，博物馆举办商业活动不能"批量化"，要一事一议，把握好分寸才是关键。

针对博物馆商业行为中存在的问题，博物馆应对其进行规范与完善。第一，博物馆从事商业经营活动，必须坚持社会效益与经济效益协调发展、社会效益优先的原则[①]。从博物馆开展商业经营的目的来看，主要是希望通过开展商业经营达成社会效益和经济效益的统一。而博物馆所获得的经济效益，除一部分留作继续发展资金外，其余必须用来支持博物馆保藏、研究、教育等基本功能的发挥。所以，博物馆追求经济效益的最终目的应该是更好地实现博物馆的社会效益。在开展商业经营活动中，如果单纯追求经济利益，违背办馆宗旨，置社会效益于不顾，是舍本逐末的行为。第二，博物馆从事商业经营活动，必须坚持以本馆实际情况为基础，以本馆特色为核心的原则[②]。我国存在着数量众多、类型各异的博物馆，每个博物馆都有自己的特色，在藏品收集、主题陈列、科研资源、场地资源、地理位置等方面有自身的独到之处。博物馆开展商业经营，要结合本馆特色，立足自身实际，以特而为、以特争优、以特立位，使本博物馆与其他博物馆、其他文化机构相比拥有更强的市场竞争力。

在"政府资助+资助运营"的博物馆全球治理大势下，博物馆的商业经营是无可厚非的生存之道，也蕴藏着巨大的机遇。如何在本分与商业之间拿捏得宜，在社会效益与经济效益之间达成良好的平衡，是博物馆商业经营之路长久的课题。

第15问 新建馆如何筹办好"博物馆之友"组织

"博物馆之友（Societies of Museum Friends 或 Friends of Museum）"，即除博物馆专业工作者以外，关心和热爱博物馆事业的各界人士组成的非学术性团

---

① 刘勇：《博物馆商业活动 公益性应放在第一位》，《中国文化报》2016年6月20日第8版。

② 刘勇：《博物馆商业活动 公益性应放在第一位》，《中国文化报》2016年6月20日第8版。

体[①]。"博物馆之友"最早出现于19世纪的欧洲,1972年世界"博物馆之友"第一次代表大会在西班牙的巴塞罗那召开,各国"博物馆之友"的代表参加。1975年国际博物馆之友联盟成立,其宗旨是建立"博物馆之友"之间的联系,促进互相交流,鼓励资助博物馆的全球性舆论[②]。现实中的"博物馆之友"可以是博物馆的志愿(服务)者(组织或个人)、捐赠者、专业研究人员、赞助者、基金会、信托界人士和使博物馆受益的体力劳动者等,各种在经济上、精神上支持博物馆工作,为博物馆提供义务宣传和在某些专业技能上支持博物馆事业的人[③]。

一、"博物馆之友"的性质及组织形式

由于社会制度及国情等方面的不同,各国"博物馆之友"的性质和组织形式略有不同。在欧美等发达国家,"博物馆之友"已非常普遍,主要是人力、财力的援助性的组织。在英国,筹集资金是"博物馆之友"的主要任务。在"博物馆之友"的成员中还要推选出学有专长的人,作为博物馆志愿者,参与博物馆的藏品征集、陈列设计、器材维修等项业务工作,在旅游旺季,担任博物馆的讲解员[④]。美国的博物馆几乎都有"博物馆之友",有些博物馆一半以上的工作由"博物馆之友"来完成。我国的"博物馆之友"组织是在中华人民共和国成立以后发展起来的,20世纪50年代,我国一些博物馆曾组织过"博物馆之友","文化大革命"时期中断,改革开放后,我国的部分博物馆恢复或新建了"博物馆之友",但这种组织在博物馆界还没有发挥其应有作用。在我国,"博物馆之友"的性质主要是博物馆联系社会的组织,一般来说,没有从资金方面赞助博物馆的任务,因各馆的性质和地区性的差异,各个"博物馆之友"的人员构成有所不同,大多数由非专业人员组成,少数则以专家为主。

二、建立"博物馆之友"的意义及主要作用

博物馆事业是一项社会公益事业,是为社会公众服务的,理所当然地应得到

---

① 《简明华夏百科全书》总编辑委员会:《简明华夏百科全书》,华夏出版社,1998年,第277页。
② 王宏钧主编:《中国博物馆学基础》,上海古籍出版社,2001年,第333页。
③ 黄建国:《美国"博物馆之友"内涵和职能初探》,重庆师范大学硕士学位论文,2009年。
④ 王宏钧主编:《中国博物馆学基础》,上海古籍出版社,2001年,第329页。

社会公众的关心、支持和广泛的参与。我国博物馆事业长期以来普遍面临资金困难的问题，并且在这个飞速发展的时代中，无论是知识、科技、理念以及创新性、多样性，博物馆及其从业人员都将面临更多的挑战。如何更好地应对挑战，将博物馆事业办好呢？还应依靠社会公众的支持、参与。国外的实践经验表明，社会公众参与博物馆事业的程度，往往决定着博物馆事业的面貌。学习国外经验，广泛建立"博物馆之友"，并开展"博物馆之友"活动，是办好博物馆的有效途径。倘若博物馆能够有效开展"博物馆之友"活动，不仅可以弥补我国博物馆现有专业人力的不足，节省馆内开支，提高博物馆内部的管理水平，改善博物馆的服务质量；还可提升博物馆的服务品质、扩大服务层面，使有限的资源与无尽的需求有效相配合，更能增加文化人口、匡正社会风气、发挥关怀社会以及服务民众的美德[1]。

在我国，各级博物馆"博物馆之友"的作用是：加强博物馆与社会的联系，培养博物馆爱好者和博物馆事业的后备力量；依靠馆外的人力、物力，协助博物馆开展科学研究、普及社会教育等工作，并及时引进社会科学、自然科学的最新观点和最新成就，应用于博物馆的工作实践当中；通过"博物馆之友"向更多的人宣传博物馆，普及科学历史文化知识，陶冶人们的情操，开阔人们的视野，使更多的人走进博物馆[2]。

三、建立"博物馆之友"的可能性及方式

改革开放几十年来的巨大变化给开展"博物馆之友"活动带来了一些有利的条件。随着我国社会物质文明和精神文明水平的不断提高，一部分居民有了余暇、余兴，一些对博物馆事业感兴趣的公民有了参与博物馆事业、进行公益服务的愿望。近些年来，我国新建、重建了若干具有一定规模的博物馆，这些博物馆无论在展示理念、陈列方式、展览规模以及从业人员素质方面都有了很大的改观，博物馆界在社会上的影响正在不断扩大。很多博物馆借鉴了国外"博物馆之友"组织的丰富经验，因地制宜，成立了"博物馆之友"，如中国国家博物馆、南京博物院、上海博物馆、云南民族博物馆等，这些博物馆筹办的"博物馆之友"，对博物馆事业的发展起到了不同程度的促进作用。

---

[1] 黄建国：《美国"博物馆之友"内涵和职能初探》，重庆师范大学硕士学位论文，2009年。
[2] 杨凤明：《浅谈"博物馆之友"的发展及其现状》，《丝绸之路》2011年第16期。

我国"博物馆之友"的成员分为申请、介绍和特聘三种。目前我国的"博物馆之友"组织尚在起步阶段,"博物馆之友"的筹办主要有以下几步。

第一,要订有《章程》。"博物馆之友"的组织办法与会员的权利、义务,在《章程》里有所规定。

第二,由专人或专门的部门负责"博物馆之友"的组织、联络等事务性工作,应有一套计划和管理制度,包括吸收会员、培训、岗位分配、工作量计算、鼓励表彰机制等。

第三,每年固定时间进行报名,并进行筛选、分析、资格审定,被录用者成为"博物馆之友",要与博物馆签订合约。

第四,"博物馆之友"在履行公益服务义务的同时,可享受一定的权利,如免费参观博物馆、参与本馆组织的培训、获赠本馆的出版物,参加馆内诸如社会教育、藏品研究和陈列展览设计等业务活动。有条件的,还可以参加博物馆的田野考古工作和征集文物、采集标本等工作。

第五,对不同类型的会员进行有针对性的培训,使会员熟悉博物馆基本情况,熟悉所参与的业务。

需要注意的是,"博物馆之友"植根于博物馆所在国家的社会经济条件、历史传统和风俗习惯。开展此项工作,我们应先研究分析有哪些经验可以适用于本国和本地区,建立怎样的"博物馆之友"组织,从而不至于盲目模仿,导致失败[①]。

第16问　实验室如何开放

博物馆实验室是藏品保护修复研究工作的地方,是博物馆藏品保护、修复、管理功能的实现部门。它不同于一般的实验室,而是多学科交叉的综合性实验室,其关注的重点是藏品的检测分析、保护修复技术以及适宜的保存环境条件等。其目的一是分析藏品的物质结构和病害特征,采取一些必要的措施对藏品进行清理、保护和修复;二是通过分析检测获得藏品所隐含的信息,进一步探寻认知藏品的历史、科技、艺术价值等,从而根据研究所得,为藏品创造最适宜的保存环境,使之长久地保存下去,并将所发现的藏品隐含信息提供给研究者做进一步的探究。

---

① 王宏钧主编:《中国博物馆学基础》,上海古籍出版社,2001年,第334页。

为把文物保护的理念介绍给观众，让观众了解文物修复的过程、方法和技艺，撩开文物修复的神秘面纱，彻底让文物"活"起来，让博物馆实验室对公众开放是一个很好的举措。为此，我们需要做好各方面的准备。

一、安　全[①]

博物馆实验室是进行文物检测和修复的场所，需要进行保护修复，分析检测，抑或化学实验，这些都会涉及各种药品和仪器，为了避免出现意外情况，需要做好安全保障工作。

（一）严格药品管理

第一，需要对博物馆里的药品进行分类存放，要将易挥发的和不易挥发的、氧化性的和非氧化性的、一般的和剧毒的药品分类放置。

第二，存放药品的库房要求干燥防潮通风，要有灭火装置。

第三，对公众开放的实验室，一定要对药品进行严格把控，避免让观众使用有危险性的药物，以防出现危险。

（二）严格仪器设备的管理和使用

仪器设备的选择也非常重要，选择简单易操作的设备供观众使用，避免让观众使用危险性高的设备。要对设备及时进行保养和校准。

（三）文物安全

实验室对公众开放，在挑选文物时需要格外注意，不能存在任何风险隐患。如果开放环境达不到文物保护标准，则可以用仿制品替代。

（四）加强培训

加强对实验室操作者和社教人员的培训，增强环保、安全意识。在博物馆实验室管理的诸多因素中，人的因素是第一位的，合理地配备实验室人员，加强实验室队伍的建设，使实验室人员工作职责明确，实现规范化的操作，提高工作效率。

[①] 李斌：《论博物馆实验室的科学管理与建设》，《文物世界》2010年第6期。

二、实验室开放类型

（一）实验室信息的多方位展示

有些博物馆的实验室对公众开放。例如故宫博物院，就设立了"文物医院（文保科技部）"，包含了文物科技实验室、文物修护工作室以及文物保护管理与展示宣传三部分工作内容。此外，故宫博物院还录制了纪录片《我在故宫修文物》，每一集都以各个器物组的修复工作为主线，以时间为轴，展开文物修复的故事，这拉近了与观众的距离，起到了很好的宣传文物保护工作的作用。

（二）预约式参观体验

由于博物馆实验室资源有限，能够提供给观众近距离参观体验的就更少了，因此，一般观众参观博物馆实验室都是采用预约的形式。例如阿姆斯特丹NEMO科技馆，家长和孩子可以通过预约后到科技馆的实验室参观体验，观众到达实验室后穿上白大褂，然后由专门的老师带领观众做简单的实验，这种方式代入感很强，让体验者能够在愉悦的氛围中学到知识（图七）。

图七　阿姆斯特丹NEMO科技馆实验室

（三）以展览形式出现

预约式参观体验虽然让参观者身临其境，但只能满足小部分人的需求，为满足社会大众对文物修复工作的浓厚兴趣，有的博物馆就以展览的形式将文物修复展示给大众。例如陕西历史博物馆在观众展览区开辟了专门的场所，建设一个面向观众常年开放的文物修复室，以展览形式向观众展示文物保护修复的全过程

（图八）。为了更好地与观众互动，还特意准备了观众意见调查表以及观众留言墙，并安排修复师与观众面对面交流，在保证文物安全的前提下，尝试让观众进入修复室直接感受文物修复工作。这种展览方式，让更多的观众能够了解文物修复的方法和技艺，撩开实验室里文物修复的神秘面纱，更能够贴近公众。

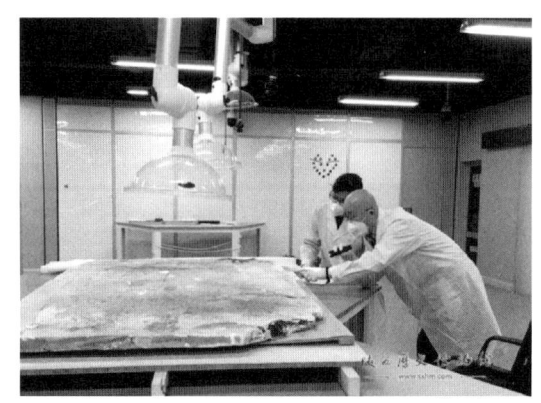

图八　陕西历史博物馆文物修复
（图片来源：陕西历史博物馆官网，http://www.sxhm.com）

宣传推广

博物馆的宣传推广工作，是打造博物馆品牌、实现博物馆价值、扩大博物馆影响力的重要一环，主要围绕博物馆品牌定位开展宣传、经营、出版等业务模块。博物馆品牌是博物馆整体形象、运营理念、业务规划、服务体验等无形资产的综合反映。博物馆的品牌塑造是一个多层次、多维度的系统工程，首先要形成独特的品牌定位，深入了解观众需求，制定全面系统的品牌规划，通过树立独特的品牌形象和推出有力的品牌产品，实现品牌塑造，扩大博物馆知名度。

展览活动宣传是博物馆宣传推广最主要的内容之一。在信息爆炸的全媒体时代，博物馆展览传播应顺应全新的舆论传播规律，探索新的传播手段与方式，活用传统媒体，借助新兴媒体，打通舆论传播渠道，形成良性传播矩阵。其中，博物馆的官网与微博、微信作为最重要的传播渠道有着各自的优势。博物馆在建设媒体宣传阵地时，应更加注重信息细分，达到信息的互通与互补。新媒体的急速发展使传播方式更加多元，越来越多的博物馆开始使用新媒体进行自我宣传，相较于传统媒体更容易引发媒体的关注。

博物馆的宣传推广还体现在观众的互动体验中，因此博物馆教育活动就显得尤为重要。博物馆教育活动主要包括展览教育活动、藏品及研究相关的教育活动。绝大多数的博物馆教育活动都在一定程度上和展览相关，好的教育活动通常是围绕和配合展览开展的延伸和拓展型教育服务。根据展览从策划、实施到总结的三个环节，来具体制定设计方案和实施方案。

博物馆的文创产品是博物馆价值与影响力的延伸，目前主要包括复仿制品、文物再造产品、思维创意产品和虚实结合的产品。在国家大力鼓励文创发展的政策背景下，我国文创产品的开发和推广可以借鉴国外博物馆的经验，在经营模式、人才培养及创意思维上形成自身的优势与特色。

博物馆出版体现了博物馆研究能力和文化影响力。博物馆图书关乎博物馆社会教育、文化传播功能的实现，是公众感受博物馆公共文化的重要载体。我国博物馆图书出版整体实力不断加强，但尚未充分挖掘，今后可通过队伍建设、细化受众人群、丰富研究课题、发展电子出版、拓展销售渠道等途径推进出版工作的长效发展。

第1问　博物馆品牌打造应注意什么

博物馆品牌是博物馆整体形象、运营理念、业务规划、服务体验等无形资产的综合反映。品牌代表了博物馆在公众心中的形象，是博物馆价值的综合体现。博物馆的品牌塑造是一个多层次、多维度的系统工程。由于各个博物馆面临的具体情况不同，应该注意的问题亦不相同，下面仅从方法论上进行探讨。

一、形成独特品牌定位

品牌定位是博物馆品牌打造的基础。博物馆的品牌定位需要从自身的历史与人文背景出发，评估自身的优势和劣势，深挖藏品资源的文化内涵，通过研究、策划和设计，形成独特的差异化经营。坚持以观众为本的原则，针对不同观众的需求，思考品牌定位，从而更好地获得观众对品牌的认同，形成具有唯一性的品牌价值。

博物馆的品牌定位实际上是选择打造最能扬长避短的博物馆产品，例如博物馆将自己定位为研究型，则需着力打造若干高质量学术产品，观众可立即由产品联想到博物馆，因为这一产品在公众认识中建立了某种特殊性或者唯一性认可。这种联想我们认为是博物馆品牌影响力的评判依据之一。

二、深入了解观众需求

博物馆品牌塑造的根本是实现文化供给与需求的平衡，只有供给与需求达到平衡点，消费行为才会发生。消费者对品牌的认知一般分为三个阶段：认知阶段、情感阶段和行为阶段。消费者对某一品牌从陌生到熟悉，认可到忠诚，是博物馆品牌打造的过程。博物馆可以通过观众调研，如意向型、评价型问卷，针对展览、公教、消费倾向作调查，了解观众兴趣与建议，譬如观众希望在博物馆看到什么、了解什么、购买什么，以及如何获得最佳参观体验。根据调研结果，有针对性地制定品牌战略规划，调动全馆品牌意识，内容涵盖藏品、研究、展览、教育、文创、宣推等，指导博物馆后续工作有序开展。

三、制定全面品牌规划

品牌规划是为品牌塑造制定目标、原则、路径与策略,是日后具体品牌建设工作的指南。品牌规划核心在于建立独树一帜的品牌识别,并且遵循全馆服务理念,将博物馆品牌营销渗透到博物馆工作的各个环节,调动全体工作人员投入与配合。譬如有策略地进行藏品征集、馆藏研究、推出特色品牌展览、举办针对不同群体的教育活动、开发独一无二的文创产品,以及制造热点宣传矩阵,加强品牌营销。

四、树立独有品牌形象

博物馆的品牌形象是指博物馆在深入了解观众需求、自身优势资源、行业状况等因素后,通过服务和宣传等方式塑造的在观众心中的印象和地位。品牌形象包括产品本身、服务体验、建筑设计、视觉系统、宣传风格等,其中视觉体系是博物馆整体形象的代言,在提高博物馆知名度、体验感上作用明显。博物馆宣传物料的设计应遵循简化、统一、系列、组合、通用等原则,凸显自身特色,获得普遍认可。博物馆要确定标识、标准字、专用字体、标准色彩、象征图案、标语口号、吉祥物等。同时,优化视觉识别管理,加强商标管理,保护博物馆无形资产,以拓展博物馆社会和经济效益。

五、打造有力品牌产品

产品是品牌的基础,在了解市场需求的前提下,生产出高质量的产品,才是打造博物馆品牌的关键。博物馆通过调查问卷、采访等形式了解观众需求,譬如观众感兴趣的展览是什么,再根据馆藏资源和观众意见安排展览计划。通过竞争提案等方式遴选负责人,组建项目团队,力求展览主题独特、展示方式和谐、配套活动新颖、文创产品奇趣。同时,积极寻求对外合作,通过资源互换、活动共享等形式,引入更多参与主体,打造精品产品。

博物馆要严把产品质量关。"全国博物馆十大精品陈列"的评价标准可作为一项重要质量标准参考。博物馆应建立观众反馈机制,对每个阶段进行宣传、推广效果评估,不断完善后续产品策划水平。

六、实现品牌市场扩张

博物馆的品牌扩张是指博物馆品牌进入本身不相关的市场，发挥资源优势，延伸品牌价值。博物馆作为文化旅游机构，应积极应对全域旅游的发展，打通营销渠道，实现产品推广与目的地营销的有效结合。进一步了解不同游客群体需求，整合区域资源，将周边景区、餐饮酒店深入联动，打造有竞争力的主题线路，提高博物馆人气。上海博物馆、湖南省博物馆、河南博物院、苏州博物馆等凭借其独特的文化资源与推广模式，已成为所在地区乃至全国热门的旅游目的地。博物馆应建立会员制度，促进服务提升和市场拓展，进一步实现博物馆的社会价值。

七、注重全方位品牌宣传

博物馆品牌宣传是增加品牌效应的重要手段，可以直接产生"品牌附加值"。一方面，博物馆宣传要在深挖善挖宣传材料的基础上优化宣传媒介，具体来说：一是加强馆藏研究，挖掘藏品故事和展览亮点，为讲好博物馆故事奠定基础。二是制定宣传规划，全面落实从宣传内容到宣传目标、宣传手段等各个环节，研究不同受众接受讯息渠道，合理选择媒体方式，通盘规划并制定分阶段宣传策略及目标，围绕一个主题开展阶梯式新闻报道，打好宣传组合拳，以取得最好宣传效果。

另一方面，充分利用博物馆官方网站、微信、微博、馆内多媒体设备，通过文字、图像、声音、视频、虚拟实景等充分刺激感官，使观众在初步了解展品的基础上，萌发观赏实物的冲动。深入分析不同观众群体认知水平、参观目标，充分调用多元展示手段，特别是数字化系统的利用，深入浅出地讲好文物故事，让观众不枉此行。

第2问　博物馆展览活动传播渠道有哪些

在信息爆炸的全媒体时代，博物馆展览传播不再是过去单一的"一报知天下"，而是传统媒体、新媒体共同构成的传播矩阵模式。近年来，网络技术、数字技术、移动技术的发展融合，促使博物馆顺应全媒体时代舆论传播规律，探索新的传播手段与方式,发挥新媒体作用,打通舆论传播渠道,形成良性传播空间。

一、活用传统媒体

传统媒体主要包括电视、广播、报纸、杂志等传统意义上的媒体。博物馆与传统媒体的合作模式主要是新闻发布、深度宣传、新闻发布会、协助采访等。在实际工作中,这四种方式密不可分,相辅相成。针对不同媒体,采取不同的宣传策略:针对纸媒特点提供大篇幅深度解读,电视广播媒体提供点状信息发布。按照阶段宣传目标,提供阶梯式新闻报道,进行多层次舆论宣传,扩大宣传影响力,保障宣传质量。

2011年,中国国家博物馆改扩建完成前,便采取了"有策略""有重点""有节奏"的宣传方案,邀请人民日报社、新华社、中央电视台等15家核心媒体率先参观新国博,介绍国博的功能和服务,广泛听取媒体意见和建议。短短两周内,关于"新国博"的报道就多达1500余篇(含转载)。2011年新馆试运行阶段,国博屡次亮相于《朝闻天下》《新闻直播间》等栏目,让观众第一时间了解国博历史、现状、未来以及新国博的职能定位、发展方向[①]。2017年成都博物馆推出"丝路之魂——敦煌艺术大展暨天府之国与丝绸之路文物特展",成都博物馆专门开通媒体群,每天将展讯、活动信息、文博知识发在群中,供各家媒体选择性报道,近百家媒体参与报道,辐射近百万人。元旦三天,展览每天吸引2万余人观展,这与成都博物馆较为成熟的宣传策略有较大关系。

二、强化新兴媒体

中国社会已步入社会化媒体叠加的网络时代,呈现出颠覆性、碎片化、聚集式、时效性的发展趋势,彻底改变了人们获取信息的方式及思维方式。新媒体的出现给博物馆展览宣传带来了绝好的机遇和诸多挑战。博物馆根据自身情况,结合新媒体传播特征和受众人群,建立以"两位一端"为主体,多元化新媒体为辅助的全方位宣传矩阵。

---

① 刘玥彤:《国家博物馆新闻宣传工作探索》,《中国文物报》2017年1月31日第7版。

以展览为例，博物馆官方网站是利用新媒体宣传展览的主要阵地。博物馆通过设置展览、藏品、研究、教育、文创等版块，全面宣传展览内容。展览版块用于展示展览的基本信息，包括主题、时间、地点、内容等；藏品版块可链接藏品信息，借助数字化技术，呈现如360度浏览藏品服务，增加介绍短片和研究文章，使观众进一步了解藏品内涵；研究版块刊载展览相关研究文章；教育版块推出相关公共教育活动，例如展览导览、学术讲座、儿童工作坊等；文创版块可购买展览相关衍生品及展览图录。如此一来，以官网为宣传阵地形成全方位内容覆盖，为观众提供更多展览信息与参与选择。同时，开发博物馆APP，观众可通过手机浏览展览、藏品、活动、文创等信息，并增加线上预约功能。

根据受众群体不同，博物馆展览可利用官网微博进行宣传。目前主要微博平台有新浪微博和腾讯微博。微博可发布的内容丰富，话题性强，博物馆发布信息主要包括：展讯、系列活动、答网友提问、话题栏目及活动直播等。2016年3月，为配合首都博物馆"王后·母亲·女将——纪念殷墟妇好墓考古发掘四十周年特展"，中国国家博物馆与其共同发起"妇好家的twins"有奖活动，受到公众的热烈关注。大家纷纷用自己的相机寻找中国国家博物馆和首都博物馆展览中妇好墓出土的相似文物，把它们做成对比图片发给两家博物馆，并获得精美的文创产品。这种活动拉近了文物与生活的距离，既加深了公众对文物的印象，也培养了公众对博物馆的认可和忠实。故宫博物院在官方微博"微故宫"推出展览讯息，通过活泼、时尚的话语和有趣的切入点，介绍展览内容，整体阅读量基本保持10万+，形成高频率、高关注的传播效果。

随着微信公众号的发展，越来越多的博物馆将其作为重要的展览宣传平台，开设服务号和订阅号，提供展览活动信息、语音导览、活动直播、文化新闻事件以及和展览相关的美文，内容更加生动、有趣。

其他线上平台，如头条号、微视、"网易新闻"客户端、豆瓣小站等新媒体，也逐渐被博物馆活用。积极发挥"两微一端"的作用，融合多种渠道联合发声，将展览宣传做到最大化，全方位满足舆论需求。

三、扩大宣传渠道

除了现有的传统媒体、"两微一端"等新媒体之外，博物馆可以考虑进一步扩大宣传渠道，如地铁广告、公交站牌、视频网站贴片等形式，加强信息星状扩散。如2013年中央美术学院美术馆与京港地铁联合运营"4号美术馆"，在北京 4 号线地铁车厢悬挂 40 余件展览作品的复制品，吸引着公众走进美术馆观看原作。

从发布的展览新闻类型上看，除了图文、图解、视频等传统方式，还可以适当地采取 H5、动漫、MV、手绘等比较新颖的宣传方式，根据展览内容做有针对性的舆论引导，可使博物馆宣传大放异彩，提高宣传的认知度和受众的认同感。

第 3 问　博物馆官网与微博、微信如何联合推动展览

2017 年发布的《国家一级博物馆运行评估指标体系》中，微博被正式纳入博物馆公共关系定性评估指标体系。微信公众号则成为近年来最重要的展览传播手段之一。截至 2017 年底，我国手机网民规模达到 7.53 亿，互联网已深度普及到日常生活，移动互联网时代已经全面开启。博物馆文化的传播方式和受众人群发生了颠覆性的转变。以"两微一端"为核心的新型媒体平台日新月异，博物馆展览的"互联网+"化势在必行。

网站、微博、微信一般承载两大传播任务：展示和互动，但根据各自特色又具有不同优势，博物馆应该在充分了解各自优势的基础上，实现多种媒体联动，同时联合其他博物馆，形成传播合力，不仅丰富了内容，更为传播注入了活力。在发布官网、微博、微信公众号时应精确区分信息种类，形成传播矩阵，达到消息的互通与互补。目前，除常规的发布博物馆展陈信息、语音导览外，越来越多的博物馆将微博、微信平台的成熟功能应用于博物馆文化传播中。

目前，一级博物馆大多完成了网站建设，网站内容基本覆盖展览、藏品、研究、教育、文创等。官网的优势在于可以更加全面、细致展现博物馆发展轨迹、藏品信息、展览内容和研究成果，处于博物馆信息传播的基础和统领地位。博物馆官网一方面可以展示与展览相关的大量信息，如展览概况、参观须知、藏品研究、公教活动、文创产品等，让观众获得丰富、全面的展览信息；另一方面，博物馆官网可利用视频、直播、3D 效果等，丰富网站体验度。譬如藏品的 3D 展示、虚拟展厅和 3D 动画。南京博物院针对馆藏文物使用 3D 虚拟文物技术，通过鼠标的放大、缩小、旋转，全方位观看文物。湖南省博物馆利用 3D 技术，建构轪侯府虚拟展示，令观众身临其境，感受汉代贵族生活。一个好的官网能够集展示和教育于一体，兼具信息发布和观众互动的功能，它应该是现场观展的补充，是展览之外延伸学习的重要环节。

微博平台及时、互动性强，适合与网友进行及时交流、直播博物馆大型活

动。目前微信平台主要有新浪、腾讯和人民网。大部分省级博物馆都参与其中。手机屏幕不同于电脑，其尺寸、页面表现方式决定了用户更加关注图片内容。因此，在发布信息的时候，务必做到精炼，并配以美观、具有视觉冲击力的图片。微博对展览的推广可以起到助燃的作用。一方面，微博可以不限量发布与展览相关的信息、教育活动、藏品亮点；另一方面，通过展览热门话题聚集人气，调动观众参与热情，使观众预先对展览产生印象和好奇心；同时，收到观众回复及提问，可及时予以回答，改进展览质量。2015年重庆中国三峡博物馆首次举办"博物馆之夜——'一白高天下'齐白石《四季山水十二屏》特展揭幕品鉴会"，并在微博平台进行了直播，此举获得了观众的一致好评。微博的时效性和丰富性是其他媒介难以比拟的，博物馆充分利用微博提前进行展览预热、展览直播和后期评价反馈，将会大大提高展览的传播度和影响力。

微信是2011年腾讯推出的一款集发送文字、图片、视频、语音和即时视频聊天为一体的并且支持群聊的聊天软件。截至2018年2月，微信全球月活跃用户超过10亿，业已成为最重要的通信手段之一。微信对展览的营销具有如下优势：①微信可以一对一营销，给观众带来专项感受，有利于博物馆和会员维护；②微信推送信息量大，且定位准确，实现百分百推送；③掌握大量用户信息，通过分析用户分享朋友圈内容，判断用户喜好，改进服务质量；④用更低成本实现可持续传播，利用微信附加功能组织圈粉活动，扩大展览影响范围；⑤微信定位功能可以实现实时导览，并通过二维码发挥讲解功能。

目前，博物馆对微信的使用主要有两个用途：信息发布和导览讲解。以苏州博物馆为例，推送内容主要有展览预告、活动信息、观众反馈、文博知识等。每一条推送信息都归类为某一主题，譬如"展览""艺术@苏博"，标题生动、内容翔实有趣、声情并茂、阅读性很强且形式新颖。每周推送一至几篇文章，粉丝切实感到"有所获"，可巩固粉丝忠诚度，提高博物馆文化影响力、美誉度。同时，苏博微信中可通过输入作品编号获取语音导览，智能和人性化的导览设计成为微信公众平台吸粉的最大利器，具有"语音导览"功能的博物馆公众号的粉丝增长量和展厅中的人流量成正比。为此，加强博物馆微信导览功能的建设，及时更新导览内容，提升收听"粉丝"的服务体验应是博物馆建设、发展微信平台的重中之重。微博、微信都具有投票的功能，观众可选择自己喜欢的展览、展厅、活动。博物馆微博、微信粉丝达到一定数量、拥有一定量的互动后，投票调研就具有代表性意义。

可见，博物馆官网、微博、微信平台都有着各自的传播优势。在博物馆建设自媒体宣传阵地时，应更加注重信息细分，在深度了解传播理论、了解互联网信息发布特点的基础之上做出更适应网民阅读习惯、更符合自身博物馆文化的传播内容，运用适当的营销方式加以推广。

第4问 展览社教活动的方案策划如何做

博物馆社教活动主要指包括展览教育活动、藏品及研究相关的教育活动。

一、展览策划阶段活动策划

展览筹备阶段需要明确目标观众，以他们为优先服务对象。通过一系列活动吸引目标观众，培育潜在观众，服务虚拟观众，鼓励他们前往博物馆成为实际观众。具体策略方法如下。

（一）制定博物馆社教战略规划

博物馆社教规划是博物馆社教活动策划和实施的行动纲领和路线图，需要提纲挈领地阐明博物馆的一系列定义问题，诸如"博物馆社教"的基本含义、目标人群、教育特色、可利用资源、预期目标等。

（二）开展观众调研

观众调研是博物馆策划社教活动的基础和前提，有助于博物馆了解目标观众的需求、经历和体验如何。观众研究获得的数据信息在社教活动策划的各环节都扮演着重要角色，不但是活动策划的依据，也是持续修正活动细节的关键，更有助于提升每个环节的体验感。

（三）发布信息

发布信息是博物馆吸引观众的第一步，博物馆通过传统媒体（电视、广播、报纸）和新媒体（网站、微博、微信）发布展览及活动信息，扩大宣传力度，将活动信息最大限度地传达给观众，使观众留下深刻印象。

（四）提供在线资源和互动游戏

随着"互联网+"时代的到来，博物馆应该加强对数字化技术的应用，在官网上提供数据资源和搜索引擎，供观众下载所需的素材，甚至提前在虚拟展厅浏览展览亮点。同时，可利用微信、微博等新媒体，发布展品预览，专家介绍，组织拼图、接龙等游戏，进行竞赛评选等，调动观众参与展览的热情，为观众实地参观展览进行生动的"预习"。

（五）编写展览材料

在明确目标观众的基础上，需根据不同群体，如孩子、老人、学校团体、外国友人等编写教育活动的不同方案，做到有备无患。

（六）联动旅游资源

挖掘展览内容特色，寻找相关旅游部门、组织，开发创意文化旅游路线，拓展观众群体，扩大展览的社会影响力。

二、展览实施阶段活动策划

展览实施阶段即观众参观展览阶段，要努力为每一位观众提供优质服务。其中最重要的是围绕展览开展教育活动，促使观众进行"过程式学习"、"体验式学习"和"终身学习"，让观众不虚此行，并有长期学习的欲望[1]。展览活动不仅包括生动的导览解说，还有一系列互动体验项目和延伸的教育活动，带给观众沉浸式体验，亦为博物馆扩大观众源、吸引潜在观众。具体策略方法如下。

（一）导览解说

导览解说是展览活动的最基本的形式之一，一次收获满满的展览参观少不了生动丰富的解说。目前解说方式主要有人工讲解、语音导览和智能手机方式，每种方式都各有优势，人工讲解更加生动有趣并且可以随时回答观众提问，语音导览和智能手机则更灵活。导览词的撰写需要在充分研究藏品基础上，既全面翔实又富有趣味，令人过耳难忘。

（二）互动体验

配合一系列多媒体展项、工作坊、探索活动等，为观众带来高度互动和沉浸式体验。

---

[1] 郑奕：《博物馆教育活动研究——观众参观博物馆前、中、后三阶段教育活动的规划与实施》，复旦大学博士学位论文，2012年。

（三）延伸活动

针对不同目标人群，围绕展览内容衍生开放一系列教育活动，如开幕式、讲座、沙龙、座谈会、博物馆之夜、竞赛、专题活动等，吸引公众再次走进博物馆，扩大展览的传播，使展览深入民众生活。

（四）特殊人群服务

我国大力提倡公共文化服务的均等性原则，博物馆活动作为公共文化服务的重要的组成部分，应该主动走进每一个特殊人群，相应开展针对孩童、老人、残障、心理疾病等观众的活动，赋予他们同等享受文化的机会。时下，也有博物馆开展定制化服务，根据预定活动的团体和嘉宾观众打造个性化的学习体验。

三、展览总结阶段活动策划

展览总结阶段指展览结束之后的整理、评估阶段，博物馆应继续为观众提供后续服务，并与其保持联系；进一步与馆外空间联动，延伸学习体验，挖掘潜在观众。主动梳理观众意见反馈，评估教育活动成效，为下一步活动策划提供依据。具体策略方法如下。

（一）开辟网络论坛

利用官网、微信、微博平台，建立馆方与观众的联系，为观众提供评价平台，畅所欲言、结识朋友，搭建观众与博物馆工作人员和文博专家沟通的桥梁，便利意见反馈。

（二）联动学校系统

加强与学校教育系统的联系，积极主动提供展览素材和活动方案，开展馆校合作。例如开展到校服务、外借教具、开发远程教育、接受实习生和中长期合作项目等。

（三）开展社区活动

一个博物馆足以激活一个社区，社区是博物馆延伸教育的主要目标。社区教育对博物馆增加认同感，扩大品牌影响力，并且吸引更多人进入博物馆有重要意义。同时，这也是博物馆回馈社会、融入社会的有效途径。

（四）举办巡回展览

我国博物馆分布不均，各馆藏品各具特色又互补重叠，加强博物馆之间的合作共享就显得尤为重要。博物馆携带展览藏品及活动，举办巡回展览，让更多观众得以分享文化资源，从而突破地域，扩大展览影响力，显示博物馆的综合实力。

（五）评估教育活动

教育活动评估是一项重要的管理任务，博物馆教育部门应该定期评估相应教育项目，本着"现有资源最有效地服务目标观众"这一标准来审视教育活动的操作过程和实施效果，推动博物馆教育活动的不断提升。

（六）继续文创开发

文创产品是展览生命的延续，也是观众学习体验的延伸。文创开发包括图录书籍、纪录片开发等，通过一系列文化产品开发，使博物馆融入民众生活，长久地发挥作用。

第5问 博物馆在新媒体传播方面可做哪些事

一般所说的传统媒体，大体分为三类：报纸、广播、电视。若作一简单归类，凡非传统媒体都可认为是新媒体。新媒体的发展与互联网密不可分，是一个从单向传播到互动传播的过程，并且迅速聚焦于移动端。

新媒体发展呈现出多种趋势，第一是碎片化，这个特点要求所呈现的视频、文章必须简短。第二是平台化，新兴的媒体平台自身不再生产文章，例如微信公众号、今日头条，而是通过内容的聚合吸引浏览。第三是自媒体的大量出现，不同领域都出现了自媒体，文博领域也不例外。新媒体给博物馆带来的不仅是对外服务上的变化，还有媒体管理方式、媒体运营思路和观众数字化渠道的变化。

越来越多的博物馆开始使用新媒体平台进行自我宣传，而在众多的新媒体中，博物馆必须格外关注这三类平台：微博、微信以及博物馆官方网站。以下将对一些有效利用新媒体进行传播的博物馆进行分析，以此为广大博物馆提供新的思路。

故宫博物院的官方微博注册于2010年，现已累计570余万粉丝，是博物馆圈名副其实的"大V"。它通过"让我们一起来读日历""四季话缤纷""爱上这座城"等专题版块，推出历史文博知识、故宫展讯、活动信息，用诗一般的语言，配以如画般的图片，让人忍不住收藏转发，形成具有故宫气派的微博风格。四川广汉三星堆博物馆的官方微博注册于2011年，现已累计粉丝量达到380万，是省市级博物馆中的"网红"。它用幽默风趣的语言和调侃、玩笑的方式拉近与公众的距离，改变了博物馆在公众眼中严肃、高高在上的形象。通过粉丝留言上微博、转发粉丝回复的方式，与公众积极展开互动，展示博物馆的人文关怀。另外，针对微博上的热点新闻，及时作出反应，在吸引关注的同时，传递展览知识与内容。

博物馆微博需要打破自身高冷限制，重视交流互动，不自我设限，在遵循社交网络法则的前提下，帮助博物馆走向公众，成为博物馆的一个网络名片。河南博物院志愿者团队充分利用微博这个平台进行自我宣传和内容传播，开展了线上展活动，从国家文物局发布的《禁止出国（境）展览文物目录》中挑选了64件，每天推送一件，并围绕这件文物与公众展开讨论与交流，效果和热度十分可观。陕西历史博物馆则通过微博平台鼓励观众分享参观陕西历史博物馆的故事和照片，进行抽奖赠博物馆卡的活动，激发观众参观分享的热情。

目前，部分博物馆也进行了展览直播的尝试，但效果参差不齐。互联网最重要的因素就是流量，如今直播数量大，直播内容多，想要提高直播观看量就需要做好前期流量引导工作。通常博物馆可以与大流量网站合作，将直播视频推送到其最具流量的移动端首页，从而获取关注。

广东省博物馆则利用社交功能强大的微信开展宣传与传播。在全国率先推行"微信导览"，而后逐步开发了展览推送、相关阅读、展览整体宣传功能，目前初步实现整体服务线上化。无论是博物馆传播还是活动预约，抑或与观众的在线交流，都能够通过微信实现。新媒体与传统媒体的最大区别正是在于"效果评估"。新媒体运营团队可以充分利用对后台用户数据的分析制定或调整策略，积累经验，并不断寻求新的方式来完善传播机制。博物馆可以利用微信打造专属自媒体平台，将博物馆所拥有的大量内容通过微信公众号传达给公众。博物馆在向公众展示丰富优质内容的同时，也需要通过有吸引力的标题获取关注与流量，做一个合格的"标题党"。譬如《故宫淘宝》《朕再不许别人说你土》等有趣吸引人的标题，让人忍不住点开一看究竟。

除了微博、微信这类社交媒体之外，网站同样是博物馆不能忽略的平台。网站传播相对于传统博物馆传播的优势正是在于其全面性、多样性和多维度，同时，相对于信息碎片化的微博、微信等社交媒体，网站则可以保证内容的完整性和深度。关于博物馆网站经营，上海博物馆的几点经验值得借鉴。第一，高颜值。整体设计美观大方、板块清晰，使观众产生良好的观感，激发浏览的兴趣。第二，导向明确，导航栏清晰醒目。第三，内容丰富优质。例如，上博网站推出专题栏目——《每月一珍》，用一个月讲好一件文物。博物馆利用图片、视频、VR 等多种技术展示文物细节，通过学术论文向公众多层次、多角度深度解读文物。可见，博物馆网站与社交媒体互补，恰好可以利用自身内容的完整、系统性和易检性成为工具网站。

相较于传统媒体，博物馆通过新媒体进行自我传播和宣传，更容易制造引爆媒体的热点。故宫淘宝所销售的文创商品，例如朝珠耳机、行李牌等，都与日常生活相关，其中行李牌上"随时进京，永不限号"的文字引发了大众的共鸣；另外，故宫还推出了一系列萌版皇帝图像，这种强烈的反差，瞬间引爆互联网，引发网友们自发传播、宣传。首博就"大元三都"展在官方微信平台推出《趣味文物与表情包》，配合媒体内容，自我调侃。西汉南越王博物馆配合展览推出一系列文章，如《古人洗澡的那些事儿》，将日常生活与展览内容相结合，增加趣味性。除此之外，博物馆也可以利用热点新闻进行自我宣传。例如，网上大热的雍正与乾隆审美对比，故宫淘宝立马做出反应，推出了乾隆手持律师函与声明的系列照片。互联网语言＋社交媒体＋社会热点成为博物馆引爆媒体的新秘籍。然而，由于媒体本身存在不受控的因素，博物馆自身需要对其进行有序引导。在可控的范围内，博物馆完全可以利用新媒体传播，引爆社交，引爆观众。

第 6 问　博物馆出版物应该如何做

博物馆出版是指专以博物馆或博物馆相关资源为关注和研究对象的图书出版工作。博物馆出版可以细分为博物馆自主出版和联合出版，这两种出版方式皆需要博物馆人的大量参与，是博物馆研究能力和文化影响力的重要彰显[1]。博物馆图书关乎博物馆社会教育、传播功能的实现，是公众感受博物馆公共文化服务的重要载体。博物馆图书是展览工作与研究工作的生命延续，既能使没有亲临现场

---

[1] 牛泽坤、王壮：《博物馆图书出版的现状及发展策略探析——以中国国家博物馆为例》，《出版广角》2018 年第 6 期。

的观众感受文化的魅力，也可以进一步让看过展览的观众加深对内容的理解。因此，博物馆图书出版是博物馆推进社会教育职能的重要手段。

我国博物馆图书出版整体实力不断加强，为传承中华优秀传统文化、加强社会主义精神文明建设发挥了重要作用。但目前除少数博物馆外，各博物馆普遍存在图书出版能力尚未充分挖掘，出版图书主题有限、受众面小，发展不平衡、不充分的问题。下面仅从方法论角度对博物馆出版的发展策略做探讨。

一、加强队伍建设

博物馆是承载历史的文化宝库，具有得天独厚的资源优势，各博物馆更应主动出击，加强出版人才建设，建立一支专业化、复合化的研究出版队伍，广挖深挖馆藏资源。同时，博物馆应积极与其他科研机构或组织合作，如高等院校、专业研究机构、出版机构，援引外部专家资源，不断提高自身研究水平与图书编写出版能力，让博物馆资源焕发新的生机，满足社会公众的多元文化需求，让藏品的生命得到延续。

二、细化受众人群

当前博物馆出版主要集中在研究著作和展览图录，没有满足其他年龄群体，如婴幼儿、少儿、老年群体等的需求。儿童是国家和家庭的希望，激发儿童对中国文化的兴趣，调动博物馆学习热情，对发挥博物馆社会教育功能尤为关键。随着我国二胎、三胎政策的实施和人口老龄化的趋势，儿童及老年人的数量会急剧增长，文化需求凸显。针对儿童群体，首先要深入分析儿童心理与认知发展规律，形式设计注重图片和色彩运用，排版清晰明了，语言深入浅出，设置悬念，故事作引，配合游戏答题，调动儿童好奇心，令其留下深刻印象。儿童读物也应该细化年龄，例如婴幼儿、少儿、青少年读物等，针对不同年龄层使用有针对性的形式语言。例如中国国家博物馆与北京史家小学的教师合作，联合推出"稚趣""认知""博悟""养成"四大博物馆教育类课程，并出版《写给孩子的传统文化》系列教材（图一），成为国博教育类图书出版的代表之一[①]。国博的参与保

---

① 牛泽坤、王壮：《博物馆图书出版的现状及发展策略探析——以中国国家博物馆为例》，《出版广角》2018年第6期。

图一 《写给孩子的传统文化》书影

证了教材内容的权威性,史家小学老师则深入浅出地解读相关内容,确保了图书的趣味性与可读性。

面对老年人群体,应该充分了解老人关注话题,图书内容切合健康、文化等主题,在排版中充分尊重老年人生理特征,作适当调整,如将字体放大。另外,针对特殊人群,如盲人,应编辑满足他们生理特征的书籍,扩大博物馆的文化传播与影响力。

三、丰富研究课题

目前我国博物馆出版物以藏品研究和展览图录两类为主,主要包括藏品图册、研究文集、展览画册、学术期刊等。一方面这两类图书确实具有很强的针对性,观众和研究者习惯在观展结束后购买展览画册;另一方面,过度注重藏品和展览的开发和出版,无疑会遏制博物馆其他出版资源的开发,造成博物馆研究和出版的不均衡。博物馆应努力丰富研究课题,在博物馆藏品、展览、教育、文创、建筑、历史等门类中,开拓具有研究、传播优势的课题。譬如,普通观众对展览的策划是较为陌生的,博物馆可将展览从提案、撰写展览大纲、展览设计、布展等相关手稿、文件、图片筛选编辑成册,既作为展览的宝贵记录,又为观众了解展览的台前幕后生动呈现。

四、发展电子出版物

博物馆数字化建设是博物馆热门话题之一，重点在博物馆藏品和展览的数字化建设，而在宣传、出版领域却往往被人忽视。事实上，数字技术最早的应用恰恰是在图书情报领域。博物馆电子出版主要有电子书、光盘、APP 等形式。电子书主要指纸质图书的数字化，适用于博物馆各类纸质出版物；光盘多应用于博物馆纪录片、藏品幻灯片等；APP 开发适用于持续更新的期刊、专题研究等。电子出版物具有信息存储容量大、储存内容丰富、检索方便迅速、易于提取和保管、保存时间长久的优势。随着移动信息时代的到来，博物馆应该扩大电子出版比例，弥补纸质出版物仅从纸面传播的局限。美国大都会艺术博物馆持续将1870年建馆以来出版的期刊、简报、书籍都上传到网络，目前已完成近700本图录上传，供全球观众共享（图二）。电子出版物的发展，很大程度上促进了资源共享与文化交流。

图二　大都会艺术博物馆图录下载页面
（图片来源：大都会艺术博物馆官网，https://www.metmuseum.org/）

五、拓展销售渠道

国内博物馆图书出版多定位于满足到馆参观人群的消费需求,出版图书大多在博物馆内书店及博物馆线上平台销售。在社会销售渠道方面,无论是数量还是种类上都逊色于博物馆内销售图书。同时,在图书内容上,也缺乏针对社会人群的通识性需求,很难刺激消费。博物馆除要继续满足到馆参观人群的阅读需求外,也肩负传播文化艺术给更多民众的责任,应逐步实现从学术性向通用性的均衡发展,打开销售渠道,开拓更广阔的读者市场。例如大都会艺术博物馆由全体策展人通力完成的《大都会艺术博物馆指南》,选取 600 件精华馆藏,每件作品都配以精品图片和文字,既可以作为参观手册,又可作为艺术普及类读物。大都会艺术博物馆通过线上线下多种渠道销售此书,并出售版权,在全球发行。加强渠道合作,推动博物馆图书市场化销售,是发挥博物馆社会教育,扩大博物馆影响力的重要手段。

第 7 问 博物馆专题片的制作需要如何把握

新媒体时代的到来,大大拓展了影像内容的传播影响力,为博物馆专题片的制作提供了新的契机。对新建馆而言,通过专题片的形式,用画面和声音去展示、解读场馆建设历程、展览陈列筹备、馆藏文物修复、社教活动开展、智慧博物馆建设等工作,既是展现博物馆文化服务水平的重要方式,又能借助电视、网络等平台的传播,有效扩大博物馆宣传、打造博物馆品牌形象。近些年来,涌现出一系列优秀的博物馆专题片,如《故宫》《故宫 100》《台北故宫》《国脉——中国国家博物馆 100 年》等,从不同角度提供了专题片制作的范例。

优秀的博物馆专题片,形式与内容俱佳,画面、字幕、同期声、解说词等要素组织有机统一,共同为主题服务,让观众在短时间内就能获取博物馆传达的知识信息。如何拍好博物馆专题片,需把握好拍摄前期、拍摄过程、后期制作几方面工作。

一、拍摄前期

一方面,要构思专题片的主题和时长,编写策划文案。策划文案要交代清楚拍摄主题、内容架构，用文字将宣传片要拍摄的内容表现出来。然后根据此文案撰写专题片脚本和分镜头脚本，通过脚本语言交代清楚要拍摄的镜头关系。专题片脚本是将拍摄宗旨、目标、特点等主要内容以画面和解说词相结合的形式组成的书面材料。分镜头脚本则是以专题片脚本为基础，用更加具体形象的语言写成的文字描述材料，是素材拍摄和后期编辑的依据。另一方面，要选取与拍摄主题具有紧密联系的拍摄展品和拍摄地点，设计合适的拍摄角度，邀请专家学者接受采访，制定科学合理的拍摄计划，为实地拍摄做好准备。

二、拍摄过程

一是要认真选择拍摄设备，根据拍摄需要，携带必要的设备、设施，确保硬件的适用性、有效性。二是要组织好拍摄内容，选取最能表现专题片主题的素材，抓取具有典型意义的镜头，通过视觉语言展现博物馆展品和相关的事物、人物，通过画面将展品背后故事的真实情感表达出来。三是要安排好专家采访。采访前需进行大量的资料查询工作，设计出一份内容全面、重点突出的采访提纲，并提前与受访者沟通好采访问题。采访时要把握好采访人员的对话节奏，积极做好沟通，营造轻松自然的拍摄环境，抓拍到真实生动的采访画面。四是强调细节决定成败，只有抓住细节，才能在细微处见价值，达到"以点带面"的效果。例如对于展品的表现，要注意调动一切必要的技术手段，组织充足的拍摄人员，对同一展品进行不同角度的拍摄，以富有生命力的镜头展现展品细节，传递其历史价值与艺术价值。同时，拍摄中的环境细节、声音细节、动作细节等全要素都要照顾周全。五是拍摄素材尽可能全面。为避免后期制作时"无米下锅"的问题，在拍摄过程中要尽可能全面地捕捉素材。全面不是面面俱到，而是内容能够凸显主题，画面言之有物，过程记录清晰，争取镜头能为后期所用。

三、后期制作

第一，做好专题片解说词撰写与配音录制。解说词语言应明白流畅，语句简洁，将所展示内容变成能够用镜头解释的解说词。播音员播音速度不宜太快，语气要相对平实、舒缓，使人听起来亲切、自然。第二，要发挥音乐在专题片中的作用。音乐在专题片中占有独特的位置，声画的完美结合才能体现不同类型博物馆及不同展陈的特点，例如历史类博物馆的音乐浑厚幽远、自然类博物馆的音乐清新舒畅、艺术类博物馆的音乐或个性张扬或惟妙惟肖。配乐特别要注意抓好片头、中间叙述环节和片尾。片头是专题片的开始，往往是先出画面，不解说，要选择有气势的音乐，将观众注意力吸引到片中；中间部分是内容展示的实录，伴随着解说，可适时配合舒缓、优美的音乐以增加感染力；片尾音乐的长度要和片尾的解说词长度相呼应，音乐的选择要根据解说词的内容情感而定。

博物馆专题片突破了时间、空间的局限，将博物馆中观众日常参观时看得见和看不见的精彩以更生动的方式呈现出来，这种连接起博物馆历史、现在与未来的记录方式，必将在博物馆与公众交流中发挥更加重要的作用。

第8问 博物馆教育如何与学校教育相融合

一、博物馆教育融入学校教育的政策背景

国家文物局以文件的形式要求"国有博物馆要与本地区教育部门、中小学建立合作关系，共同挖掘、研究开展博物馆青少年教育资源项目，积极探索实现博物馆教育资源利用最大化的有效途径和手段"。此外，国家文物局还在全国博物馆定级和评估制度中，大幅度提高了博物馆社会教育的比重和评分。国家从制度层面明确了博物馆的教育功能。

二、博物馆教育的优势

博物馆教育在现代国民教育体系，特别是青少年教育阵地中发挥着越来越重要的作用，成为学校教育的补充和延伸。学校教育是由专职老师来承担的，是一种有目的、有系统、有组织的社会活动，具有一整套完整的课程设计和评价机制。而博物馆主要是通过陈列展览和社教活动的形式来达到教育的目的。博物馆教育的目标和学校教育是一致的，但在具体操作中，博物馆教育相比学校教育有着独特的优势。

（一）博物馆拥有独特的空间环境和丰富的实物资料

博物馆拥有占地面积广阔的空间位置和丰富的展品，能构建起信息化、多元化的知识动态平台，展示具有教育和文化价值的对象与标本，以"人"与"物"

的互动交流为中心，以展品、藏品及其他辅助设备为载体，触发参观者的视觉、听觉等感官，促使他们通过观察、阅读、听讲、触摸及操作等方式，接受、加工、记忆信息，进而完成整个认知过程。

（二）博物馆教育可以"寓教于乐"

博物馆包罗万象，能够提供更加全面、深刻的教育内容。博物馆是真正意义上"人类社会的立体教科书"，常以"寓教于乐"的方式，在轻松愉快的环境中潜移默化地让参观者实现素质的提升和知识结构的完善。

（三）博物馆拥有一支高素质、高水平的专家队伍和讲解队伍

在传统学校教育中，老师扮演着传道、授业、解惑的角色，为学生传授知识和解答疑问。而博物馆拥有一批从事博物馆学研究、文物鉴定、美术设计、书画装裱、展览讲解等专业队伍，能够从专业和学术角度为观众提供服务。

（四）博物馆教育更加灵活生动、易于接受

学校的课程必须前后连贯，循序渐进，而博物馆教育的性质是自由的，和学校教育比起来，博物馆教育是一种较为灵动且富于变化的三度空间的实物教育。博物馆教育往往采取丰富多彩、不拘一格的形式，开展参观、培训等活动，使受教者不受课堂教学形式的限制，也没有竞争、淘汰等外在压力，在开放的条件下完成自我学习和教育。

三、馆校合作的常用模式

将博物馆教育纳入学校的教程和教学计划，要求博物馆为学生提供优质的学习内容，为学校素质教育创造环境。随着不断的探索，目前馆校合作通常采用以下几种模式。

（一）博物馆进校园、进课堂

博物馆社教人员将相关的展览讲解文字资料、图片、视频等按照专业教学要求进行编辑，为学校相关专业教学教案、教学大纲提供可靠蓝本，让博物馆里的文化知识以一节节有趣的小课堂的形式走进教室，作为学校知识的补充和延伸。

（二）学校走进博物馆

博物馆社会教育最重要的部分便是陈列展览，以及围绕着展览而展开的各种教育活动。因此，博物馆应积极主动地与学校建立联系，将组织学生参观博物馆列入学校的教学计划中，根据学生年龄和知识结构的不同设置不同内容的参观学习活动，并可在馆校合作的基础上组织各类活动。例如宁夏科技馆青少年工作室结合全国、全区青少年科技创新大赛、机器人大赛、因特尔求知计划等重大活动，依托模型制作、电脑机器人、科学小实验、多媒体、模拟飞行在场地、器材、设施和人力资源上的优势，由有教学经验的辅导员组织开展针对性强、趣味性浓、知识性强的科普实践活动，增加了广大青少年学生学习科学知识的浓厚兴趣。

（三）教育师资力量的共享

博物馆里拥有大量的专家学者，专业涉及考古学、历史学、文学、艺术史等各领域，他们可以为学生社会实践相关课题提供专业指导。学校还可以邀请博物馆的专家学者到学校进行校园讲座，提高学生到博物馆学习的积极性，了解更多的专业知识。

（四）志愿者队伍的建设

馆校合作最为常见的形式还有志愿者队伍的建设，它既可以为博物馆志愿服务注入新的活力，又可以为在校学生志愿者提供实践的机会。博物馆可以从高等院校中选拔出一批热爱博物馆志愿工作的学生，并经过普通话、礼仪、讲解等相关培训，他们利用周末到博物馆对观众进行免费讲解或参与到博物馆社教活动策划和活动实施的过程中。

教育是馆校合作的核心，需要不断创新馆校合作理念，丰富馆校合作内涵，促进馆校合作深度融合，结合各类博物馆特点和学校的需求，策划实施符合本馆实际情况的馆校合作模式。

引进展览及外展

引进展览是博物馆临展工作的重要组成部分，从来源上可分为国内引进展览和境外引进展览。国内馆际的交流展览，能够充分发挥各级各类博物馆文物藏品资源的特色与优势，促进博物馆界资源整合共享，扩大博物馆展览的影响力和传播力。

引进展览的类型一般根据博物馆的性质来确定，主要分为历史类、艺术类、纪念类、自然科学类等，博物馆本着"筛选择优"的原则接洽、策划与实施。引进展览的主题反映了博物馆的价值取向，要与常设展相辅相成、互为补充。此外，还要把握时代脉搏，将博物馆的价值理念落实在展览与活动之中。目前，我国博物馆引进国外展览主要是与国外博物馆、民间文化机构及企业合作完成的。馆际合作是主要方式，包括与公立或私立博物馆之间的合作。民间文化机构如历史名人家族基金会、民间收藏机构等非政府组织。与企业合作是通过商业渠道、市场化运作方式搭建国内外博物馆与文博企业开展国际展览交流的桥梁。国家文物局直属单位中国文物交流中心是我国引进国外展览工作的国家级文物交流平台。网络平台是获取入境展览信息最为全面、便捷的渠道。

博物馆引进展的程序较出境展览的报批审核程序简单，博物馆自主性较高。涉及的主要流程包括确定展览题材和主题、撰写展览大纲、展览筹备接洽、履行报批手续、展览实施和展览结项归档共六个环节的工作。

近年来，随着我国综合国力的增强、国际地位的不断提高，文物展览成为中外"交流年""友好年""文化年"，以及两国建交纪念、国家领导人出访等国家外交活动中的亮点，全国每年举办文物出境展览多达几十项，甚至近百项。文物出境展览首先要对办展资格把关，在内容策划上以交流互鉴的角度构思展览内容。出境展览的文物选择应注意回避几类禁止出境的文物，同时关注其他文物出境要求。出境展览的手续流程与入境展览相比稍显繁杂，一般包含前期沟通，明确展览总体方案、协议费用预算、洽商协议、撰写大纲、展场考察、展览申报、调集养护、运输保险、派出团组、布展点交、点收撤展、结项归档等。

第1问　怎样选择引进什么类型主题的展览

我国博物馆与境外博物馆合作，引进反映世界优秀文明成果的精品展览，不仅促进了中国文化与世界文化的对话与交流，满足公众多元文化需求，还能够在引入展览、交换展览、合作办展的过程中提高博物馆整体业务水平，实现合作共赢、共同发展。

一、引进展览的类型

引进展览的类型一般应该根据博物馆的性质来确定。历史类、艺术类、纪念类、自然科学类等类型的博物馆在引进展览时，展览类型应以博物馆类型相关文物为主。对于综合性博物馆来说，特别是本地区没有艺术类、自然科技类等专题博物馆的情况下，引进展览的类型可以更加多样。例如传统节假日和寒暑假期间引入文化历史类、自然科技类专题展览，将会吸引更多中小学观众群体。

本着"筛选择优"的原则，入境展览多来自于国外知名博物馆、基金会或相关收藏机构，由于展品的珍贵性，有的博物馆将重要的入境展览列为特展，展期通常为3个月至半年，并需要至少在展览项目实施前6个月上报国家文物局批准。有时同一入境展览会在国内合作的多家博物馆间巡展，因此引进展览的档期需要提前安排，选择一年中关键时间节点推出适合的展览类型。

二、引进展览的主题

主题选择是引进展览的基础和核心，反映了博物馆的社会价值取向。判断引进展览的主题，首先要符合博物馆总体定位和展览体系规划，使引进展览与常设展览相辅相成，互为补充。此外，还要准确把握时代脉搏，顺应社会发展的需要，将博物馆所要传递的价值理念落实在引进展览与活动等不同形态中，秉承公益性、基本性、均等性、便利性的原则，按照开放、多元、传承、创新、繁荣的方针，满足人民群众不断增长的精神文化需求。

（一）表现博物馆典藏的选题

此类选题以藏品为展览策划的基础，借助代表性文物向观众呈现一定历史时期内，某一国家或地区的文明进程或是某一文化艺术领域的面貌。国内引进展览如中国国家博物馆国内交流系列展览中的"古蜀华章——四川古代文物菁华""大象中原——河南历史文化"等展览反映中华民族优秀传统文化的展览。入境展览如"大英博物馆100件文物中的世界史"特展借助大英博物馆丰富藏品中精选出的100件（套）文物，以一种独特的方式，借助文物的视角，了解世界历史。清华大学艺术博物馆引进的"西方绘画500年——东京富士美术馆馆藏作品展"精选了60幅来自东京富士美术馆的西方艺术经典藏品，以时间为叙事主线，流派为发展形态，展开16~20世纪西方艺术500年的历史画卷。

（二）表现文明对话的选题

表现文明对话是入境展览中一类主要的选题。博物馆是保护和传承人类文明的重要殿堂，在促进世界文明交流互鉴方面具有特殊作用。跨国界、跨时空、跨文明的入境文物展览，特别是以文明对话为主题的展览能够增进中外文化交流，促进各国人民相互了解。

南京博物院策划并引进的"法老·王——古埃及文明和中国汉代文明的故事"展览，从法老、王的身份为切入点，将古埃及文明和中国汉代文明对比呈现，让人们得以对比不同文化背景下相同的文化认识，引发了观众的兴趣。

（三）表现考古成果的选题

考古成果选题切近学术脉络，聚焦考古发现、科研成果，以深入浅出的展示让考古成果惠及社会公众。例如纪念具体考古发现的首都博物馆"王后·母亲·女将——纪念殷墟妇好墓考古发掘四十周年特展"，从区域考古视角出发的"足迹·回望·传承——吉林省考古成就展（1997—2016）"。此类选题既有偏重学术意义的回顾式成果展，如"美·好·中华——近二十年考古成果展"；也有对引发社会关注的最新考古发现的展示，如中国国家博物馆全国考古发现系列展、首都博物馆"五色炫曜——南昌汉代海昏侯国考古成果展"，回应社会热点的关注，呈现中国考古新理念、新方法和新技术，反响热烈，推进了社会公众对于考古文博事业的认知。

（四）表现特定纪念主题的选题

此类选题旨在回顾和铭记特定纪念日、历史事件、历史人物，属于纪念类型的展览。目前，我国博物馆临时展览选题中表现的纪念日主要有以下几种：中国传统节日（如春节、中秋节、端午节）、国际节日（如世界地球日、国际博物馆日、世界读书日）、纪念节日（如中国共产党诞生日、建军节、国庆节）等，此类选题需要把握展览推出的时效性，在特定时间段内展出最为合适。例如2010年中国与意大利两国建交40周年和意大利中国文化年之际，也是利玛窦逝世400周年，"利玛窦——明末中西科学技术文化交流的使者"展览在首都博物馆、上海博物馆、南京博物院三地巡回举办，以纪念这位在东西方文化交流中做出巨大贡献的开拓者，感受那个时代意大利和中国科技、文化、艺术的辉煌。

（五）表现时代主旋律与社会热点的选题

主题具有鲜明的时代性，与国家大政方针紧密结合。自习近平总书记提出共建"一带一路"倡议以来，全国各博物馆积极与"一带一路"沿线国家博物馆开展合作，通过举办相关主题展览，丰富文化交流的形式和内涵，为文化合作注入动力与活力。入境展览方面，如中国国家博物馆国际交流系列展览"阿拉伯之路——沙特出土文物"展，就是中沙建立全面战略伙伴关系后，双方在文化领域的一次重要交流与合作。国内各博物馆也从自身馆藏出发，从多个领域、角度阐释古代丝绸之路上的文化贸易往来，溯源"一带一路"。

第2问　从哪些渠道可以引进国外展览

目前，我国博物馆引进国外展览主要通过与博物馆、民间文化机构及企业合作。国家文物局直属单位中国文物交流中心是我国引进国外展览工作的国家级文物交流平台，组织、协调和承办文物出入境（包括港澳台地区）展览和境外来华文物展览、出境文物展览归国汇报展、境内文物展览及国内外文博交流活动是该中心的重要工作之一。此外，受国家文物局委托，承担全国出境及来华文物展览初审、接待来访团组及办理护照签证等工作。自1971年成立以来，中国文物交流中心承担了一系列重大文物展览工作，遍布全球五大洲29个国家和港、澳、台地区，展览观众超过3800万人次。

网络平台是获取入境展览信息最为全面、便捷的渠道，主要有中国文物交流中心建设的"中国博物馆展览交流平台"和中国博物馆协会建立的"中国博物馆协会展览交流服务平台"。两平台为公益性质的信息交流平台，是持续扩充和实时更新的展览信息资料库，实现国内外展览资源的对接，协助各博物馆及相关机构开展展览交流合作。有引进国外展览需求的博物馆可在平台上输入展览类别、展览面积、展览周期的关键信息进行筛选，查看展览项目详细介绍。"中国博物馆展览交流平台"设置了展览推介、展览资讯、合作单位、服务机构等专业分类，从引进展主题拣选到设计制作，从展品借展到设备租赁，从运输保险到综合服务的方方面面都具备较高的服务水平和强有力的内容支撑。其中展览推介是一个重要渠道，它通过展览类别、展览面积、展览周期的检索，能让博物馆根据展馆的规模选择合适自身档期的各种主题展览。

2010年，中国博物馆协会展览交流专业委员会成立，为中国博物馆协会的分支机构。协会的主要业务即加强与国内外文博机构的交流与合作，承办来华和出国文物展览，举办培训、讲座等学术活动等，为文物交流展览提供专业支持。协会年会是全国各地博物馆交流学习的盛会，文博单位将借此平台推介展览或相关项目。

除国内平台机构外，各博物馆可通过与国外博物馆、基金会等文博单位、博物馆行业组织建立友好合作关系，利用国际博物馆协会（ICOM）、国际博协展览交流专业委员会（ICEE）等合作平台，积极参与国际合作，多渠道引进国外优秀原创展览。

与企业合作，市场化的引进展览在国外已有成熟的运作模式。近年来国内也出现了不少引进的商业展览，例如沉浸式"数码巴比肯"展、"不朽的梵高"感映艺术展，举办地也不限于在博物馆内。展览作为博物馆的核心展品，通过企业引进展览将使博物馆展览内容更丰富，同时也拓宽了展览渠道，也将会成为未来博物馆引进展览的一大发展趋势。

具体实现路径上，有单方引进展览和互换展览模式。相比单纯的引进展览，互换展览具有办展效率高、引进费用低，促进深入交流等特点，越来越多地受到国内外博物馆的欢迎。交换展览在双方对等原则的基础上，双方国家可更多地参与到展览策划、展品遴选、展陈设计等工作中，有助于利用更适合本国观众理解的方式传播异域文化。博物馆间还可以联合引进外展进行巡展，满足中国观众了解外国文化的热情，也让博物馆人在深入合作过程中学习国外经验，促进行业整体素质的提高。从服务文化外交的角度，引进或互换展览有益于巩固和发展国家间友好关系。博物馆引进展览可以充分把握重点时机，聚焦建交纪念、友好年、文化年等双边活动的契机，让展览"请进来，走出去"，促进世界各国文明互鉴。

第3问 引进展览的主要流程有哪些

博物馆的引进展的程序较出境展览的报批审核程序更为简单,博物馆的自主性相对较高。涉及的主要流程包括以下诸项。

一、确定展览题材和主题

展览题材一般要符合博物馆自身定位,与常设展览互为补充。展览主题是展览的灵魂,是一个展览内容设计应遵循的中心思想,具有提纲挈领的作用。展览题材和主题的选定需经过调查研究,通过观众调查和行业调查,选择在当地观众中熟悉度高、喜闻乐见的,在近期展览中选择频率较低的主题,更能够引起广泛的关注。

二、撰写展览大纲

展览的主题和框架确定后,就要落实展览大纲具体内容。对自主策划的展览,大约需要提前两三年的研究准备时间。若引进展体系较为完善,筹备时间将大大缩短。在实际工作中,引进国外的精品展览,存在对展览内容和形式进行再加工的问题。例如,在展览大纲上进行调整,因地制宜地传达展览理念,使观众能够深入理解展览主题并产生共鸣;恰当地补充本馆相关展品,丰富展览内容,形成中外文化的对话;在展览形式上进行创新,使展览视觉语言准确传达展览主题,同时适应本馆场地特点,通过运用多媒体等辅助手段,营造适宜的环境氛围。

在这个过程中,要注意几个关键问题:一是知识产权的保护与再开发。向法务人员进行咨询,明确展览知识产权的权属,避免展览内容侵害他人知识产权。二是文物进出境的红线范围,不能出现禁止引入的文物展品。三是避免外交争议。展览内容涉及其他国家地区的历史、政治、经济、宗教、风俗等方面内容,要对其审美偏好、风俗禁忌等仔细斟酌。

三、展览筹备接洽

引进国外展览涉及国际交流合作,高效的沟通格外重要。就双方关心的展览主题、内容、档期、规模、人员、预算、参观量等问题,应进行全面的讨论和评估。还应当了解国外文博机构的赞助制度、税收制度和组织运营模式,明确各自需求和目标,各环节的责任分工,主办及承办单位的经验资质与各项办展条件的成熟度。在立项或决策阶段也可以组织专家评审会及各大数据系统的调研和咨询,由专业的咨询团队和准确的数据分析来评估博物馆办引进展的可行性。展览执行过程中,为展览制定阶段实施目标,根据详尽的展览项目管理操作办法实施。这样对博物馆顶层管理有一定的约束,也能在一段时间内对项目调整,确保整体项目可控。

四、履行报批手续

引进展览需要向直属上级单位报批或报备。将展览协议、展览大纲、借展函等内容上报直属上级单位。需要申请展览经费的,需要在上一年度向上级主管部门请示、汇报,经过专家论证、审核等程序,征得同意,批复预算后进入展览具体执行工作。

五、展览实施

展览实施操作的基本流程:项目申报→批复→征调展品(含人员差旅、展品包装、运输、进境手续)→集中存放→办理展品出境手续→国际运输→布展→开幕展出→撤展(→巡展下一展地→撤展)→回运→归还文物收藏单位→结项。

六、展览结项归档

需进行展览总结,填写文物入境展览结项备案表、文物入境展览结项报告,文件归档。

第4问　策划文物出境展览需要注意哪些问题

近年来，随着我国综合国力的增强、国际地位的不断提高，以及新时期外交政策的需要，加强文物对外交流工作被提到了重要议事日程。文物展览成为中外"交流年""友好年""文化年"以及两国建交纪念、我国国家领导人出访等国家外交活动中的亮点。进入21世纪以来，全国每年举办文物出境展览多达几十项，甚至近百项。这些出境展览大大提高了世界对中国的了解与认识，增进了中国人民与各国人民的友谊，有力地配合了我国的外交大局。因此加强文物出境管理，更好地服务于国家外交大局，显得尤为重要。下面就现阶段举办出境文物展览需要注意的问题作一个简要说明。

一、办展资格

根据《文物出境展览管理规定》（国家文物局　文物办发〔2005〕13号），国家文物局指定的从事文物出境展览的单位、省级文物行政部门、境内各文物收藏单位具有举办文物出境展览的资格。

二、展览主题内容策划

根据展览承办方对中国文化的了解程度，确定展览选题。避免过于深奥生涩的表述，从对方易于接受的角度切入文化，体现中国元素与中国文化风貌。

了解展出地的风土人情，并根据不同国家文化背景，调整展览具体内容。

避免自说自话，以相互交流与文明互鉴的角度构思展览内容。

三、文物选择

（一）避免选择国家禁止出境展览文物

主要包括以下几类。

· 古尸
· 宗教场所的主尊造像

- 一级文物中的孤品和易损品
- 列入禁止出境文物目录的，共三批，包含了 195 件（组）文物
- 文物保存状况不宜出境展览的

（二）选择文物的其他要求

- 尽量避免选取限制出境展览文物和博物馆固定陈列文物赴外展出，除非有相当的必要性和可行性。
- 所选参展文物展品中一级品比例应尽量控制在 20% 以内，除非有相当的必要性。
- 出境展览的文物应当经过文物收藏单位的登记和定级，并已在国内公开展出。

四、展览协议的拟定及相关注意事项

- 协议拟定应遵守以下原则：讲政治的原则、文物安全的原则、遵守我国法律的原则、保护我方正当权益的原则。
- 出境展览的文物点交应在协议中约定为文物原收藏单位。
- 文物出境展览须投保文物全程运输和"门到门"的全险。
- 商业运作的展览，外方应支付筹展费、文物养护费等有关费用。
- 外方在点收文物后和点还文物前必须承担全部安全责任，并应在运输途中安排专业人员押运。
- 如外方负责制作展览图录和展场设计施工，协议中须要求外方在印制图录前先将清样交我方审核；展场布置前先将相关地图和文字资料交我方审核。
- 外方使用我方文物图片或形象印制图录并制作文化衍生品，需要收取版权费。
- 协议中还应注意展览派出团组的时间限制：每次出访不得超过 3 个国家和地区，在外不得超过 10 天；出访 2 国不超过 8 天；出访 1 国不超过 5 天；赴拉美、非洲航班出访 2 国不超过 9 天，出访 1 国不超过 6 天。
- 在国家文物局批准展览协议前，不得与外方签订展览的正式协议书。
- 在国家文物局批准展览立项前，不得收取和提前使用外方提供的费用。
- 拟定展览协议可参照《文物出境展览协议书编制规范（WW/T 0064—2015）》[①]。

---

① 该《规范》已于 2016 年 1 月 1 日起施行，且为推荐性行业标准。

·展览协议书签订之日起 1 个月内正式协议报上级主管部门备案，展览结束之日起 2 个月内提交结项材料。

五、展览项目的申报

文物出境展览申报应在每年 5 月前向国家文物局上报下一年度的展览计划。未在展览计划中的项目原则上不予受理。

展览应提前 6 个月申报，否则不予受理。6 个月期限的计算是从国家文物局收到省级文物行政部门上报材料的收文时间起至展览开幕，而非文物收藏单位则以将申报材料送到省级文物行政部门或馆领导签署报批材料的时间为起点。

文物出境展览的期限不得超过 1 年。该期限是指文物离境至复入境时间，而非展览开闭幕期限。因特殊需要，经原审批机关批准展览可以延期；但是，延期最长不得超过 1 年。

文物出境展览如在一国多地巡展，申报单位应一次性向上级文物主管部门申报，并附上每个展地合作方的简介、资信证明和场馆设施报告等材料。

文物行政部门所属的国有博物馆、非文物行政部门所属的行业性国有博物馆和民办博物馆举办出境展览，应按属地管理原则经省级文物行政主管部门初审后报国家文物局审批。文化部与国家文物局直属机构的出境展览可直接上报国家文物局。

第 5 问 文物出境展览需要办理的手续与主要流程有哪些

举办出境文物展览有许多繁杂的工作。一般主要包括：前期沟通、明确展览总体方案、协议费用预算、洽商协议、撰写大纲、展场考察、展览申报、调集养护、运输保险、派出团组、布展点交、点收撤展、结项归档等。

一、确定项目总体方案阶段

总体方案主要指的是展览规模，展品拟选范围、数量，以及展览主题、内容。具体工作包括：调研→拟选目标展品清单→向各地商谈借用展品→确定最终展品清单→完成展览大纲编写。

二、洽商协议阶段

洽商阶段须联系境外展地,如巡展则需排出展览档期,了解展览场地情况。洽商内容主要包括:场地要求(展厅面积)、时间要求(展期范围)、展览内容(展览大纲,含展品清单及展品照片)、乙方须承担义务和费用等。

三、展场考察

国家文物局规定,在首次举办中国文物展览或最近一次举办中国文物展览三年以上的展场举办展览必须要提供展场考察报告。考察内容包括:温湿度、安防、光照是否与展场设施报告一致,货运电梯的运行情况,楼梯、承重、展厅高度,自然采光及通风系统,观众出入口位置,紧急疏散通道,摄像监控设备,运输车辆停放及外箱存放场地,是否有专业人员等。

四、制定项目预算

制定项目预算主要包括:展品借展费、征调费、巡展运输及保险费、境外布展操作费等,明确各方工作分工、责任义务等。

(一)借展费或文物清理养护费

支付给文物收藏单位,用于清理及养护拟出境展品,一般根据文物级别及数量支付给收藏单位。

(二)文物包装及运输费、报关及服务费

包括包装、装箱封存、运输报关等环节的服务费。常根据文物数量、重量、运输距离远近、运输难易程度测算费用。

(三)文物保险费

在文物出入境之前,需为文物购买专业的艺术品保险;常根据文物单品的市场价值、学术价值、艺术价值等进行保险估价,并综合考量展场与展出国家的安全状况计算保险费用。

（四）展厅设计施工、布展费

包括对展厅设计，展板设计，展厅布展安装，展柜、照明设施安装等费用；常根据展厅面积、展线长度、形式设计元素、照明标准等设计稿确定费用。

五、展览申报

根据国家文物局的要求，在展览项目实施的6个月前提出项目的书面申请，报国家文物局审批（图一）。

（一）展览审批程序

文物出境展览由各省文物局（文化厅）上报国家文物局后，就进入了最后的审批阶段。

国家文物局：①审核展览申报材料内容；②委托中国博物馆协会展览交流专业委员会评估展览项目；③参考专委会意见，复核展览申报材料内容；④出具办理意见。

中国博物馆协会展览交流专业委员会：根据有关法规，组织专家组对文物出入境展览进行专业评估，然后向国家文物局出具书面评估意见。

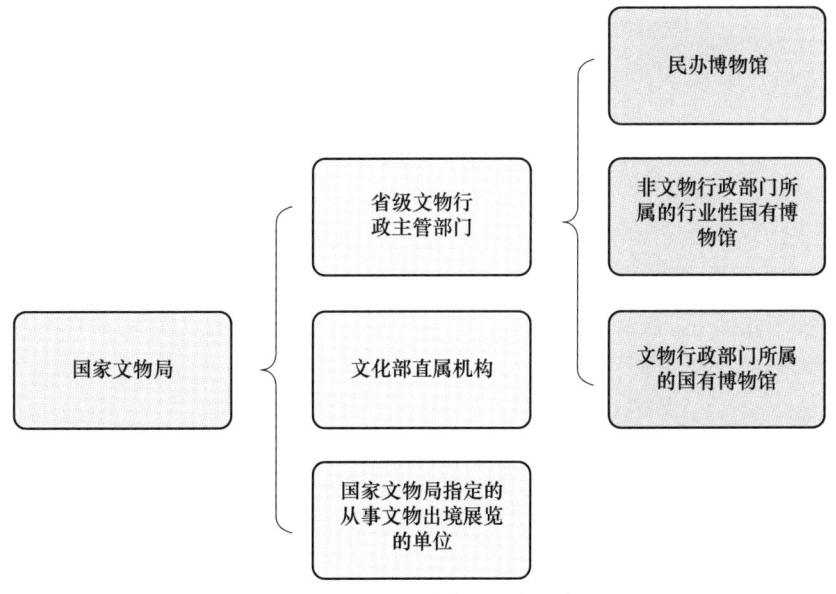

图一　文物出境展览审批程序示意图

我国驻外使馆：赴外国展览须征求我国驻该国使馆意见。

文化部：赴台湾地区展览须向文化部请示人员计划，得到批复后出具办理意见。

国务院：展品中一级文物数量超过120件（套），或一级文物数量超过文物展品数量20%的，须向国务院请示。

（二）准备展览申报材料

包括展览境外合作方邀展函、境外合作方资信证明、展场设施报告、与境外展览合作方拟定展览协议（草案）、展品目录、展品保险估价、展品申报表、展品汇总登记表、展览大纲、专家评审意见（专家评审会纪要或函审意见）、展览申请立项报告、省级行政部门审核报告、展场考察报告（首次举办，或者三年内未举办中国文物展览须实地考察展场，提交考察报告）。此外，展览中若还有来自其他国家（地区）的中国文物参展，须提供展品真实性和来源合法证明；如展览中包括其他国家文物参展，须提供境内外全部参展展品目录。

六、草拟各合作方协议

各合作方包括以下三个方面。
・主办方与各协办单位之间的合同；
・主办方与各借展单位之间的合同；
・主办方与境外办展（或各巡展）机构之间的合同。

七、展览实施操作阶段流程

文物出境展览实施操作阶段流程与文物入境流程类似，包括诸多环节，需要说明的是以下三个方面。

（一）文物运输、保险

运输、保险服务商应公开招标。运输询价需提供的材料包括：运输及包装服务提供时间、运输起止路线、服务范围、展品清单及相关要求。

（二）派出团组流程

展览派出团组须向上级文物主管部门提出派出人员申请，请示内容包括出访任务说明、出访人员及时间、出访经费来源、组团单位等情况人员手续办理流程。所附材料如下。

・提供出国人员信息资料表、因公临时出国人员备案表。

・人员邀请函：由展览外方对口部门负责人开具，邀请函应包括单位及活动介绍，出访的活动内容，在人员批复前一般该出访活动先需得到上级单位的批准。

・工作行程：在境外的活动安排。

・人员费用预算：预算明细及测算依据。

（三）展览结项归档

展览结束后，需进行展览总结，填写文物出境展览结项备案表和文物出境展览结项报告，最终完成文件归档。

后记

这本书从动笔到完成前后用了6年的时间。被我纳入团队参与资料搜集、文字撰写、校勘索引、图片整理等工作的同仁有6位，专业领域涉及博物馆学、建筑设计、新闻传播、行政管理等。没有他们的支持与协作，我是断难完成这项复杂工作的。以前我撰写《博物馆策展实践》《博物馆12讲》时，或围绕博物馆某一项工作集中论述，或针对几方面问题做专题讨论，并未将涉及面更广泛地铺开，因此立论行文未觉复杂异常。这本《博物馆实践百问》与前述著作相比，确实要复杂得多，内容上囊括了博物馆新馆建设的方方面面，涉及专业众多。行文上力求通俗接地气，实事求是地展开论述，不单纯讲理论，希望真正对具体实操的人有所裨益。在问题择取、结构搭建、内容撰写、材料更新等方面，下了不少功夫。

　　我自2005年参与首都博物馆建设起，便与建设博物馆、策划博物馆展览结下不解之缘。一座博物馆从无到有，到最终得到老百姓的喜爱和认可，甚至成为一方地标，需要各个环节上的全面统筹与专业操作。建一座观众喜爱、专家认可的博物馆，才不枉费政府的投资、博物馆人的付出和百姓的殷切期盼。我参与建设了二十几座博物馆，主持并策划过两百余个展览，最深的体会是偶尔做成一件事并不很难，难的是从中提炼出系统的方法，或者说工作原理反过来指导实践。博物馆是一个国家、地区、民族的精神文化保存与展示的场所，因此每个博物馆都具有独一无二的特点，正如每个展览都具有独特的气质。从我们多年的实践经验出发，结合经典及最新的理论和案例，梳理出一套系统的方法，为博物馆人提供可参考或复制的经验"范本"，为博物馆建设真正起到些许助力，是我们的初心。

　　然而，写作需要各方添柴加火，在此特别感谢齐玫老师给予的指导和帮助，感谢年轻的博物馆人关昕、倪梁鸣、俞华蕾的支持和帮助。从需求调研到基础工作开展，经多方论证到今日惶恐付梓，要感谢整个团队的智慧与辛劳，使得本书逐渐拨开迷雾，以较为清晰、充盈的内容与读者见面。

一、全面调研，了解行业需求

　　任何形式的写作都应该假想一个读者的存在，我想这本书的读者更多的是面临新馆建设和博物馆管理、运营的博物馆同仁。因此在本书起初的策划中，我们将需求调研放在第一位，希望在充分了解行业需求的基础上，展开问题的研讨。目前全国博物馆建设热潮持续蔓延，博物馆人面临的困难是什么？需要解决的问题有哪些？都是本书写作的目标所在。然而，需要强调的是，即便本书在各方面都尽其所能地提供一套系统方法，但绝没有一劳永逸的灵验"秘方"，所有的经验既来自于实际工作的摸索，也必将在实际工作中被不断调适。任何博物馆，不论起点高低，只有认清自己的位置，找准方向，用专业的方法做事，把握好节奏，尽人事、听天命，才能更好地发挥博物馆的文化价值和社会意义。所谓"尽人事"，即在能力边界内竭力为之，挑战卓越。而"听天命"则是我们中国人内心不情愿接受的，然而博物馆建设同这世界上任何复杂艰难的事业一样，总是存在一些超出我们认知和控制能力之外的因素，这是我们需要冷静看待的一点。因而，我们当牢牢把握那些我们可以掌控的维度，坚持按照专业的要求努力，定会取得不凡的成果。

二、深入思考，夯实基础工作

我在做事之前，习惯性会梳理一个事项清单，按照时间、重要程度和影响的量级排序，集中精力把重要的、影响最大的事情优先做好，这本书的写作也是如此。问题的解决依赖于解决路径与方法，做一本博物馆建设的书，没有扎实的基础工作，任何方法都是徒劳。根据过往的实践经验，我将问题进行分类整合，提炼出支撑博物馆建设的三条边：

· 建筑空间。主要包括博物馆建筑与室内空间设计，以及室内布局、灯光照明等不同内容。

· 展览陈列。主要包括博物馆的基本陈列和专题展览的策划实施。

· 宣传体系。主要指博物馆的公教服务、宣传媒体，以及智慧化建设等方面工作。

建设博物馆就像为博物馆造型，追求稳固又优美的形状，是每个博物馆的愿望。我把上述三点统称为建好博物馆的"三条边"，"建筑空间"是底边，"展览陈列"和"宣传体系"是建在上面的双翼，共同支撑起博物馆的"形状"。形状是否优美，靠的是每条边的协调进步，以及与另外两边的协作互助。本书的整体结构正是在这三点上展开的，这既是博物馆建设最重要的问题，又是最需要扎实研究的基础课题，依此展开论述，意在避免忽视主干而抓旁枝的现象。

三、与时俱进，体现时代信息

今天的博物馆人，可以算是生逢其时，不但赶上了中国经济社会发展的最好时期，也处在了博物馆发展最好的时期。回顾历史，大概没有一个时代比今天更加重视博物馆的建设，而我们要做的一定是与时代相契合的事业。在一般观众的概念中，博物馆是保存和展示"古物"的场所，与今日世界没有紧密的联系。然而，随着博物馆的自身发展，其定义不断被修订，博物馆在参与当代生活中发挥着日益重要的作用。无论是知识生产还是社会参与，博物馆建设都与当代社会息息相关。因此，本书在内容上有重要的篇幅涉及"智慧化"问题，以及博物馆在利用新兴科技参与当代社会的诸多论述。材料选择上也随行业发展做了及时更新，希望做到与时俱进，真正对博物馆建设发挥有效作用。然而，在快速发展的时代面前，博物馆也需要一份珍贵的"永恒性"，对潮流客观应对，冷静择取，理性变革，持续提供优质的内容和服务，这是博物馆不同于一般机构组织的特质，也是碎片化时代稀缺的养分。

四、反复研讨，征求多方意见

这本书的最终成稿，离不开多方专家的研讨指正。在这六年的撰写过程中，我常与业界同仁和学界专家促膝话聊，他们或是对问题纲要提出真知灼见，或是对内容文字给予修改提议，或是对材料论证提供更新的信息，现已在审稿中一一得以落实。他们热心而专业地帮助我填补了认识上的空白和疏漏，也纠正了初稿中不少令人汗颜的错误。

这本书虽然用了六年多的时间才写作完成，但对于博物馆这个永远处在变化中的课题来讲，书中的论点和材料一定会有许多不足和疏漏，人的认知总是无法穷尽完美，只能表现为一个由片面到比较全面的不断深化的过程。和过去我所写作的一些研究博物馆工作的专题文章相比，本书对博物馆建设问题的涵盖更加系统，角度和论点也有所变化。随着研究的继续和博物馆自身的发展，相信本书中的很多论点也必然会发生变化，真诚希望得到国内外专家和广大读者们的批评指教。

编　者